创业管理系列

商业计划书

投资人眼里的好方案

蔡亮华 陈伟俊 杨红梅 舒敏琦 著

企业管理出版社

图书在版编目（CIP）数据

商业计划书：投资人眼里的好方案/蔡亮华等著. —北京：企业管理出版社，2022.5

ISBN 978-7-5164-2605-0

Ⅰ.①商… Ⅱ.①蔡… Ⅲ.①商业计划—文书—写作 Ⅳ.①F712.1

中国版本图书馆 CIP 数据核字（2022）第 066081 号

书　　名：	商业计划书：投资人眼里的好方案
书　　号：	ISBN 978-7-5164-2605-0
作　　者：	蔡亮华　陈伟俊　杨红梅　舒敏琦
责任编辑：	尤　颖　宋可力
出版发行：	企业管理出版社
经　　销：	新华书店
地　　址：	北京市海淀区紫竹院南路 17 号　　邮　　编：100048
网　　址：	http://www.emph.cn　　电子信箱：emph001@163.com
电　　话：	编辑部（010）68701638　　发行部（010）68701816
印　　刷：	河北宝昌佳彩印刷有限公司
版　　次：	2022 年 5 月第 1 版
印　　次：	2022 年 5 月第 1 次印刷
开　　本：	710mm×1000mm　1/16
印　　张：	21.25 印张
字　　数：	284 千字
定　　价：	68.00 元

版权所有　翻印必究　·　印装有误　负责调换

前 言 | PREFACE

全民创业时代的到来助推了许多有创意、有想法、有志气的年轻人实现他们的理想，同时也意味着我国的商业市场上出现了更多的机遇。

"双创"（大众创业、万众创新）政策的推出为新时代下的创业提供了良好的市场环境，无论是对于创业者还是投资者而言，如今开放、自由的商业背景为两者的合作与发展皆创造了崭新的机会。在这样的条件下，过去传统的创业思维与创业方式已经无法满足当代创业者的融资目标，同样无法达到投资者的投资标准，若是两者希望形成合作共赢的局面，就必须依靠适应行业市场发展的、富有创新性与实用性的方案来齐心协力、共创企业辉煌。

随着时代的发展，人们的创业思维在逐渐发生着本质上的变化。创业者摒弃从前的思维误区，更加清醒与理智地来看待创业这件事。创业的成功离不开团队协作的力量，单单靠自己是无法在市场上站稳脚跟的，因此获得投资者的帮助和支持就显得尤为重要。

投资者凭什么为你花钱？要知道，支撑一个企业发展的资金绝不是一笔小数目。这对创业者和投资者来说都是一件富有挑战性、需要决心与毅力的事情。投资有风险，古往今来，明智且成功的投资者追求的都是风险与回报成正相关的投资项目。那么，创业者该如何说服投资人自己的创业能够为他们带来等同甚至高于投资风险的收益回报呢？这就是商业计划书的核心所在。一份优秀的商业计划书可以完美地解决这个问题。本书从我们的创业时代、创业英雄的气质、投资人眼里的最好方案、优秀公司的价值、成功说服投资人的法宝和价值共创六个维度阐述当今国内市场的创业背景，说明商业计划书的撰写方法，让创业者能够站在不同的角度，从学会写商业计划书到能够审视、优化自己的商业计划书，从而获得投资者的青睐。

有人认为我国商业市场上的许多行业已经基本饱和，创业的风险只增不减。这样的说法虽然有一定的道理，但是放眼那些知名的、成功的创业者，又有谁不是经历过苦难和挫折才实现如今辉煌成就的呢？时代在变化，时机在变化，如果总是抱着消极的态度看待问题，那么一定不会有好结果。作为新时代的创业者，我们需要转变自己的思维方式，构造新的商业模式，有出色的能力、优秀的品质与敏捷的思考能力，如此，才能够吸引志同道合的伙伴，实现自己的商业蓝图。

本书通过对商业计划书框架的构建与撰写角度的分享，深入讲解企业创业融资的要素，让创业者掌握获得投资者融资的方法，为创业者提供实质性的帮助。

感谢赵浩凯、张瑜等同学参与本书相关章节资料的整理工作。特别需要说明的是，本书学习和借鉴了国内外众多专家学者的研究成果及相关文献资料，并引用了一些书籍、报刊、网站的部分数据和资料内容，尽可能地在参考文献中列出，由于时间紧迫，未能与有关作者一一联系，敬请见谅。在此，对这些成果的作者深表谢意。

2022 年 3 月 3 日

目 录 CONTENTS

第一章
我们的创业时代 001

第一节　创业 006
一、创业背景 007
二、创业思维的误区 008
三、创业与创新 012
四、创业与就业 013
五、创业与学业 019

第二节　调研和分析 019
一、前期任务 020
二、调研方法 026
三、调研报告 030

第三节　定位与目标 036
一、定位的重要性 037
二、定位的方法 040
三、战略定位 042

第二章
创业英雄的气质 ········ **057**

第一节　创业者的视角 ········ 063
　　一、优势产品：成本、效率、体验 ········ 064
　　二、优势战略：细分、定位、目标 ········ 071
　　三、优势通路：营销、渠道、地域 ········ 078

第二节　投资者的视角 ········ 086
　　一、优势壁垒：进入成本与多重门槛 ········ 087
　　二、优势品牌：消费心智与商业模式 ········ 094
　　三、优势存活：规避与巨头企业竞争及劣势防守 ········ 099

第三章
投资人眼里的最好方案 ········ **111**

第一节　关心运营与发展 ········ 116
　　一、过去成绩的有效性 ········ 116
　　二、未来策略的落地性 ········ 118
　　三、商业模式的持续性 ········ 124

第二节　关心运营与数据 ········ 127
　　一、发展的关键阶段 ········ 128
　　二、用户与销售数据 ········ 132
　　三、成长与趋势 ········ 136

第三节　关心运营和信心 ········ 140
　　一、发展进程 ········ 140

二、团队执行 ··· 145

三、宏图预期 ··· 151

第四章
优秀公司的价值 ·· **167**

第一节　大牛团队 ······································· 172
一、团队成员的经历和企业背景 ····················· 172
二、人脉 ··· 175
三、持股比例 ··· 176
四、配置分工 ··· 181

第二节　商业模式 ······································· 184
一、商业模式的阐述 ································· 184
二、利益相关者 ····································· 189
三、盈利模式 ··· 193
四、竞品/竞争对手分析 ······························ 196

第三节　财务计划 ······································· 200
一、财务计划的阐述 ································· 201
二、企业的财务计划 ································· 201
三、企业的盈亏预测 ································· 204
四、投资者的回报分析 ······························ 205

第四节　融资需求 ······································· 207
一、融资计划的阐述 ································· 207
二、预期公司的估值 ································· 208

三、公司的股权结构 ………………………………… 212

四、资金运营计划 ………………………………… 214

第五章
成功说服投资人的法宝 ………………………… **221**

第一节　风险投资的关注点 ………………………… 226
一、企业的风险状况 ………………………………… 226

二、产业的发展空间 ………………………………… 228

三、产品的优势 ……………………………………… 231

四、团队的核心力量 ………………………………… 236

第二节　企业不同时期的融资策略 ………………… 241
一、初创期：做好风险控制 ………………………… 242

二、成长期：展现企业优势 ………………………… 244

三、成熟期：优化股权配置 ………………………… 249

四、衰退期：审视商业模式 ………………………… 251

第三节　风险说明与退出机制 ……………………… 253
一、风险预测与处理技巧 …………………………… 253

二、退出机制 ………………………………………… 257

第六章
价值共创 ………………………………………… **269**

第一节　投资者的价值视角 ………………………… 275
一、基本投资思路 …………………………………… 275

二、投资诉求和周期 ································· 276

三、投资特点 ··· 280

四、商业模式要清晰 ································· 281

五、创业者是否真的缺钱 ·························· 281

第二节　深层次的价值挖掘 ························· 284

一、出售业务，双赢局面 ·························· 284

二、提升业绩，规划思路 ·························· 289

三、上市募股，拼尽全力 ·························· 293

第三节　公司治理与企业管理 ························· 300

一、工作的目标 ····································· 300

二、管理的对象 ····································· 302

三、企业管理的层级 ································ 305

参考文献 ··· **321**

第一章

我们的创业时代

创业是一个艰苦的过程,但成功时的喜悦会让创业者觉得付出的每一滴汗水和泪水都是值得的。时代开启了新的篇章,社会为创业者提供了一个崭新的、包容度高的创业环境。"双创"政策的推出更是鼓励了大批创业者涌入该领域。但随着竞争激烈程度的不断加剧,许多创业者也尝到了挫折和失败的苦头。遇到困难时,不应该轻言放弃,而是应该找出问题所在,并且要有从头再来的勇气。做每一次决策之前都要慎重、深思熟虑,遇到的每一道坎都是一次锻炼自我的机会。"不积跬步,无以至千里;不积小流,无以成江海。"达成的每个小目标都是前进的一大步。创业路上总有风雨,但是拨开乌云,总能看见彩虹,因为这是属于我们的创业时代。

随着国内资本市场改革深化、科创板和创业板注册制落地,国内市场方方面面都在加速发生巨大变化,不仅是审核制度的变化,资本市场投资者结构、商业逻辑和行为等方面的变化也超过了我们的预期。

——中金公司董事总经理、
投资银行部全球并购业务负责人 陈洁

开篇案例

雷军：抓住时代的机遇

一、个人简介

雷军，中国知名天使投资人、全国工商联副主席、小米科技创始人兼董事长。2010年，雷军年仅40岁，经历了数次起起伏伏，如今小米取得的成就有目共睹：小米手机、小米盒子、小米电视。在创业之路上，正是理想激励着雷军不懈地奋斗，才让他成了今天的"小米之父"。

二、创业之路

雷军的创业之路坎坷无比，但正是一次又一次的失败让他明白了成功的可贵。凭借专业的技能、明确的目标、强大的心理素质，雷军终于实现了自己的梦想，成为中国创业的标杆。

1. 专业过硬，小试牛刀

"武大计算机系87级"这是雷军简单而普通的标签。1987年9月，18岁的雷军从湖北省仙桃市来到武汉大学计算机系报到。与此同时，中科院的钱天白也将首封跨洋电子邮件发往北京。那时候，雷军还不知道，随着互联网在中国的发展，他的职业生涯已经开始了，他也将见证互联网在中国的崛起。

在当时的中国，能够使用计算机的部门寥寥无几，而且基本上都是高校和科研机构。作为武汉大学计算机系数一数二的学生，雷军在大二的时候就已经完成了整个大学的学业。雷军学习的是计算机专业，他认为，如果给当时价格不菲的微机配上能用汉字的系统或者工具，应该会有很大的发展空间。于是，在大学后半段，雷军和他的两位同学开始了自己的创业之路——开发汉卡。可惜，雷军并不是唯一有这种想法的人。那时候的中国，从北京的四通，到后来的联想，再到浙江大学数学系的史玉柱，都在盯着这块划时代的"蛋糕"。虽然雷军靠汉卡的研发赚了不少钱，但是跟其他汉卡一样，如西南交大汉卡、华南师大汉卡，在没有资金、营销、广告、售后等手段支持的情况下，雷军等人研发的汉卡很快就被其他几家有实力的公司给淘汰了。雷军和他的同学创办的三色公司在短短半年里就分崩离析，宣告了第一次创业失败。

2. 明确目标，为生活寻找方向

大学毕业后，雷军被分配到了北京郊区的一家研究所工作。凭借着对汉卡技术的痴迷，他把WPS汉卡这个中文编辑软件重新优化了一遍。雷军在修改软件BUG（缺陷或问题）的同时，也提高了软件的运行效率。这个操作很快就引起了WPS的开发者求伯君的注意。那时候，北京市海淀区的中关村电子大街无疑就是中国的硅谷，因为这里集聚了中国最好的电脑技术公司，在中关村一带的高校和科研机构里都是全国顶尖的计算机人才。在研究所上班的这段时间，雷军几乎每天都会去中关村转一圈。1991年11月，求伯君与雷军一见如故。吃过午饭后，雷军决定丢掉"铁饭碗"，投奔求伯君，成为金山软件有限公司（以下简称金山公司）的第六名员工。之后，两人为金山公司立下了汗马功劳。2018年年末，金山公司举办了创业三十周年庆典，两位元老深情相拥、百感交集。

3. 经历挫折，成功转型

雷军来到金山公司以后，第一件事就是开发一个软件，叫作《盘古》。该软件主要包括汉文编辑处理、电子表格和电子词典等。1995年，

《盘古》软件在和微软的竞争中，由于预判的失误，差点让金山公司濒临破产。这一次的失败让雷军受到了很大的打击，他甚至想过辞职。对于雷军的要求，求伯君并没有答应，只是让雷军休息一下。此时，雷军不再关注程序和代码，而是深刻地反思失败原因。在家里休养了半年之后，他毅然返回公司收拾残局。他从零开始学习营销、管理，拜访各大商界大佬，虚心向他们请教。思维和观念上的变化让公司的生意很快就有了起色。在雷军的带领下，公司完成了100万套新版本WPS的销售。同时，雷军为了扩大软件市场的份额，在微软还没有涉足的领域开发相应的软件，如《金山影霸》《金山词霸》《剑侠情缘》都取得了不错的成绩。那一年，微软公司推出了其标志性操作系统——Windows 98；也是在那一年，雷军成了金山公司的总经理；还是在那一年，金山公司在联想的注资下进行了重组。从那以后，金山公司成立卓越网、组建数字娱乐公司、创办广告联盟、开发反病毒软件《金山毒霸》，市场份额达到了40亿美元。

4. 抓住机遇，华丽蜕变

雷军离开金山公司后，就踏入了投资圈。这是一个全新的领域，雷军先后投资了逍遥网、尚品、UC优视、拉卡拉、凡客诚品等。值得一提的是，随着互联网的兴起，雷军对智能手机的未来也有了一个清晰的认识。2008年，苹果推出3G智能手机，此后雷军与五位昔日的合作伙伴共同创立了小米手机。2012年，以性价比著称的小米智能手机诞生了。之后的几年，小米手机的销量一路高歌猛进。除了获得较高的收益外，小米公司还投资大量的生态链，这些生态链包括紫米、绿米、华米、润米、米田科技等。小米公司已经成功转型为硬件、零售和互联网三足鼎立的企业。2018年7月，小米公司在雷军的带领下成功上市。由此，小米公司成为全球500强中最年轻的企业。

三、发展与总结

无数创业者怀揣梦想，经历成功与失败。雷军的成功就是建立在一次又一次的失败上的。当年武汉大学计算机系的那个少年可能没想到，自己将来会成立一个优秀的上市公司——小米公司。

（资料来源：笔者根据多方资料整理而成）

无论是个人还是企业，想要在大风大浪中站稳脚跟，都必须有坚韧不拔的信念和永不言败的勇气。创业者的成功离不开其自身的决心与努力，离不开充分的调研和分析，更离不开明确的定位与目标，如图1-1所示。

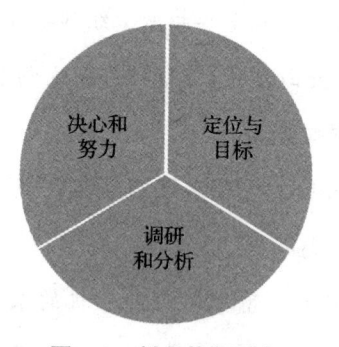

图1-1 创业前期要素

第一节 创业

创业是什么？创业就是创业者和创业伙伴通过努力优化和整合现有资源来创造更大的经济和社会价值，包括领导者创业、企业家创业和大学生创业。创业者在创业过程中会受到很多因素的影响，如图1-2所示。

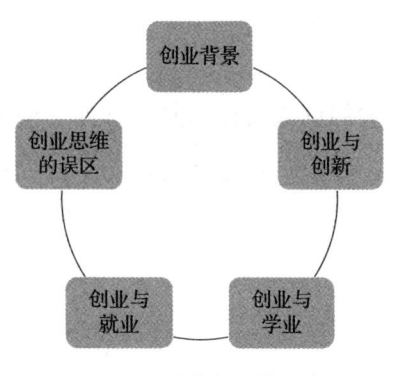

图 1-2　影响创业的因素

一、创业背景

任何行业都充满了机遇和风险，只有抓住机遇，创业者才能做出选择。因此，创业者在决定创业之前首先要问自己三个问题：为什么这个行业会有机会？我怎么会有这样的机会？如何把握这个机会？

创业并不容易，甚至可以说是一种痛苦。创业的想法越伟大，带来的不安也就越多，只有当创业的思路逐渐清晰、生意步入正轨时，痛苦才会减轻。对于创业者来说，无论创业的过程是怎样的，它的困扰是不会消失的。下面列出了四个创业前需要明确的问题，如图 1-3 所示。

图 1-3　创业前需要明确的问题

1. 目标明确

创业者必须有明确的创业目标，并要确保它们是企业各个团队的终极目标。企业中的每一个成员都要齐心协力、共同进退，才能达到企业的目标。

2. 创造价值

创业企业雇用的员工不仅要符合工作能力要求，还要能为企业创造价值。这在创业初期往往是最关键的，创业者不应该节约人力资源。

3. 生活规划

创业是为了更好地生活，但是生活并不是为了更好地创业。创业者应该把个人财务与企业财务分开管理，确保自己的生活条件，否则很难取得成功。

4. 进退策略

创业者应该懂得进退。同时，创业者应制定退出策略，如独立经营、转让、出售公司等，为自身留有余地。

二、创业思维的误区

创业是商业生态系统中的一部分，包含了许多固有的商业法则。掌握一些商业技巧对于创业者来说是非常有用的。但是，许多创业者由于初涉商业，缺乏相关经验，缺少专业指导，在思维上有很大的误区，如图 1-4 所示，如果不及时纠正，最终只能导致失败。

图 1-4 创业思维的误区

1. 经验主义

许多初出茅庐的创业者都会根据其他创业者的经验做出决策，学习他们的想法和方法。笔者并不否认这种做法，因为它确实可以教会创业者一些创业知识，但是如果过分相信经验，反而会适得其反。

许多创业者喜欢学习成功企业家的经验，用过去的经验和思想来武装自己。但是市场环境、创业环境都在变化，过去的经验往往不适合现在的创业环境。如果创业者不能及时发现环境的变化，采取相应措施，那么很可能会遭受失败。

2. 热门行业

在创业初期，大部分创业者都会下意识地把目标放在热门行业，因为它们的流量比其他行业要大得多，利润也大，但是他们往往忽略了风险。比如，这几年短视频内容创作行业风生水起，在 B 站、抖音等短视频平台上，很多"普通人"摇身一变，成了网红，有了团队，有了品牌，获得了无数流量红利。这也让很多人想要进入短视频行业"火"一把，但现实却是，在短视频行业里，能叫得上名字的网红只占了很小一部分，更多人因为各种原因被埋没，被迫退出。

其实所谓的"热门"行业也是一样，经过一段时间的发展，行业内的竞争将会从所有行业从业者转移到行业内为数不多的"领头羊"之间，强者和弱者之间的差距会越来越大，后来者想要分一杯羹几乎是不可能的。所以，创业者不应该盲目地投入红海领域，而是要做好定位调研，了解市场和竞争对手，以及自己的优势和劣势，然后再决定目标和方向。

3. 本末倒置

无论在哪个行业，企业经营的首要目的都是获取利益。简单地说，就是赚钱。只有资金充足，企业才有资本运作。那么，利益来自哪里？对于绝大多数企业来说，最根本的利润来自产品的售价和成本的差价。用一个简单的方程来表示：$W=(S-C)n$，W代表利润，S代表售价，C代表成本，n代表产品销量。在（$S-C$）没有优势的情况下，企业往往把眼光聚焦于提高n，通过增加销量来提高利润，销量的提高要通过营销来实现。

通过对产品进行宣传和推销以盈利确实不失为一种方法，但其中存在最大的问题就在于，有些企业和创业者在营销宣传上花费了大量的精力和成本，而忽略了产品本身。这就导致了一些新产品即使短时间内销量得到了很大的提高，却由于质量或者其他问题而无法获得消费者的长期复购，甚至影响企业形象。

弄清楚什么是"本"、什么是"末"，是创业者必须重视和明晰的问题，就算做不到事半功倍，但也要尽量避免事倍功半情况的发生。对于大部分行业来说，产品作为接触消费者最直接的载体，是"本"，而营销是推广产品的辅助手段，是"末"。从长远的角度来看，企业想要实现长期的运营，就必须根据不同的产品特性制订相应的计划，在确保产品质量的情况下加大宣传力度，才能取得较为理想的效果。

4. 忽视因素

为什么许多创业者明明很努力，却没有什么效果呢？这有可能是因为他们忽略了社会环境、政策法规等因素。有时候公司和团队投入了大量的人力、物力、财力去支持某个项目的实施，但是始终没有任何进展，或许是因为忽略了一些限制因素。这就需要管理者、领导者和团队成员共同找出问题所在，确认环境信息是否准确、团队内部是否和谐、项目目标与战略方向是否偏离、产品规划是否合理等。在制订每个目标和计划时，首先要尽可能收集信息，考虑所有相关因素，同时为可能发生的意外和风险做好准备。

5. 线性思维

创业投入和产出之间并非简单的线性函数关系。我们常说："一分耕耘，一分收获。"其实这句话在现在很多情况下并不适用，并不是投资越多就能收获越多。有时候，即使没有投入太多的资金，也能取得不错的效果；但有时候，即使投入再多的资金、精力和时间，效果也是微乎其微，甚至有可能前功尽弃。

因此，创业者不应该抱着"只要付出就一定会有回报""付出与收入之间必然存在正相关"的观念。正所谓"期望越大，失望越大"，创业者要时刻准备着面对挫折与危机，不要盲目乐观。同时，在创业初期，创业者需要密切关注各个项目的运营情况，有选择地进行适当的投资，如果没有足够的信心或吸引人的机会，最好采取相对保守的策略。

三、创业与创新

中国大力推进"大众创业、万众创新"。"创新"的精髓在于"新",通俗地说,是指人们通过智慧和研究,创造出以前不曾存在过的思想、观念和事物。

1. 创业、创新之间的契合

虽然创新和创业在概念上存在着一定的差异,但是二者在范畴之间存在着重合,主要体现在实践过程中的运用与互动。

在创业过程中,创新是创业者利用现有的资源开发新产品、提出新点子、创造超额利润或潜在超额利润的能力。

随着科技的创新、思维的转变,人们的生产和生活方式也随之发生变化。新的生产和生活方式给社会发展和企业生态注入了新的活力,消费观念的转变催生出了新的消费需求,从而促使创业者萌生了新的创业想法和对市场、产品的新见解、新理念。因此,创业本质上是一种创新性的实践活动,因为在创业的实践过程中主体的主观能动性得到充分发挥,体现了创新性的特征。人们通常认为创新是创业的基础,创业推动创新。

2. 创业、创新之间的相互作用

除了在一定程度上的契合之外,创业与创新之间也存在着相互作用,如图 1-5 所示。

图 1-5　创业、创新之间的相互作用

（1）创新的价值在于创业。

创新的价值在于把潜在的知识、技术和市场机会转化成真正的生产力，实现财富的增长，并承担相应的社会责任。这是理论向实践的转变，实现这一转变的主要途径是创业，创业是创新思维的载体。创业者并不一定是发明家，但是一定具有发现潜在机会的洞察力、果断的判断力和敢于冒险的精神；创新者并不一定是企业家，但通过企业家推动创新成果进入市场，创造价值和利益。以上两种情况都反映了创新与创业的关系。

（2）创业推动并深化创新。

新的需求推动着新产品和新服务在创业过程中不断涌现，新产品和新服务又会产生新的需求，形成一个源源不断的循环过程。同时，在产品创新的过程中，常常需要运用科学技术来帮助人们提高效率，从而刺激和深化科技创新。

四、创业与就业

1. 创业与就业的联系

通过创业型就业来满足就业需求，从而降低失业率、推动社会经济发展已经成为社会进步的一个必然趋势。相比于就业来说，创业最大的特点就在于将"一人一岗"转变为"一人带动多岗位"的就业模式。这种模式要求创业者投入资本、精力、时间创办自己的企业，并尽可能地通过广纳贤才来扩大经营范围，在实现企业利润最大化的同时承担起一部分社会责任。

2. 创业与就业的区别

创业与就业是相互依存的。创业是主动的，就业是被动的。图 1-6 展示了创业与就业的区别。

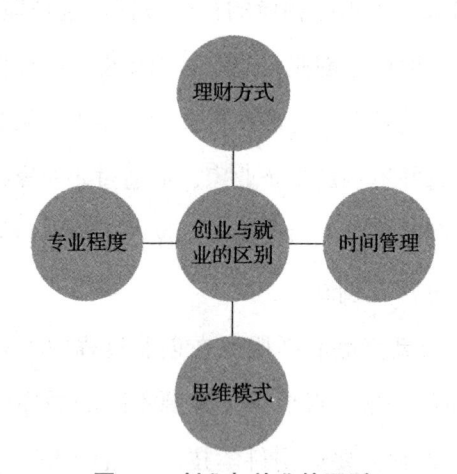

图 1-6 创业与就业的区别

（1）理财方式。

创业者与就业者理财的方式不同，直白地说，就是赚钱和花钱方式有区别。有些创业者的钱大部分来源于客户与投资方，除了客户的钱是赚来的，其他的钱都是要还的，包括企业运营的费用、场地费用、员工薪水等。这样看来，大多数创业者其实是处于一个负债的状态，因为他们所拥有的资源大部分都是向别人"借"来的。这就导致了创业者的主要消费方向不会是投资享受和娱乐，而是将资金投入市场开发、产品更新、团队打造与客户服务中。

但是对于就业者而言，他们的主要收入来源就是企业发放的资薪、福利，基本上不会接触到与企业运营相关的负债项目，所以他们能自由地决定赚来的钱怎么花。简单来说，就是就业者的钱都是花在自己身上的。有些人认为，所谓就业、找工作就是去给创业者"打工"。其实这种说法并没有错，我们可以把创业者和就业者视为"欠债"和"被欠债"的关系。就业者每为创业者工作一次，创业者就欠下了一笔"债务"，而就业者就是"债主"。

（2）专业程度。

相比于就业者而言，对创业者专业性的要求并没有那么高，因为对于他们来说，更重要的是"懂得多"，而非"懂得深"。在创业初期，创业者需要打通人脉，熟悉市场中的各种业务和程序，才能够建立起公司的雏形。至于一些专业性的技术问题，创业者可以通过招聘相关人员——也就是就业者，来为公司解决。

而对于就业者来说，他们必须在某一领域有过硬的专业技术和能力，才能在众多竞争者中被面试官认可。即使顺利地通过了面试进入企业，就业者也不能懈怠，而是要在组织中不断提升自己的能力才有可能得到晋升的机会。所以从他们的角度考虑，最主要的是"懂得深"，尤其是一些技术人员，更需要对自己的专业领域有一定深度的钻研和理解。

（3）思维模式。

创业者的思维模式需要比就业者更为灵活。在创业过程中，创业者需要与形形色色的人打交道，要懂得一些社交技巧和话术来为企业拉投资、谈合作。而就业者面对的一般是上司和同事，工作环境也比较稳定，不会像创业者一样要时刻准备应对各种变化，所以就业者的思维模式相较于创业者来说会比较单一和保守。

（4）时间管理。

创业者的时间几乎都要投入企业的运营中，尤其是在创业初期，所有事务都需要经过创业者的打理。可以说，他们很难有空余时间享受自己的生活。即使企业在成功运营一段时间，进入了较为稳定的阶段之后，创业者作为企业高管一般会用专门的行程表来安排会议和行程。这样看来，时间管理对于创业者来说很重要，他们要确保自己有足够的时间和精力做出有利于企业生存发展的决策，才能让企业不断壮大。

除了上班时间之外，其余的时间可以说都是就业者自己的，他们有权力自由安排自己的休息时间。所以在时间管理方面，就业者比创业者有更大的自由度。

我们的创业时代专栏 1-1

张一鸣：逃避平庸的重力

一、个人简介

张一鸣，男，福建省龙岩市人，字节跳动原董事长兼首席执行官。张一鸣于 2012 年创立字节跳动公司，旗下有今日头条、抖音等。2020 年 4 月，张一鸣以 162 亿美元（折合约 1090 亿人民币）的身家登上《福布斯》富豪榜中国富豪第 9 位。

二、创业之路

张一鸣出生在一个氛围轻松的家庭，父母很少会干涉他的兴趣爱好，这也为张一鸣独立的思考能力和坚定的个人主见打下了根基，同样在一定程度上影响了他未来的人生走向。

2001年，张一鸣考入南开大学。在大学学习期间，他始终专注于三件事情：写代码、灌水技术论坛和读书。这三件事情分别培养了他极具耐心的性格、为他打下了人脉基础、使他收获了伟人成功的经验。但张一鸣的成功绝不仅是凭借这三个因素，他对人生的精准把控、清醒冷静的头脑和独特的个人魅力才是其创业成功路上最大的助推力。

1. 具备强烈的目标导向

张一鸣对人生的态度始终是追求卓越。在南开大学就读期间，张一鸣一开始选择的是微电子专业，但是他很快发现这个专业并不适合自己："花两个多小时，才做好一个正弦波发射器，还经常不能发射。"为此，张一鸣申请转到软件工程专业。之后，他很快找到了感觉，并获得了大学生挑战杯二等奖。张一鸣特有的主见在这件事情中体现得淋漓尽致。

在未来的创业道路上，面对专业、公司和发展路径的选择，张一鸣并不会让短期的压力或是利益左右自己的判断力，而是选择用更重要的原则、更长远的目光和更明确的目标作为尺度进行衡量。

2. 从历史中吸取经验和教训

在创业之前，张一鸣有过两次就业的经历。2005年，张一鸣大学毕业，互联网行业走出寒冬，呈新兴态势。张一鸣抱着"大公司肯定需要强大的协同办公软件"的念头，找到了两个同学一起开发软件，平均月入千元。2006年，张一鸣进入酷讯，用两年的时间从普通的程序员成长为公司高管，为酷讯研发出国内第一个全旅游搜索引擎。2008年，王兴（美团创始人）找到张一鸣一起创立饭否，张一鸣在团队中负责饭否网和海内网的搜索技术问题。

这两次就业的经历给了张一鸣灵感——有效地发现信息就是巨大

的商机。张一鸣了解到信息在人与人之间流动的价值所在，网站搜索那时并不存在个性化定制推送的概念，信息只能由用户主动查询，效率比较低下。但是如果把两者结合起来，就可以有"个性化信息推荐"的效果，这就是今日头条的雏形。于是，张一鸣开启了他的内容创业之路。

3. 趁热打铁，迅速推进算法，抢占市场先机

2012年张一鸣创立字节跳动，随后开发出了"内涵段子""内涵漫画""今晚必看视频"等几十款内容社区类App。2014年推出的今日头条聚焦于内容搬运，通过算法和大数据挖掘，让1000个人看到1000种不同的版本。张一鸣的团队致力于从成千上万的网站内容中筛选，完成结果的自动获取，系统根据用户搜索信息建立起用户的个人模型，智能地为用户推荐个性化的信息。今日头条在上线后短短90天内，订阅用户量就突破了1000万。在今日头条崛起之时，张一鸣又带领团队趁热打铁，推出了抖音。

三、发展总结

与那些跌宕起伏的创业之路相比，张一鸣凭借算法的创业之路似乎看起来是那么的一帆风顺。但事实并非如此，成立字节跳动之前，张一鸣一腔热血地投入企业办公系统、为酷讯做研发、以合伙人身份加入饭否及独自创立垂直房产搜索引擎"九九房"都是不温不火，或者遭遇了失败。但是张一鸣凭借极高的自律能力、冷静的头脑、缜密的思维和强大的判断力终于在第五次创业时发现了新的机遇。张一鸣将"逃避平庸的重力"作为人生的座右铭，一路坚定前行，终于在这个时代占据了属于自己的一片蓝天。

（资料来源：笔者根据多方资料整理而成）

五、创业与学业

如今各种鼓励大学生创业的政策让一些大学生按捺不住想要创业。而且大学生思维活跃，已经成年，有能力为自己的行为负责。面对众多创业机会和难得的学习机会，许多大学生面临着进退两难的抉择。创业重要还是学业重要？是先富口袋还是先富脑袋？

做决定其实并不难。首先要分清轻重缓急，学校是学习的地方，比起高中，大学给学生提供了一个自由、开放的学习环境，让学生去积累知识、开拓思维，培养独立思考的能力、独特的审美观和判断力，以及严谨的逻辑思维能力。在时间允许的情况下，大学生可以参加社会实践和企业实习，了解企业的运作方式，发现自己的优劣势及兴趣点所在，从而达到扬长避短的目的。

大学给大学生提供了良好的创业土壤。大学生作为成年人，已经具备一定的判断力，知识储备丰富，心理素质好，应该鼓励大学生创业，但是只针对少数人。大部分大学生的基本目标仍然是完成学业、获取知识、了解环境，以后不管是创业还是找工作，都会有很大的选择余地。

第二节 调研和分析

客户往往只对自己已知的事物有需求，并且需求体现在更好、更方便、更便宜等方面。当机会出现在创业者面前时，他们往往会举棋不定。如果把商业市场比作战场，决策就好比打仗，所谓"知己知彼，百战不殆"，打仗之前指挥官需要掌握尽可能多和准确的情报，才能做出正确的决策。创业也是如此,根据信息反馈进行决策是最为稳妥的方法,而信息的来源正是市场调研,如图 1-7 所示。

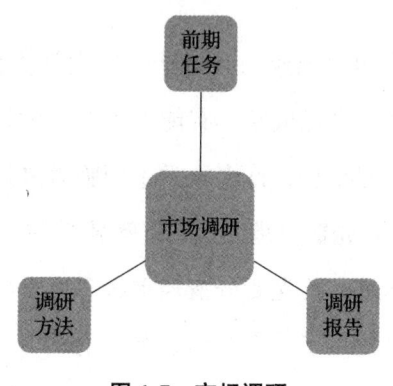

图 1-7　市场调研

一、前期任务

1. 为什么要做调研

对于创业者而言,市场调研可以理解为市场需求调查。随着市场竞争激烈程度的加剧、用户行为习惯的变化及推广成本的增加,市场调研的重要性越来越突出。一般来说,市场调研有以下几个主要目的:认清市场、竞争者和消费者;寻找市场潜在机会,发现市场威胁和潜在风险;制定开发市场计划、确定市场目标;制定市场营销策略;测试不同的市场营销策略;识别和监控市场的变化和趋势;了解消费者的态度和行为;监测消费者和投资者满意度。

市场调研和营销管理息息相关,因此一般站在营销的角度指导市场调研,根据消费者的差异化需求、市场竞争程度和企业自身能力进行综合考量,由此制定营销方案,实时了解和掌握市场趋势的变化。

2. 调研的主要指标

（1）市场大小。

在投资产品和服务之前，要搞清楚项目成果有没有市场，市场到底有多大。市场大小是由资源需求者和资源拥有者的数量决定的。需求者主要指消费者。进行市场调研时，首先要对消费群体进行划分，分析产品的主要目标人群有什么特征等，如保健品的目标人群多为中老年人，那么调研的目的之一就是调查各个地区中老年人的数量占比、消费能力及个人喜好。除了按年龄划分之外，还可以从性别、地域、心理等多元的角度再细化消费群体。

（2）竞争强弱。

竞争强弱指行业里的竞争对手多不多，业内有没有知名品牌，存不存在寡头垄断。有句话是这么说的："企业的竞争力取决于其竞争对手。竞争对手越多、越强大，则意味着企业的竞争力越小。"在任何行业中，新品牌、新产品的进入都需要打破一定的壁垒，有竞争就会有淘汰，在饱和度较高、竞争压力大的行业中，如果没有绝对的优势和信心，最好不要轻易尝试破冰。

（3）资源匹配度。

创业者要了解自身具备多少做项目所需要的资源，以及适不适合进入这个行业。企业持续经营的前提是在能够有效利用自有资源的情况下最大化满足消费者需求。在这个语境中，消费者是放在第二位的。如果为了满足消费者需求去强行索取自己本身并不具备的资源，企业极有可能会陷入困境。

根据以上三个指标情况的不同，创业者需要做出不同的决策，最极端的两种情况是市场需求巨大、竞争强度很低、自身资源高度匹配和市场需求很小、竞争强、自身资源匹配度低。面对这两种情况，创业者可以很果断地选择破冰或考虑放弃。但是实际情况一般介于两者之间，这时候就需要具体情况具体分析。

3. 市场调研的步骤

市场调研需要按照一定的步骤进行，图1-8展示了市场调研的具体步骤，即明确市场调研目的，设计调研方案，信息、数据的获取与加工整理，数据、信息分析及撰写调研报告。

明确市场调研目的 → 设计调研方案 → 信息、数据的获取与加工整理 → 数据、信息分析 → 撰写调研报告

图1-8　市场调研的具体步骤

（1）明确市场调研目的。

在调研之前，必须针对企业所面临的市场现状和亟待解决的问题确定市场调研的目标和范围。市场调研的目标和内容有很多，包括市场发展前景、行业分析、产品市场占有率、竞争对手、企业品牌定位、消费者分析等。

（2）设计调研方案。

如何设计调研方案，采取哪些调研方法？根据已经确定的目标和范围确认与之密切相关的资料信息，并根据资料的性质选择合适的方法进行资料的收集。

（3）信息、数据的获取与加工整理。

首先要收集信息。信息可以来源于企业内外部所公开的信息资料，如公司财报、经营事件公告或是行业调研公司提供的学术报告等。这些是信息的直接来源，有些信息是需要创业人员采用一定调研方法来获取

的。接下来通过机器或人工筛选有效信息，剔除无效信息，再将最后所得的信息进行整合，有规律地排列出来。

（4）数据、信息分析。

将加工后的数据应用一定的分析方法进行相关分析，从而得到调研结果。

（5）撰写调研报告。

调研报告是对所获取的信息进行分析后得出的最终结论。撰写调研报告是调研过程中非常重要的一个环节，因为企业的许多决策是要参考调研报告中的结论进行的。因此，调研报告的撰写格式、标准化用语是非常重要的。

我们的创业时代专栏 1-2

南方航空公司的调研及定价策略

一、企业简介

中国南方航空集团公司（以下简称南方航空公司）成立于 2002 年 10 月 11 日，是以中国南方航空集团公司为主体，联合新疆航空公司和中国北方航空公司组建而成的大型国有航空运输集团，由国务院国资委直接管理，主要经营航空运输业务，兼营航空客货代理、进出口贸易、金融理财、建设开发、传媒广告等相关产业。

二、调研分析

1. 定价目标的选择

南方航空公司在选择定价目标时做了充分的调研，将新冠肺炎疫情分为三个发展阶段：疫情前、疫情暴发期、疫情常态化时期。

在疫情发生前，南方航空公司的定价目标主要是力争占取较大的市场份额。在疫情暴发期，人们考虑到遵守疫情防控要求与保护自己的生命安全，都待在家中，人们的出行需求急剧减少，这个时期出现了很多低价票。

随着新冠疫苗的成功研发，各行各业逐渐复工，疫情进入常态化阶段。在这个阶段，南方航空公司的定价目标转向了市场份额最大化。经历了疫情之后，总体来说，人们的收入有不同程度地下降，消费者在选择出行时，可能会更多地关注价格，市场对价格的敏感程度有所提升，因此，南方航空公司选择以低价来占领更大的市场份额，从而获得长期利润。

2. 确定需求

经济学理论指出，不同的价格会产生不同的需求量。价格与需求量之间的关系可以用需求曲线表示出来，在大多数情况下，它们成反比关系，即价格越高，需求越低。同样，我们在确定需求时，可以从疫情前与疫情常态化时期来进行分析。

在疫情前期，人们的出行需求随时间波动并不是特别大。除了暑假或小长假带来的旅行高峰期中有小幅度波动外，其余时间人们的出行需求基本保持在一个水平。而在疫情常态化阶段，人们对于出行的需求除了受到之前假期出行需求增大的影响之外，还很大程度地受到各地疫情情况的影响。

国内航班的选择越来越多，时间也越来越短，这就导致了国内航班的需求弹性很大，价格的变化导致了需求的大幅变化。

而国际航班就不同，对于中国的消费者来说，出入境只有选择搭乘飞机一条途径，商务出行、出国留学或是旅行产生的出入境都不可避免地对国际航班产生需求，价格的变化使需求量的变化幅度比较小，因此国际航班的需求缺乏弹性。

3. 成本、价格和产品竞争者分析

有些航空公司通常会取消一些普通航空中的乘客服务，以此来降低运营成本。大多数航空公司会选择一些航程短、客流量大的航线。在乘客服务方面，一些航空公司一般不会提供免费的餐饮服务，而行李托运服务是需要额外收费，根据行李的重量来计算。低成本模式已经成为一种较为成熟的商业模式，它以低廉的成本优势经营点对点航线，满足低端旅客的需求，成为市场不可或缺的补充要素。

三、制定价格

1. 价值定价法

满足对产品质量的需求，重新安排经营活动，降低成本却不牺牲质量，尽可能通过各种策略减少成本，保证最低限度维持正常经营，但同时也可以提高特色产品服务，提升质量，吸引客户，依据自己的质量服务水平进行定价，合理的定价与高质量的产品服务可以吸引大量客户，提高利润。

2. 感知定价法

考虑客户需求及自身的可信度、声誉，同时结合淡旺季与高峰期，可以结合过往经验预判客户的感知价格，如越早订票价格越便宜，淡季订票比旺季便宜，经济舱比商务舱便宜等。在如今电子支付的时代，不同的平台可能会有不同的价格与优惠，这同样会影响企业的定价。

通过以上方法，缩小了公司的定价范围，可以确定一般性的价格水平，但对于南方航空公司而言，还需要考虑其他因素，如特殊时期同一天不同时间段的机票价格、营销策略，并且要考虑竞争对手是否有产品、服务、价格策略方面的创新，同样也需要将社会影响纳入考虑范围。

（资料来源：笔者根据多方资料整理而成）

二、调研方法

1. 调研要点

市场调研对于一个企业来说非常重要，但是调研的"有效"与"无效"取决于调研者水平的高低。市场调研分为最基础、最常见的两个角度：定性和定量，如图1-9所示。

图1-9 市场调研的角度

顾名思义，定性调研指根据调研目标的性质来得出结果，定量调研则通过对调研对象的数量和规模进行分析统计，从而得到一般性的规律。通常来说，定性调研的难度较高，但是定量调研的误差性较大。因此，想要获取准确的调研结果，就需要结合两者来做出评定。

2. 调研方法

在获取数据和信息时，调研人员要根据它们性质、获取方式和获取成本的不同采取相应的措施，以下介绍几种常见的调研方法。

（1）文献调查法。

文献调查法指调研人员借助公司内部及外部已知的资料信息，对需要调研的内容进行进一步整理和分析的方法。收集到的资料需要经过人工或者机器筛查，选出有效的信息，导致无法及时地将收集到的资料反馈到企业内部。

（2）询问调查法。

询问调查法主要借助询问的方法收集有价值的资料，主要对消费者个人及行为进行调查分析。该方法并没有一种固定的模式，调研人员可以与调研对象进行面对面提问或是通过网络、电话进行交流。需要注意的是，采用询问调查法时，提出的问题必须在调研对象能够回答的范围之内，不然调研结果是没有意义的。

（3）观察调查法。

观察调查法为市场调研最常见的一种方法，调研人员可以直接对调研对象进行观察，再通过某种工具或是某种方式将观察得到的结果记录下来。但由于观察一般是人为的，虽然较为直观，但是也带有一定的主观性。所以在采用该方法进行调研时需要严格挑选调研人员和观察对象。

（4）试验调查法。

试验调查法，顾名思义，就是将调研想象成一次试验，试验者有目的性地人为改变试验中可能会对结果产生影响的一个或几个自变量因素，然后记录下结果的改变。该方法具有科学性强、可重复等优点，但也有成本高、试验环境难以控制等缺点。

（5）问卷调查法。

问卷调查法是指以发放问卷的形式获取数据，网上问卷调查是目前最普遍的一种调研方式。企业可以借助网站及平台发布相关的问卷，系统根据作答者情况为其匹配相应问卷，作答完成后可以获得一定的奖励。问卷调查法的优点在于能够获得更多的反馈，并且可以对收集到的信息快速地进行分析。

综上所述，调研人员需要根据所需信息性质的不同采取相应的调查方法，以保证资料最完整、最及时地反馈给内部人员，以便他们做出相关决策。

3. 调研分析模型

数据及资料分析是调研过程中不可或缺的一步，如果不能有效地对信息进行分析，那么之前的所有准备都会功亏一篑。常用的分析模式有 PEST 分析法、SWOT 分析法、4P 营销理论和逻辑树分析法，富有逻辑性、实用性和科学性等特点。

（1）PEST 分析法。

企业所处宏观环境分析模型，即 P 为政治（Politics）、E 为经济（Economy）、S 为社会（Society）、T 为技术（Technology）。其中各个因素下包含了许多细化变量，如表 1-1 所示。

表 1-1　PEST 分析模型

政治（Politics）因素： ● 政治制度 ● 政府政策 ● 相关法律法规 ……	经济（Economy）因素： ● 经济发展水平、规模、增长率 ● 政府收支 ● 通货膨胀率 ……
社会（Society）因素： ● 人口规模 ● 年龄结构 ● 人口地域分布 ……	技术（Technology）因素： ● 新技术的发明 ● 研发费用的投入 ● 专利个数 ……

进行 PEST 分析需要掌握大量的相关资料，并且对所分析的企业环境有深刻的认识。

（2）SWOT 分析法。

SWOT 分别代表优势、劣势、机会、威胁。SWOT 分析通过对上述四项指标进行综合评价与分析，得出结论，然后再根据企业资源和企战略进行调整，达到企业目标。通常会通过建立 SWOT 矩阵更明确地进行企业的 SWOT 分析，如表 1-2 所示。

表 1-2　SWOT 矩阵

S（优势）： ● 技术技能优势 ● 人力资源优势 ● 组织体系优势 ……	W（劣势）： ● 缺乏技能、技术 ● 缺乏人力、物力 ● 关键领域竞争力丧失 ……
O（机会）： ● 客户群的扩大趋势 ● 市场进入壁垒降低 ● 获得购并竞争对手的能力 ……	T（威胁）： ● 替代品抢占市场份额 ● 外贸政策的不利变动 ● 市场需求减少 ……

（3）4P 营销理论。

4P 营销理论为大家所熟知，即指产品（Product）、价格（Price）、渠道（Place）、推广（Promotion），是营销策略的基础，如图 1-10 所示。

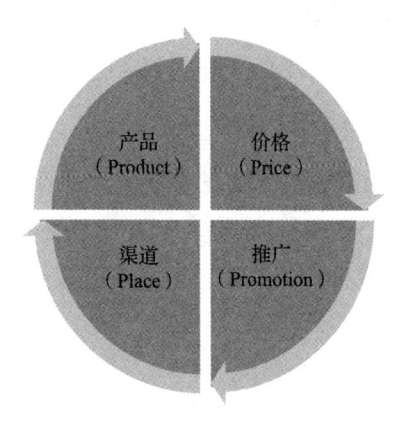

图 1-10　4P 营销理论

4P 营销理论诞生于 20 世纪 60 年代的美国，此后随着商业的发展与学者对市场的深入研究，又引申出了更多以此为基础的营销理论，如4Ps、4P+3R、4C 理论等。其中最广泛应用的是 4Ps 理论，即在 4P 营销理论的基础上加上策略（Strategy），构建成一个较为完整的营销影响因素体系。

（4）逻辑树分析法。

逻辑树分析法的本质在于将复杂的问题简单化，帮助分析人员厘清思路。逻辑树分析法通常把问题看成树干，通过不同的分支，把问题拆解为一个个子问题，形成树状的几何图形，如图1-11所示。

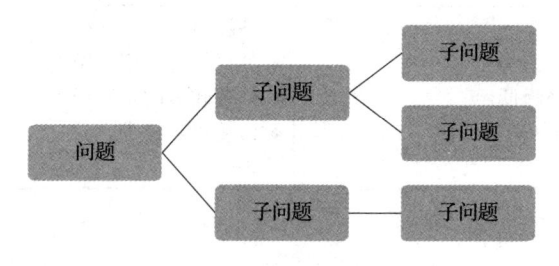

图1-11 逻辑树分析法

逻辑树分析法最经典的案例就是费米问题。什么是费米问题？有人问科学家费米："芝加哥有多少个调音师？"通过将这个问题拆解为若干个小问题，如全部调音师一年的工作时长，芝加哥有多少架钢琴等，费米给出了与实际结果十分接近的最终答案。

这个方法其实是所有分析方法的基础，运用到市场调研的过程中可以帮助调研人员更有条理地厘清变量之间的关系并加以分析。

三、调研报告

充分掌握所需要的信息之后，接下来就要着手撰写调研报告，如图1-12所示。调研报告代表了整个调研过程，是呈献给投资者最重要的书面报告之一。调研报告的意义在于将真实可靠的市场信息完整地呈现出来，并且要具有一定的科学性和条理性，这样才能帮助企业了解和掌握市场状况和趋势,同时帮助投资者甄别项目的潜力。

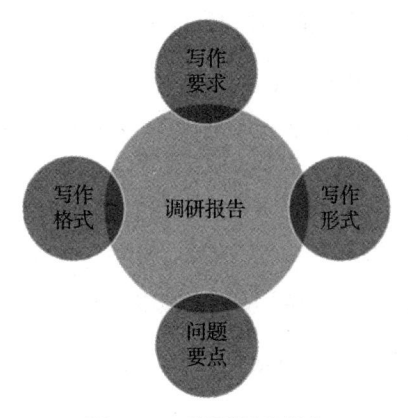

图 1-12　撰写调研报告

1. 写作要求

市场调研报告的写作要求和技巧与其他公文写作有相似之处,但也有其自身的特点,概括起来就是科学、合理、实用,这是市场调研报告的基本要求。

(1)基于科学的市场调查方法。

企业能否根据市场环境和内部环境的变化及时做出相应的战略调整,科学的营销策略离不开客观、完善的市场调研方法。因此,应善于运用文献调查法、询问调查法、观察调查法、试验调查法及问卷调查法等方法,以获取真实、可靠、具有普遍性的信息。只有这样,调研报告才能更科学、更合理。

(2)基于真实、准确的数据资料。

每一个投资者都喜欢看数据,根据数据做出决定,所以研究报告也需要有数据。数据是市场状况可视化的载体,数据材料是定性、定量分析的基础,通过深入挖掘数据背后可能存在的有效信息,并将其应用到SWOT等分析模型中,得到更精确的数据。在撰写调研报告时,相关人员要善于运用统计数据说明问题，把收集到的信息以数据形式呈现出来，既能增强市场调研报告的说服力，又能向投资者表明自己的诚意。

（3）充分有力地分析论证。

市场调研报告的写作必须有大量的事实材料，包括动态的、静态的、表面的、本质的、过去的、现在的等，各种各样的资料混杂在一起，错综复杂，需要调查者把它们统统归类，有条不紊、有逻辑地进行描述和阐明。相关人员要运用科学的方法对其进行充分地整理、归纳和分析，逻辑严谨地论证观点，才能使报告所指出的问题和解决方案具有可操作性、可落地。

2. 写作格式

（1）题目。

题目包括市场调研题目、报告日期、委托方、调研方，一般都会打印在扉页上。

（2）目录。

提交调研报告时，若报告内容、页数较多，应以目录或者索引的形式列出报告的主要章节及附录，并注明标题、章节编号及页码。

（3）概要。

概要主要阐述调研的基本情况，主要包括对调研的目的、对象和内容、方法的简要介绍。

（4）正文。

正文是调研报告的主要内容，它必须准确地阐明所有相关的论点，包括从提出问题到结论，论证已经被研究过、分析过的方法、使用过的模型。还应该有完整的调查结果供决策者参考，以及必要的市场信息，并对这些情况和信息进行分析。

（5）结论和建议。

调研报告的主要目的是得出结论和建议。引言和正文部分应提出在调研过程中采取的有效措施。结论和建议应与正文部分紧密联系，不得提出无依据或无建设性的意见。

（6）附录。

附录是指调研报告的正文中不包含或未提及的部分，但是与正文相关的材料必须加上说明，这是对主体报告的补充或更加详细的说明。

3. 写作形式

（1）标题部分。

标题形式可分为三类：直叙式、表明观点式和发问式。直叙式标题反映调研目的、透露调研项目和调研地点等；表明观点式标题直接阐明作者的观点、看法及对现象的判断和评价；发问式标题则以设问、反问的形式聚焦问题，突出问题的尖锐性，吸引读者阅读。

（2）开头部分。

调研报告的开头需要点明主题，作为后文的总结，起到铺垫作用。开头的形式分为开门见山、结论先行、提出问题等几种。

（3）分析论证部分。

分析论证是调研报告的主要内容，在这一阶段，要对调查数据进行质量分析，通过分析了解情况、说明问题和解决问题。分析一般分为三种情况：原因分析、利弊分析、预测分析。

（4）结尾部分。

结尾对全文起到总结和升华主题的作用，主要形式有概括全文、形成结论、提出基础看法和建议及展望未来、说明意义。

4. 撰写过程中需要注意的问题

（1）切忌停留表面就事论事。

前文提到一篇合格的调研报告必须有充分有力的论证。如果只停留在表面文章上根据资料就事论事，没有进行深入分析，就会让整篇报告看上去不协调，缺少系统性，使报告的价值不大。

（2）切忌面面俱到、事事巨细地进行分析。

写调研报告就像写文章一样，应该有其重点和中心，在对情况有全面的了解之后，经过全面、系统的构思，应该要有详有略，抓住主题，深入分析，并适当加以图表解释内容。如果把收集到的资料无论是否反映主题全都一股脑地进行深入分析，会让读者感到杂乱无章，找不到重点。

> 我们的创业时代专栏 1-3

统一鲜橙多的市场调研

一、企业简介

鲜橙多为统一企业公司（以下简称统一企业）"多果汁"系列中的品牌之一，统一企业自2001年推出鲜橙多，凭借"多C多漂亮"的广告语一时成为风潮，销量持续增高，占领我国果汁行业市场半壁江山达数年之久。

二、调研结果及分析

1. 市场环境分析

水果在人们的日常饮食中是必不可少的。果汁则分为水果原汁、低浓度果汁和中高浓度果汁。相比较于水果来说，果汁的食用方式更为方便，且常喝果汁有助于消化、补充膳食中营养成分的不足。随着消费习惯和思想观念的改变，越来越多的年轻人偏好于用果汁代替固体水果，许多水果专卖店也开展了现场榨汁销售的业务。

我国果汁行业的市场规模呈现波动增长的趋势。1998年以前市场处于自由竞争状态，1999年，统一企业推出"多果汁"系列，一度占据超过20%的市场份额。但是从2001年起，许多饮料品牌纷纷效仿统一企业推出低浓度果汁饮料，市场进入激烈竞争阶段。2017年NFC果汁的知名度大幅度提高，销量增速明显，同样预示着我国果汁市场开始向高端化发展。

2. 消费者分析

对于大多数消费者来说，提到"鲜橙多"便会想到"统一"。鲜橙多以"多C多漂亮"的口号打入市场，表明其锁定了女性的需求。鲜橙多市场主要针对的是18～30岁的年轻女性群体。由于果汁中富含的维生素C具有美容、抗氧化的功效，适量摄入可以让皮肤变好，促进人体对营养的吸收，因此深受年轻群体尤其是爱美的女性的喜爱。

为主打年轻化这一特征，统一鲜橙多也邀请众多明星为产品代言。2019年4月，为进一步扩大95后、00后的消费群体，统一企业签约人气少年偶像团体TFBOYS成员中的王源作为品牌形象代言人。此前在2012年，为了进军韩国市场，统一企业邀请韩国明星张根硕和朴敏英作为品牌代言人，并启动新装上市。

3. 产品分析及定位

鲜橙多采用巴西进口柳橙原汁制成，口感清新自然、酸甜清爽，果汁中富含维生素C和膳食纤维。与竞争对手相比，统一鲜橙多价格较低、口感好，在消费者心中留下了良好印象。

在包装与外观方面，统一鲜橙多采用了PET塑料瓶等不同的包装以满足消费者在不同消费情境下的需求。无论是在休闲逛街、居家娱乐、外出聚餐或是工作闲暇时，鲜橙多都能够为消费者解决饮用的需求。

除此之外，鲜橙多是统一企业在"多果汁"全系列产品中的领头产品。且企业的分销与促销能力较强，根据各个消费地区不同的需求情况做出相对应的计划，开展有效的促销活动。

三、发展总结

随着消费水平的提高，消费者对饮料的选择也越来越健康，NFC果汁的出现对传统果汁产业产生了挤压。统一鲜橙多及其他果汁品牌目前所面临的最大考验是如何适应新的消费需求，使品牌年轻化，以吸引更多的消费者。对于统一企业来说，尽管开创了果汁市场的先河，其产品和品牌未能与消费端精准嫁接，营销力度仍需加大。同时，面对NFC等品牌的出现，统一企业需要考虑自身的转变，如何扩大优势或是采取产品转型的策略来突出差异化，抢占市场份额。

（资料来源：笔者根据多方资料整理而成）

第三节　定位与目标

在完成了一系列的准备工作之后，创业者已经对行业状况有了一定的了解，并且下定决心要开始创业，那么创业的第一步就是找准自身的定位。定位包括市场定位、客户群定位、价格定位及人才定位等。对于任何一个新企业、新品牌、新产品来说，定位都是第一步。一个清晰、明确的定位可以帮助创业者快速找准企业目标，有清晰的未来产业规划路线和方向。定位决定了企业的战略决策、产品类型及在社会上树立起的企业形象，下文将从重要性、方法、战略定位三个方面来阐释定位，如图 1-13 所示。

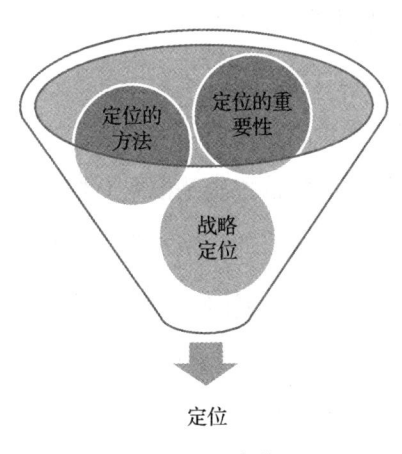

图 1-13 定位

一、定位的重要性

1. 什么是定位

通俗地来说，定位是指寻求企业或者产品在行业和市场中的位置，找到自己的目标消费人群和发展方向。

（1）市场定位。

市场定位是定位中的首要环节，因为企业在经营过程中面对着市场的大环境，其是企业销售产品的平台。所谓市场定位就是指企业需要知道自己的产品在什么样的市场上受客户欢迎、什么样的同类产品客户想买却没有买，不做不受客户欢迎的产品，这样就不怕企业的产品没有市场。

（2）客户群定位。

创业者一定要明确企业产品的销售对象是谁。企业要定期进行市场调研，充分了解消费者喜好，对目标群体进行用户画像，做好客户调查，分析客户的需求及搞好和客户之间的关系，产品才能卖得好。

（3）价格定位。

产品的价格定位非常重要，定高了可能会使消费者流失，定低了企业又获取不到利润，最简单的定价方法是根据原材料及产品的制作成本来定价。但是在市场上难免会有相似的竞品，此时企业就要注重差异化优势的培养。俗话说："物以稀为贵。"为什么一些联名款、限定款的产品价格比同类型的产品高出那么多，还会出现供不应求的现象，这就是差异化的体现。企业也可以根据产品的销售情况进行打折、促销活动，尽量不要积压库存。

其实价格定位在很大程度上决定了一个企业的品牌形象，体现了企业对市场份额的期望及对客户群的划分。

（4）人才定位。

企业用人的原则是以事定人，而非以人定事。在创业初期要特别注意这一点，一定要选择有能力、有意愿的人才。同样是一个团队，领导者需要考虑成员之间的协作意愿，也要及时关注成员的工作情况，维持组内秩序，调节成员之间的关系，创造一个和谐的合作环境，这样才能最高效率地完成任务。

（5）目标定位。

如果企业不能为员工制定有效的绩效目标和计划，那么企业将会是一盘散沙。企业的共同目标是企业内部凝聚力的核心，只有全体成员共同努力奋斗，企业才能实现长期稳定地运作。每一个伟大的目标都是在完成小目标之后一步步实现的。因此，企业制定目标时一定要切合实际，不能超出员工的能力范围，不然会打击他们的自信心。一般来说，企业会根据自身情况以年、季、月、周为目标实现的周期，日积月累，一点点向实现企业的终极目标迈进。

2. 定位的作用

定位对企业的重要性体现在其作用上，如图 1-14 所示。

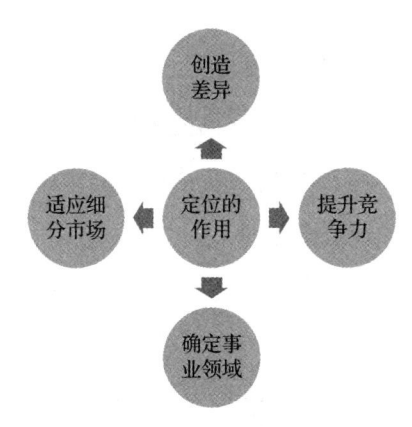

图 1-14　定位的作用

（1）创造差异。

如今客户的消费和购买越来越注重个性化，"小众"潮流崛起。企业想要打入市场，就必须有其独特之处。市场定位就为创业者提供了一个很好的途径，在同一行业中，如果能有一个带有显著特征的定位，必定能够脱颖而出，创造自己的独特优势。

（2）适应细分市场。

在细分市场中，企业面对的是截然不同的消费者需求与错综复杂的市场环境，一次错误的判断就可能让企业陷入困境，而准确的定位则可以帮助企业降低这种风险。因此在细分市场中，拥有一个清晰、明确的定位是非常重要的。通过掌握各个细分市场中的需求，企业可以结合自身的优势与劣势制定相应的运营计划，以确保企业的持续运作。

(3)确定事业领域。

"人无完人",对企业来说也是如此,企业的事业领域不可能全方面覆盖到整个市场,广而不精的企业往往无法在市场上坚持长久。简单来说,企业需要通过定位确定自身的经营领域,了解业务和经营规模在怎样的一个范围之内才能有效地配置和利用资源。

(4)提升竞争力。

像人一样,每个企业都有自己的长处和不足之处,如完美日记将消费对象定位为年轻女性群体,于是找博主做推广,找流量明星代言,赚得盆满钵满,用其难以再被复刻的营销技巧打败了许多竞争对手,然后开始做产品的升级以继续提高竞争力。

二、定位的方法

前文提到了企业进行定位的角度及重要性,那么如何对企业进行定位呢?以下提到了避强定位、迎头定位、创新定位、重新定位、对立定位五个定位方法,如图 1-15 所示。

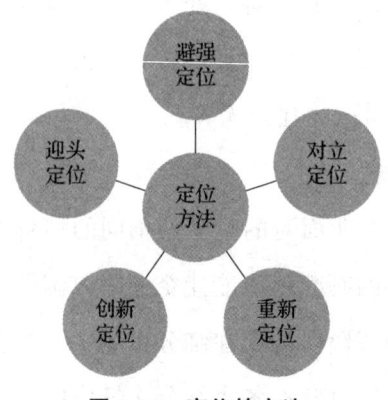

图 1-15 定位的方法

1. 避强定位

避强定位指避开强有力的竞争对手的定位。企业力图避免与实力较强的竞争对手直接发生竞争，应采取另辟蹊径型的定位方法，可以是错开市场、错开热销品，或者使自己的产品在某些特征或者属性方面与对手有比较显著的区别。其优点在于刻意避开竞争对手的关注，迅速在市场上站稳脚跟，并且能够在消费者心目中树立起企业形象。避强定位法市场风险低、成功率高，适用范围广泛。

2. 迎头定位

迎头定位又称"对抗性定位"，指企业为占据较佳的市场位置，根据自身实力与市场上处于支配地位的竞争对手"对着干"，即发生正面竞争，希望通过打败对手来取代其在市场中的地位。这种定位方法的风险性较高，但一旦成功就能够取得巨大的市场优势。采取迎头定位法要求企业具备以下条件。

一是产品具有明显的绝对优势，能够在某一个或者某几个方面超过竞争对手；二是企业有足够的实力承担竞争带来的后果；三是以大面积的市场范围为目标，如果市场范围面积过小可能会得不偿失。

对企业进行迎头定位的前提是足够了解竞争对手，如可口可乐与百事可乐、汉堡王与麦当劳等企业实施的是对抗性定位策略。在这些情况下，企业不一定要压垮对方，能平分秋色就已经是巨大的成功了。

3. 创新定位

市场存在潜在需求，这些尚未被开发的需求会造成市场上的一部分空缺。创新定位的主旨就是找到这些空缺，并用新的理念和产品来填补它们。这种定位方法需要创业者具备创新发散性的思维，能够从生活的蛛丝马迹中找寻到商机，创造或者启发新的需求，让消费者觉得这个产品能为他们带来更好的消费体验。

4. 重新定位

企业选定了市场定位目标后，如果定位不准确或是后续市场情况发生变化，就应该考虑重新定位。引起重新定位的情况可能有竞争者侵占了企业市场、消费者流失、产品销路窄、市场反应差等，遭遇以上几种情况时如果原有的定位无法继续维持企业的运转，那么创业者就要考虑进行二次定位，摆脱困境，重新获得增长与活力。

5. 对立定位

对立定位指的是找出竞争对手的弱点，通过自身产品相对应的优势来引起消费者站在对立面的联想和考虑，即向消费者灌输"人无我有"的思想，从而吸引消费者购买，提高市场份额，打败竞争对手。

三、战略定位

1. 什么是战略定位

用通俗的话来说，战略定位就是企业为了保持经营优势，实现战略目标，通过什么方式和途径，为哪些消费者提供了怎样的产品和服务。对于企业而言，进行战略定位需要回答四个问题：企业从事什么业务？

如何创造价值？企业的竞争对手是谁？企业的关键客户是谁？

要回答以上问题，就要关注三个定位要素，分别是目标市场定位、产品定位和商业模式定位。这三个要素分别对应着企业的客户群、企业的主营业务，以及企业产品和服务交付。因此在进行战略定位时，决策者需要把这三个关键要素纳入考虑范畴。

2. 战略定位的价值

企业领导者的首要职责是进行战略决策。战略定位本质上就是选择与竞争对手差异化的活动，或通过差异化的方式实现类似的经营。战略定位决定了企业未来的发展方向、内部的资源分配及经营决策，如图1-16所示。

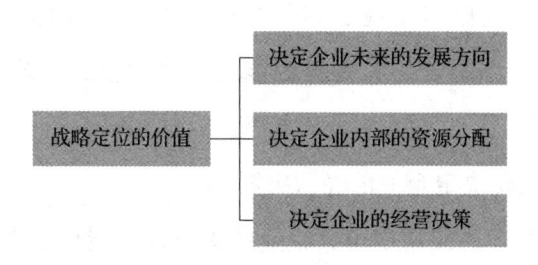

图1-16 战略定位的价值

（1）战略定位决定企业未来的发展方向。

很多企业失败的原因是发展方向不明确，即使有足够的资源，也不能与具体的目标客户和产品相结合，造成大量的资源消耗，耽误了有利的发展机会。发展方向不明确或变化不大，不仅容易导致员工疲劳，影响员工的积极性和主动性，而且容易导致客户和合作伙伴对企业的专业性和持续性产生负面影响，最终导致客户和合作伙伴的流失。

而战略定位则为企业指明了发展方向，决定了企业的目标客户、主要产品，明确了什么事情应该做，什么事情不应该做，帮助企业明确未来的发展方向。一旦有了明确的目标，企业的管理者和领导者就能够更轻松、更有目的性地引导员工，实现企业的长期持续发展。

（2）战略定位决定企业内部的资源分配。

任何资源都是有限的，企业的领导者要考虑的就是怎样最大化地利用有限的资源，即有取舍地将资源聚焦在能产出最大回报的项目上。一家企业拥有的资源通常包括资金、设备、厂房、合作伙伴及人力资源等。在任何一方面不适当的资源投入都会对企业的发展造成非常严重的负面影响。而战略定位的介入就帮助企业解决了资源如何合理分配的问题。其中目标市场定位决定了营销方面的投入；产品定位决定了在研发和生产方面的投入；商业模式定位决定了各个内部流程环节的投入。同时，战略定位的实施也需要企业投入一定的资源，通过企业的运行机制，如业务系统、关键资源能力、盈利模式和现金流结构等来实现。

（3）战略定位决定企业的经营决策。

如果没有明确的战略定位，企业的决策很可能会偏离正确的决策方向，甚至还会产生矛盾。战略定位是企业决策的基础和前提。正确的战略定位能保证企业拥有一定的战略优势，以较低的成本实现企业战略目标；错误的战略定位则容易导致企业做出低效、自相矛盾的经营决策，浪费企业资源，影响企业绩效，甚至危及企业生存。

综上所述，企业需要在掌握经营环境的背景下，结合自身发展状况和资源条件做出正确的战略定位，并在其指导下做好企业的经营决策，保证和维持自身的经营优势，为最终实现企业的发展目标打下基础。

我们的创业时代专栏 1-4

李宁公司：走向世界的中国运动品牌

一、企业简介

李宁公司由中国著名体操运动员李宁于1990年创立，是涵盖运动鞋、运动服装、运动配件等产品，集研发、设计、生产、销售为一体的专业运动品牌。李宁公司所提供的产品品类多样，以消费者需求为导向，兼顾时尚与科学，重视消费者体验。成立30多年以来，李宁公司也经历过风雨浮沉，但是通过坚持不懈的创新和努力，终于成了我国龙头运动品牌，许多设计更是走上了国际秀场，让全世界感受到"中国李宁"的魅力所在。

二、商业模式

1. 主导运动精神，明确品牌定位

李宁公司成立初期以国家队运动服装品牌形象出现在消费者眼前，赞助了跳水、体操、乒乓球等许多国家队，承载中国人的民族情感。2000年，李宁公司提出国际化品牌战略目标。此后赞助法国体操队，签约成为NBA官方市场合作伙伴，进行品牌国际化的深层次布局，掀起国际化浪潮。但由于品牌核心消费群体的老化，这样的方式对李宁产品的宣传程度十分有限。2010年，李宁公司决定重塑品牌，将耳熟能详的口号"一切皆有可能"改变为"make the change"，并将品牌定位由"积极向上""中国特色"等调整为"国际感""时尚""酷"。品牌形象的改变模糊了李宁公司的品牌定位，之后，安踏等运动品牌迅速崛起，抢占了李宁公司的市场份额。

李宁公司意识到盲目的品牌重塑带来的危机。2014年年底，李宁公司结合品牌定位与市场环境，将公司口号改回"一切皆有可能"，并确立起"提供李宁品牌体验价值"的战略目标，迎来品牌复苏。

"互联网＋运动生活体验服务商"的品牌定位与国潮时尚理念引导李宁公司重回中国运动品牌市场高位。围绕新的品牌战略，李宁公司保持运动品牌初心，加入时尚、科技和潮流元素，为品牌源源不断地注入新的文化。2018年纽约秋冬时装周，李宁用"悟道"系列打入国际市场，通过中国文化与时尚潮流的完美融合，成为第一个登陆纽约时装周的中国运动品牌，以独特的中国气质淋漓尽致地诠释了品牌内涵，为李宁公司的发展带来一个全新的突破。

2. 打造专业DTC零售体系，扭亏为盈

由于之前错误的品牌战略，李宁公司经历了连年亏损，2012年亏损额高达19.79亿元，并关闭了1800家门店，但是李宁公司并没有就此一蹶不振。经历了这一阶段的挫折，2015年李宁回归公司担任CEO，通过"渠道＋产品＋零售运营能力"打造起专业的品牌DTC零售体系，拉动业绩复苏。

李宁公司的DTC零售体系包括渠道端、产品端及公司零售运营能力。在渠道端方面，李宁公司聚焦"单品牌、多品类、多渠道"的基本战略，利用数字化重构线下门店，打通线上线下渠道，实现全域营销。与此同时，李宁公司利用小程序、社交App等渠道将公域流量转化为私域流量，并通过与小米、CBA等合作打造IP联名商品，吸引消费者购买，形成社交流量的裂变式传播。在产品端方面，李宁公司聚焦篮球、跑步、训练、羽毛球及运动时尚五大核心品类，在不断开发产品专业功能属性的同时深化品牌文化基因，把握国潮趋势，向消费者传递独特的品牌价值。在零售运营能力方面，李宁公司力争推进可复制的高效盈利模式，持续升级店铺的视觉形象，强化消费者对品牌的认知。

3. 加强供应链的反应速度及弹性，打造高效的物流体系

随着产品专业性与高端产品占比的提升，许多变化都对李宁公司的供应链提出了更高的要求。因此，李宁公司采用以业务为导向，精准、快速的"因需而动"供应模式。该模式能够精准地捕捉市场需求，快速开发款式并增加弹性产能，以满足消费者对公司产品的需求。同时，李宁公司通过优选供应商与生产商控制产品生产流程，提升产品质量与消费体验，并建立物流中心，以保证产品能够及时、准确地触达各个消费者。该供应模式的建立与完善进一步强化了李宁公司的品牌地位。

三、发展总结

李宁公司之所以能够成为国内数一数二乃至站上世界舞台的国际化运动品牌，离不开其清晰的战略定位及优秀的商业模式。尽管李宁公司也曾经遭遇过重大的打击，但最为可贵的是公司团队及创始人能够重新自发地凝聚起来，共同应对危机、战胜危机。从李宁公司的发展历程中，我们可以清楚地了解到明确的定位对企业生存及发展的重要性，从中学习到坚持不懈、勇于面对问题、解决问题的创业精神。总之，李宁公司以更加专业化的定位、更多元化的文化特色、更深入的布局体系不断提升企业形象，促进企业发展，为李宁公司走向世界、影响世界铺平道路。

（资料来源：笔者根据多方资料整理而成）

创业的成功离不开谨慎的市场调研与精准的市场定位。市场调研能够帮助创业者了解到全面、有效的信息，而定位则帮助创业者立足市场，只有在创业前做好足够充足的准备，才能够尽可能地规避创业道路上的错误和风险。同时，创业的成功也离不开创业者自身的能力与对市场发展趋势的把握，做到自律、自强，知道如何在正确的时间做出正确的决策是每一位优秀的创业者必须具备的素质。市场变幻莫测，时刻关注市场动向与消费者的情绪，抓住机遇者则抓住了开启成功之门的钥匙。

章末案例

中宠食品：深耕宠物赛道 20 余载

一、企业简介

烟台中宠食品股份有限公司（以下简称中宠食品）成立于 1998 年，是我国宠物食品行业的多元化经营企业。中宠食品是一家专业研发、生产与销售犬猫等宠物食品的公司。

中宠食品在宠物食品领域已有 20 多年的历史，产品出口遍及全球 50 多个国家和地区，旗下自主品牌如"Wanpy 顽皮""Zeal 真致"和"King Kitty"，已经成为国内宠物食品的龙头。

二、宠物市场的发展

宠物行业由诞生到现在，已经有 20 多年的历史了，20 多年的时间对于全球宠物市场来说，已经算是很短的时间了。但随着 20 世纪 90 年代放开养犬禁令，以及小型动物保护协会的设立，我国居民及消费者对宠物的观念也发生了改变。可以说，中国宠物市场经历了萌芽期、孕育期，目前已进入繁荣期。

1993 年，玛氏食品进入中国。中国宠物食品生产市场就此开始了。随后又有雀巢、皇家等进入中国市场。

进入21世纪，随着我国宠物政策的不断完善和宠物数量的快速增长，中国宠物用品行业的发展起到了重要的推动作用。宠物食品、宠物用品加工企业不断涌现，中宠食品、佩蒂宠物用品、天元宠物用品等企业相继成立。

随着人们生活水平的不断提高，人们已经开始追求精神上的满足，其中一项便是"养宠"。宠物经济时代悄然来临，宠物在人们生活中扮演的角色从"玩物"转变为"家人"。

2019年我国宠物产业规模达2024亿元，其中宠物犬的市场规模为1244亿元，占61.5%；宠物猫的市场规模为780亿元，占38.5%，宠物市场发展迅速。

随着中国城市化进程的加快，越来越多的年轻人加入了宠物饲养的行列，宠物市场也在不断发展。80后和90后将成为中国宠物饲养的"主力军"。

三、环境分析——PEST分析法

1. 政策因素（P）

2019年，宠物行业成为政策红利的市场。国家出台了《宠物行业发展"十三五"规划》。地方政府也相继出台政策，提高行业渗透率。种种政策表明国家对宠物行业的重视和支持，以及宠物行业的发展前景。

2. 经济因素（E）

改革开放以来，通过稳增长与防风险的宏观调控思路，我国保证了经济的平稳、快速增长。在资本净输出中，我国第三产业的比重上升，需求结构向以消费需求为主转变。经济的高速发展使我国国民不仅满足于物质方面的需求，更追求精神方面的需求。而饲养宠物正是一个可以满足人民精神需求的选择。

3. 社会因素（S）

我国城市化进程的速度越来越快，城市居民也越来越独立化，加之人口老龄化问题的加剧，越来越多的人缺少情感陪伴，从而将感情寄托在宠物身上。如今，饲养宠物已经成为城市居民消费的亮点，宠物经济也成为城市经济组成的一部分。

4. 技术因素（T）

中宠食品检测中心是全球唯一一家通过CNAS认可的宠物食品、饲料生产实验室，能够满足不同区域市场对宠物食品安全及质量的基本要求。从2014年开始，中宠食品陆续在美国、加拿大等地投资建设工厂，完善全球化布局，实现本土化生产与销售，不断发挥在产品研发、品控和成本控制方面的供应链优势。

四、市场分析

随着人口结构调整和经济发展，人口老龄化加剧，独生子女一代逐渐成为消费主力，宠物陪伴的需求不断增加，国内宠物市场不断扩大，宠物的角色逐渐从"看家护院"转变为"情感陪伴"。

1. 宠物市场在国内迅速发展

据智研咨询发布的《2020—2026年中国宠物行业市场现状调研及投资机会预测报告》数据显示，2019年我国的宠物市场规模约为2024亿元，同比增长18.50%，2010—2019年宠物市场复合增长率约为34.55%。目前，中国宠物产业正处于快速发展阶段，饲养者的品牌意识逐渐增强，宠物产业进入了"井喷时代"。

2. 宠物数量增加，消费规模扩大

近年来，我国宠物的数量和养宠人数呈直线上升趋势。随着互联网和社群经济的快速发展，越来越多的宠物爱好者聚集在社交平台上，头

部平台的宠物内容规模的增长态势十分显著。

而我国的宠物消费水平也在不断提高。据《中国宠物消费趋势白皮书（2021）》显示，未来三年宠物市场将以14.2%的复合增长率发展，到2023年将达到4456亿元。

3. 目标市场定位

（1）国内市场。

我国的宠物市场在由发展到成熟的过程中，国民收入水平的提高为宠物市场的发展提供了直接动力。加之现在我国城镇化水平越来越高，宠物行业的发展前景更为广阔。据调查，大部分养宠行为都发生在城镇家庭。在许多发达国家和地区中，宠物行业市场的发展规模与城镇人口占比呈正相关关系，同样，中国养宠人群也主要分布在经济发达、消费能力强的地区。

除此之外，我国人口老龄化问题也在某种程度上带动了宠物消费产业的增长。在老龄化程度高的地区，由于子女外出工作，身边无人陪伴，许多中老年人通过豢养宠物来寄托自己对子女的思念之情，缓解孤独感。

随着时代的进步，人们的思想观念也在发生变化。如今越来越多的年轻人加入丁克族，用宠物来代替子女的存在，也有很多人倡导晚婚晚育，这都导致了宠物在现代人的生活中扮演了越来越重要的角色。

我国养宠人群主要呈现出以下特征。

一是学历高、收入高，超过半数的消费人群为大学本科及以上学历，收入一万元以上的消费人群占比为35%，明显高于普通人群。

二是未婚，定居一线城市，有一定的经济实力。在养宠高消费人群中，45.3%的高消费人群居于一线城市。

三是注重品质的生活观念。

四是养宠态度，近九成的高消费人群把宠物当成自己的亲人。

（2）国外市场。

一是美国市场。美国是世界上饲养和消费宠物最多的国家。很多生活类美剧里都有宠物。实际上，美国一半以上的家庭都养宠物。2014—2016年间，美国家庭养宠物的比例一直保持在60%以上，48%的家庭养狗，38%的家庭养猫。如此庞大的宠物数量导致美国宠物消费市场的稳定需求。

二是欧洲市场。欧洲宠物消费市场与美国宠物消费市场的环境整体类似，且人均收入与消费规模均处于较高水平，在宠物行业具有较为稳定的需求，是全球另一大宠物消费市场。

三是日本市场。日本在宠物方面的消费主要体现在宠物食品、宠物用品和宠物养护费方面，总体消费规模呈现不断增长的趋势，是亚洲宠物饲养与消费大国。

四是其他新兴市场。除了上述三大国外市场及一些发达国家和地区外，全球化进程促进了新兴经济体的快速发展，加之人们生活质量的提高与思想观念的转变，宠物市场在全球都呈现出正在培育和发展的趋势。

五、商业模式

1. 海内外市场双管齐下，稳扎稳打

中宠食品的业务包括境内与境外两部分。在境内业务方面，中宠食品以宠物零食为先发品类，干粮、湿粮齐头并进，为我国宠物食品行业的发展助力。

境外业务以OEM业务占主导，自主品牌为辅助消费。中宠食品的主要营收来源为境外业务，其中，北美和欧洲是最主要的消费市场。在欧美等发达国家和地区，宠物食品市场发展成熟，大型品牌商树立了牢固的品牌形象，进入壁垒较高。因此，中宠食品与当地知名厂商进行合作，

以 OEM/ODM 贴牌的方式进入当地市场。2013—2020 年，中宠食品海外收入从 4.59 亿元大幅度攀升至 16.41 亿元，年复合增长率高达 20%。

2. 产能持续扩张，进军自主品牌

宠物食品呈现出刚需高频的特征，在国内市场仍然有待开拓的情况下，中宠食品也在不断扩大自身的产能储备。中宠食品目前在全球拥有 12 个现代化的宠物食品、用品加工工厂。在主打产品中，宠物零食和宠物湿粮基本处于满产满销的状态，同时宠物干粮产能的利用率也在逐步提升，可以完全供自主品牌生产。尽管中宠食品当前的产能已经基本饱和，但是仍然在积极的布局当中，力求突破产能瓶颈。

在品牌运营方面，中宠食品贯彻以"Wanpy 顽皮""Zeal 真致"为核心的多品牌战略，通过对不同品牌进行不同定位来迎合细分市场的需求，打造出多线自主品牌，扩大市场份额，提升竞争力。中宠食品同样注重自主品牌在国外的宣传和推广。中宠食品通过参加国际展会、在专业杂志上投放广告、在国际营销中心专设课程等方式积极培育自主品牌市场。

3. 全渠道铺设架构，着重聚焦电商

中宠食品的境内销售渠道主要分为电商渠道、商超渠道和专业渠道。其中电商渠道如京东、亚马逊、天猫商店，在采购公司产品后通过网络将产品销售给终端消费者；商超渠道如大润发、华润万家等大型连锁超市，在采购产品后于线下直接销售给消费者；专业渠道则是公司将产品面向各地宠物门店等专业宠物服务商销售，宠物食品经各地经销商向公司采购并销售给宠物用品门店、宠物医院等渠道后，再由其转销给消费者。

其中，电商渠道是中宠食品销售产品的主要渠道。由于我国宠物行业仍处于初期阶段，线下门店实体覆盖的消费者密度在很多地区还无法支撑销量，但是网络渠道的宠物商品品类多、优惠力度大且有品质保障，因此成为我国养宠人群的主要宠物用品消费渠道。中宠食品抓住了这个渠道特点,大力拓展电商渠道,招聘淘宝客服、电商推广专家、电商运营专员等专业人士,共同打造公司电商运营团队。事实证明,中宠食品的选择是正确的,电商渠道加速了国货宠物品牌的崛起。在2021年京东"6·18"宠物食品品牌榜中,中宠食品旗下"Wanpy顽皮"品牌分别位列猫食品、狗食品榜单第二位和第四位。

六、发展总结

从我国宠物行业发展的现状来看,宠物食品市场空间大、增长快、确定性强,属于优质的长期赛道。"它经济"概念的发展推动了宠物经济成为新消费的一大热门板块,相较于已经相对成熟的海外宠物食品市场来说,国内宠物食品与宠物用品的渗透率相对较低。中宠食品把握住发展机遇,瞄准赛道空缺且跻身于市场中,成为我国宠物食品行业中的龙头企业。

中宠食品同时锁定海外市场,借力研发新产品、布局全新的完整产业链。与海外成熟的宠物品牌合作,在各国积极建设工厂,规避国际政治、经济及外部环境变化对企业带来的风险,提高自身的抗风险能力与盈利能力。与此同时,中宠食品注重自主品牌的赋能和布局,形成国内、国外业务双线并行的模式。为了能够保证产品的顺利推进,预防供应链风险,中宠食品以扩大产能的方式突破瓶颈,确保产品的满产满销。由此我们也可以看出如今宠物食品行业在市场上的稳定需求,以及其具备巨大的发展潜力和发展空间。在渠道方面,中宠食品在全方位布局的同时积极建设线上电商渠道,以成本低、效率高的方式把高质量的产品送到消费者手中,借助新媒体持续提升品牌影响力。

在未来的发展中,行业竞争只会越来越激烈,中宠食品如果想要保持龙头企业的地位,仍需要进一步对其商业模式进行优化,以摆脱国际品牌代工的限制与其他因素的困扰，建立一个可以实现内部循环的商业生态体系，持续扩大自主品牌的竞争力。

（资料来源：笔者根据多方资料整理而成）

本章小结

本章从创业背景、调研与分析、定位介绍了创业的准备过程和注意要点。市场环境正在发生改变，在创业过程中机遇与挑战并存。如今越来越多的人选择创业，希望能够开创属于自己的一片天地。在"双创"政策推出的背景下，这样的做法无疑是值得鼓励的。但是，如果想要在创业初期更加顺畅，就需要注意规避从众心理、线性思维等思维误区，同时需要做好一定的心理准备。创业切忌盲目投入。在创业前，应该先进行市场调研，调研可以帮助创业者更好地了解需求，等对市场环境和自身情况有大体的认识后再做决定。同时，创业者也要注重定位，清晰、明确的定位是成功创业的基础。尤其是在战略制定方面，创业者需要根据企业目标采取相应的计划，做出正确的战略决策。其实每个创业者在创业过程中都会遭遇挫折和困境，这是无法避免的，但是只要心中有信念，不怕摔倒、不畏坎坷，相信每位创业者最后都能收获胜利的果实。

第二章

创业英雄的气质

随着时代的进步,中国经济的崛起已经成为一个必然的趋势。想要实现经济的振兴,必然离不开企业家的出现。回望历史,一批又一批企业家的出现推动了中国经济的进步,也推动了历史的发展。无论是创业者还是投资者,都渴望在市场中成为英雄。他们的身上带有独特的使命感,当获得成功并把成功的经验传授给后来者时,这些企业家就被赋予了英雄主义的色彩。

对别人有利的,才是对自己有利的。

——蒙牛集团创始人 牛根生

开篇案例

科大讯飞：打造数字教育领域中的核心优势

一、企业简介

科大讯飞股份有限公司（以下简称科大讯飞）成立于 1999 年 12 月 30 日，前身为安徽中科大讯飞信息科技有限公司。科大讯飞是一家专业从事智能语音及语言技术研发、软件及芯片产品开发、语音服务及电子政务系统集成的专业公司，旗下拥有"灵犀语音助手""讯飞输入法"等产品。

在 2017 年度的发布会上，科大讯飞发布了超过 10 款人工智能产品，涵盖教育、医疗、手机、车载环境、客服、智能家居等领域。可以说，科大讯飞的产品和技术已经渗透到了各个领域。

二、市场发展趋势

人工智能产业已形成了"企业+行业+人力"的全方位变革，企业数字化趋势日益凸显，智慧化应用符合消费者潜在需求。预计 2025 年全球人工智能的市场规模将超过 6 万亿美元。对于目前全球 AI 市场来说，中国市场已经超过千亿美元。加之目前各国政府都出台政策，鼓励人工智能的发展，并将其上升到了国家战略层面，科大讯飞作为我国首屈一指的人工智能企业，在市场高速发展之中有非常大的希望获取较大的红利。

三、核心优势的体现

1. 技术优势

科大讯飞基于其核心技术，开发了一系列语音支撑技术，为不同领域内的企业提供语音技术支持和语音应用技术开发工具。当然，科大讯飞除了为这些企业提供技术外，还与部分企业建立了合作关系，这些企业既是客户，又为科大讯飞提供大量语音数据和技术优势。科大讯飞在开发语音支持技术的同时，也在不断地开发自己的产品，丰富产品系列，筑起技术的"护城河"。

2. 市场优势

科大讯飞牢牢地抓住了市场先机，其拥有8000多家合作伙伴，这些合作伙伴每天通过科大讯飞的语音技术为用户提供信息和服务。科大讯飞在语音市场上占据了绝对的领先地位。

3. 品牌优势

语音技术产品品牌在我国具有非常显著的倾向性。语音产品的应用效果直接影响到用户体验，从而赢得客户满意度和业务收益。因此，我国各类语音应用系统的建设者和运营商都十分关注实际应用案例。科大讯飞作为业内技术实力雄厚的品牌，凭借丰富的行业经验和大量成功案例，深受广大客户和开发商的信赖，形成强大的品牌号召力和品牌竞争优势。

4. 资源优势

科大讯飞拥有丰富的语音资源与人力资源。

（1）语音资源优势。

科大讯飞拥有丰富的语音资源，这些语音资源来源于科大讯飞在各种实际环境中所积累的文本和语音资料，以及精确地分析和标注数据资源。随着语音技术在各个行业的应用范围不断扩大，应用性不断增强，科大讯飞在语音资源方面已逐渐形成竞争对手无法模仿的优势。

凭借这一优势，科大讯飞组建了中文语音产业中规模最大的专业语音数据制作团队。同时，语音和数据资源的广泛应用也为科大讯飞不断地加强技术壁垒，赢得市场机遇，抢占市场份额，成为行业内潜在进入者难以逾越的障碍。

（2）人力资源优势。

科大讯飞拥有一大批国内语音技术专家，在中文语音产业中形成了规模最大的科研团队。该团队已获得国家科技进步奖 10 项，承担多个国家科研项目，成果丰硕。中国科技大学、中国社会科学院语言研究所、清华大学等具有 20 多年语音研究经验的国家级重点科研机构分别与科大讯飞建立了紧密合作关系。

另外，科大讯飞非常善于借助各领域的优势资源寻求帮助，形成一个完整的利益共同体，加速企业的产品和服务推广。举个例子，科大讯飞和中国移动合作开发了灵犀系列产品，中国移动作为渠道和客户为科大讯飞带来了较高收入。

5. 产品优势

前文提到科大讯飞的产品涵盖的领域十分广泛，其中最具竞争力的是其推出的科大讯飞翻译机产品。讯飞翻译机运用了强大的 AI 技术，3.0 版本整体支持的语言体系已经能够覆盖全球 200 多个地区，还能够识别出多种外语口音，在线语音翻译更是达到了英语专业八级的水平。同时讯飞翻译机 3.0 还能够根据情境需求进行准确的翻译，系统内增加了新行业 AI 翻译场景，迅速实现了体育、外贸、能源、金融、计算机、法律几大热门行业的场景覆盖，帮助特定群体在工作时能够准确并专业地与合作伙伴进行沟通交流。不仅如此，讯飞翻译机3.0首次推出离线翻译的功能，在没有连接网络的情况下也能够实现中日、中韩、中英等语言的翻译，这为很多出门旅游语言不通，又无法及时连接互联网的消费者解决了问题。如同市面上许多翻译软件一样，讯飞翻译机具备拍照翻译的功能。与之不同的是，讯飞翻译机采用的是业界内领先的图像文字识别技术，拍照翻译清晰、准确。

除此之外，近年来，由于新冠肺炎疫情的影响，我国教育事业的发展受到了限制，中小学及大学的上课模式发生了改变，由线下教师与学生的面对面教学转变为师生线上视讯、直播及录播的方式进行。其实早在疫情出现之前，科大讯飞就已经推出了科大讯飞学习机产品，依托AI技术帮助学生智慧学习。疫情开始之后，有许多家长为孩子购买其产品，以帮助孩子更方便地学习、更快速地查漏补缺，理解课堂内容。

四、发展总结

通过分析科大讯飞的商业模式，我们了解到了科大讯飞在技术、市场、品牌、资源及产品方面的核心优势。这些优势帮助科大讯飞构筑起极高的壁垒，在防止潜在进入者加入市场竞争的同时也为科大讯飞向不同领域的拓展提供了无限的可能。如今，科大讯飞分别占有我国中文语音技术市场、语音合成产品市场60%、70%以上的市场份额，是亚太地区最大的语音上市公司。在未来，AI智能会成为市场发展的大趋势，科大讯飞把握住了这个机遇，在多个领域抢先积极进行业务布局，引领行业发展。

（资料来源：笔者根据多方资料整理而成）

想要写出一份出色的商业计划书并获得投资者的认可，就必须站在创业者和投资者的视角进行考虑，如图 2-1 所示。

图 2-1　商业计划书的撰写角度

从创业者的视角来说，需要关注的是把企业的核心优势都呈现出来，说服投资人注资；从投资者的视角来说，他们更愿意了解你的企业在市场上有多大的竞争力，未来的发展前景如何，如果投资，获取收益的可能性有多大，以及能够达到多高的收益率，再由此判断你的企业值不值得他们注资。因此，优秀的创业者就应该揣摩投资者的想法，极力突出企业产品或者项目的优势并展示出其发展潜力，引起投资者的兴趣。

第一节　创业者的视角

企业要想在商海中脱颖而出，就必须建立自己的核心竞争力。只有建立了核心优势，企业才能在市场上被消费者所认识、被投资者所关注。作为创业者，尤其是在企业创办初期，需要尽可能迅速地建立起企业的核心优势，这样才能快速地打入市场，占领部分市场份额，有足够的资本，才能获得投资者的青睐。从创业者的视角来说，企业的核心优势主要体现在优势产品、优势战略、优势通路方面，如图 2-2 所示。

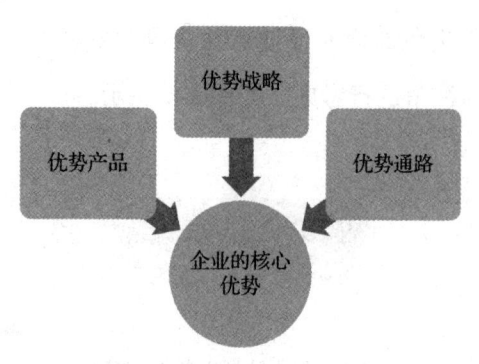

图 2-2　企业的核心优势

一、优势产品：成本、效率、体验

产品是企业接触消费者的直接渠道，销售产品是企业收益的主要来源。企业所占据市场份额的大小很大程度上取决于其产品相比于其他同类产品在市场中的竞争力如何。因此在撰写商业计划书时，仅仅展示产品信息并不一定能打动投资人，如果只是了解产品的作用和服务，那投资人为什么非得选择你的产品而不是其他竞争者的产品呢？如果能在商业计划书中体现出产品的竞争力，就有可能得到投资人的认可。

产品包括实物产品和非实物产品，实物产品通常指消费者能在实体店或者线上门店所购买到的实体商品，而非实物产品一般指服务。无论是实体商品还是服务，除了产品本身的质量外，创业者都需要站在企业的角度考虑其能为企业带来哪些具有差异化的优势，如图 2-3 所示。

1. 成本优势

成本优势是指企业依靠低成本获得比同行业其他企业更高的盈利能力。成本优势是许多行业企业竞争优势的重要因素。企业通过规模经济、技术专有、原材料低廉和劳动力低廉等优势实现成本优势。根据规模经济理论，边际成本不断降低，意味着随着生产规模的扩大，单位产品成本下降，利润增加。

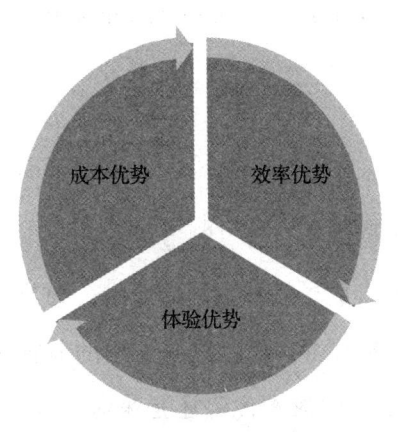

图 2-3　优势产品的体现

通常来说，产品成本即生产费用，包括材料成本、人力成本、制造成本和其他支出。成本分析表的制作可以让生产管理人员清楚在产品生产投入中哪一要素与计划支出预测误差较大，查明费用节约或者超支的原因，由此执行相应的成本策略，加强对成本的管理和控制，适当地调整投入占比，尽量将资源集中在能带来最大化产出的环节上。

（1）材料成本。

材料成本包括企业实际消耗的原材料、辅助材料、燃料等。每一件完整的产品都是由许多零部件组成的。大多数企业虽然是产品的生产者，但处于供应链的中游地位，需要向上游供应商采购原材料，其中包括运输成本、持货成本及时间成本等。许多企业通过与原材料供应商建立长期合作关系来降低材料成本。

（2）人力成本。

人力成本指直接参与产品生产工作的人员工资和福利。为了节省人力成本，许多产品型企业会将部分生产过程外包给其他收费低的企业或者劳动力比较低廉的地区，如印度、越南、菲律宾等。同样，服务型企业也会采取外包的方式，将企业的非主营业务外包给其他公司或者地区，将自有资源高度集中在本公司一线的产品和服务上，大大节省了人力成本，有利于有效管理。

（3）制造成本。

制造成本包括各个生产单位为组织和管理生产所产生的费用，如机器折旧、水电费、机器维修费等。制造成本的产生是无法避免的，只能在生产过程中由相关人员尽量减少制造成本，如节约用电、使用机器时规范操作、防止机器损坏等。但是这些费用的节省比重是非常小的，几乎可以忽略不计，主要的成本优势还是来源于材料成本和人力成本的降低。

（4）其他支出。

其他支出指用于产品生产的其他支出。

通过上述对成本项目的分析，创业者可以采取策略适当降低生产成本。成本优势最大的体现就在于价格优势，可以说成本在一定程度上决定了产品的价格。我们知道单位产品的利润来源于其单价减去其生产成本，在单价不变的情况下，生产成本越低，单位产品的利润就越高，这是对于企业内部而言的。而将产品投入市场，与众多其他产品竞争时，成本优势就发挥了巨大的作用。

2. 效率优势

从定义上来说，效率指的是产出与投入之比。无论对产品、团队还是企业来说，效率都是一个非常重要的概念。效率高意味着资源的高效利用，能用更少的投入完成更多的工作，而低效则会导致资源的浪费，不利于个体的发展。产品的效率优势主要体现在其生产效率和市场效率上。前者取决于企业生产团队的工作质量和绩效，后者则取决于市场中买卖双方对产品的期望、需求和供给。

（1）生产效率。

企业竞争的本质是在保证产品质量前提下效率的竞争，如何不断提高生产效率是企业永续发展的关键问题，也是降低生产成本的根本途径。为了能使操作者了解生产加工的过程，提高工作效率，管理者需要对生产工序进行仔细分析，坚持不断地改良工艺，以最优化的可行途径执行合理的生产方式。在生产程序运行时，为了尽可能提升产品的生产效率，管理者应该考虑以下几个问题：某项工序是否有必要？有没有更好的方法？为什么要在这里做？有没有更合适的地方？为什么要在这个时候做？有没有更合适的时间？

要提高效率，其实就是在合适的时间、地点做合适的事情。具备生产效率优势的企业往往能在低投入的情况下实现高质高量的产品产出，以此来超过竞争对手，提高自身的市场竞争力。

（2）市场效率。

市场效率指的是资源配置后市场参与者的总福利，其中包括消费者剩余和生产者剩余。消费者剩余衡量的是买方从市场交易中获得的利益，即买方福利；生产者剩余衡量了卖方从市场交易中获得的利益，即卖方福利，总福利则可以用总剩余来衡量，即：总剩余＝消费者剩余＋生产者剩余。

市场效率越高，意味着市场内部的信息越对称，资源得到了最有效地利用。对于创业者来说，企业处于完全竞争的市场时市场效率最高，买卖双方都是价格的接受者，市场中的资源配置最为有效，从而为企业创造了一个更具吸引力的竞争环境，其产品也更具竞争力。

3. 体验优势

消费者对产品的体验感受很大程度上决定了他们对品牌、企业的印象，以及考虑是否会对产品进行再次购买。

（1）使用体验。

产品质量及其带给消费者的使用体验是每位创业者都需要重视的问题。因为这是消费者对某一产品或品牌重复购买的主要原因，也是产品竞争力的主要体现。比如，购买学习用品时，同样都是黑色水笔，一支笔书写流畅，另一支笔总是不出水、断断续续。显然，消费者在体验过后会选择前者而放弃后者，这就是百乐、樱花等文具品牌和其他一些不知名文具品牌的产品的区别所在。即使一支笔的价格可能是其他笔的几倍，但是"贵有贵的道理"，大多数有书写需求的消费者仍然会选择购买百乐、樱花的产品。

（2）售后体验。

售后其实也是企业的一种无形的"产品"，其作为一种附加服务提供给消费者。有人说，售后其实才是销售的开始。完成首次销售并不意味着交易的成功和结束，在许多电商店铺的评价区域内我们不难发现，追评也是影响潜在客户消费的主要因素。即使在刚刚收到产品时客户给了好评，但如果出现一些后续问题没有及时解决的话，客户仍然会对商家产生不好的印象。因此作为产品的提供方，企业在出现售后问题时一定要用良好的态度与客户进行沟通，并且提供合理的解决方案，让客户感到满意。

即使没有出现问题，企业也应该主动询问客户的体验和感受，得到及时、有效的反馈，让客户体验到你对他们的关心和重视，以此防止客户的流失。

创业英雄的气质专栏 2-1

绿盟科技：用产品征服市场

一、企业简介

绿盟科技集团股份有限公司（以下简称绿盟科技）成立于2000年4月，为政府、金融、运营商、能源及企业提供全方位的网络安全产品、安全解决方案和系统安全运营服务。绿盟科技20多年来一直致力于解决网络安全技术难题，为当前互联网安全体系的建设做出了贡献。

二、商业模式

1. 产品线拓展，服务模式转型

作为国内信息安全行业中的龙头企业，绿盟科技的优势主要表现在技术、产品、客户三个层面。绿盟科技具备国内行业领域尖端的技术研究团队——绿盟科技安全研究院，其安全产品的核心技术已经达到世界水平。绿盟科技的主要收入来自金融、运营商、能源等领域和企业，其服务涵盖了安全咨询、安全支持等多个方面。随着科学技术的发展，信息安全行业规模逐渐扩大并表现出国产化的趋势。安全问题的爆发与政府扶持力度的加大共同推动了我国信息安全市场规模的稳步增长。

在维持现有产品技术的同时，绿盟科技对其产品线进行扩张及外延。2014年9月，绿盟科技进军DLP（数字光处理）市场，通过内外延伸等多种手段开启工控安全等新兴领域的布局。与此同时，绿盟科技向信息安全问题解决方案商转型，通过代理运维提升企业的产品性能和用户黏性，稳固公司的先发优势并将其扩大。

2. 全面布局战略渠道，力促合作伙伴共赢

绿盟科技长期坚持"渠道战略"不动摇，构建公开、公平、公正的渠道合作伙伴体系，明确各渠道合作伙伴的角色与职能定位，帮助他们快速了解相关产品并提供有效的安全解决方案。

2019年，绿盟科技 NSFOCUS CLUB 2019 渠道合作交流会拉开帷幕。会上，相关负责人详细介绍了绿盟科技的渠道战略、最新渠道政策及全系列产品和解决方案，帮助合作伙伴充分、快速、有效地覆盖目标客户市场。不仅如此，绿盟科技将面向合作伙伴的差异化、精细化、多元化推出优化的激励政策，推动合作伙伴的业务转型与能力提升，同时吸引更多有能力、有意愿的合作伙伴与绿盟科技共同成长、共同发展。

3. 发布"智慧安全 2.0 战略"，助力构建行业生态

绿盟科技首席技术官赵粮博士表示，绿盟科技"智慧安全 2.0 战略"具备智能、敏捷、可运营的三大安全属性。要实现这三个属性，公司必须从态势感知、纵深防御、软件定义着手，即对周围环境做出准确判断，全方位进行纵深及生态合作。"绿盟云"作为国内首发的基于云的安全服务平台，汇集了行业内的前沿安全技术成果，能够满足绝大多数企业用户的安全需求。

在"互联网+"的时代，硬件产品已无法满足用户的需求，传统的技术让产品落定成为难题，商业模式的智能化转变已经迫在眉睫。在未来的发展中，信息安全产业需要一个多元化、包容性强的生态圈支撑，以便更加快速地响应时代的改变。绿盟科技呼吁多方业内厂商投入合作，将整个互联网信息安全生态系统做大做活，为客户带来更好的体验。

三、发展总结

随着大数据时代的到来，工业控制系统已经与 IT 产业密不可分。随着通用操作系统和其他信息系统的互联互通，原本相对封闭的网络环境

越来越开放，各种网络安全问题也逐渐暴露出来。网络信息安全形势日益严峻，网络安全环境建设迫在眉睫。

绿盟科技能够于网络信息安全行业中占据优势地位，引领国内信息安全产业发展甚至将产品落地实现国际化，其发展道路是有迹可循的。绿盟科技作为业内的龙头企业，其成功离不开精密的技术、合作理念及创新思维。面对越来越无法预知的安全威胁，未来，绿盟科技应继续以技术引领市场、以合作创造价值、以创新驱动发展，秉持专业、严谨的态度为产业生态赋能，与更多渠道合作伙伴同舟共济、共赢蓝海。

（资料来源：笔者根据多方资料整理而成）

二、优势战略：细分、定位、目标

战略的制定是企业发展过程中不可或缺的一个环节，它决定了企业发展的方向及企业在发展的各个阶段中需要完成的任务，从而逐步实现企业的最终目标。战略优势主要体现在企业在吸引客户、争夺市场方面具有超过竞争对手的实力，一个好的企业战略能够帮助企业细分市场、实现定位及规划目标，如图2-4所示。

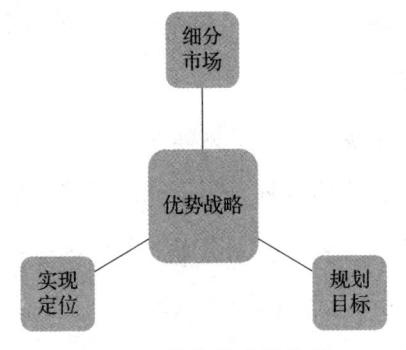

图2-4 优势战略的体现

确立企业的战略优势是所有工作的核心。战略优势是相较于竞争对手而言的，但又不仅是这样。更重要的是，战略针对的是企业发展的趋势及如何应对环境变化的要求，因此在细分市场、实现定位及规划目标三个方面上，优势战略尤为凸显。

1. 注重细分市场

市场细分策略是将目标市场划分为多个子市场，并根据不同的子市场情况进行战略调整。在这里，市场可以按照空间来划分，也可以按照客户或者经营对象来划分。市场细分策略的主要内容包括分析细分市场特点、分析细分市场需求和分析细分市场竞争，如图2-5所示。

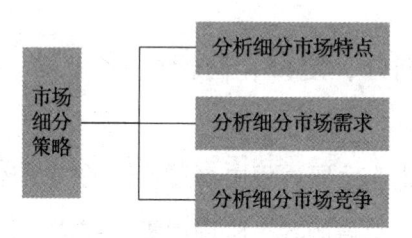

图2-5 市场细分策略的主要内容

（1）分析细分市场特点。

分析细分市场特点需要考虑以下几个问题：每个细分市场是按照什么标准来划分的？标准是否合理？该细分市场的背景是什么？市场环境变化存在怎样的趋势？

以下是划分细分市场的几个常见标准。

一是区域细分，指将市场划分为不同的区域，如以行政区进行划分、以交通进行划分或者以城乡进行划分等。不同区域存在不同的地方政策、发达程度、社会环境和自然环境，这些因素都会影响产品的生产规模、营销力度和战略制定。

二是心理细分，指根据不同人群的兴趣、生活方式或者个人观点进行划分，如某产品是户外用品，那么其所针对的目标人群就应该是爱好运动和户外活动的消费者群体。

三是人口细分，指对消费者按年龄、性别、收入、受教育程度等划分。同一类型的消费者，其偏好和消费观念、消费能力可能相近。

四是行为细分，指评估消费者行为并将其细分，如把消费者分为理性消费和冲动消费两类。

五是社会文化细分，指按社会文化的特点和民族、宗教划分。

对市场进行细分，能够让企业相关部门了解产品在子市场上的投放机会有多大，以及预测能为企业带来的收益究竟有多少，再根据各个子市场的情况判断该市场是否值得企业投入。

（2）分析细分市场需求。

在每个细分市场中，消费者都会呈现出不同的消费需求。如果可以将每个细分市场中的消费者需求都掌握，可以说企业已经成功了一大半。但可惜的是这种情况几乎不可能出现，在创业初期消费群体比较小时能够分析清楚消费群体的消费行为特征和需求已实属不易，越是大型的企业其消费群体越广，越无法做到满足每一位消费者的个性化需求。

在分析市场需求的过程中，非常关键的一步就是建立用户画像，根据用户的消费特点、消费动机对用户进行一个整体的评估。用户画像不能太粗，也没必要过于细致，而是需要有代表性，案例如下。

姓名：张三

年龄：28岁

职业：运营经理

家庭状况：已婚，有子女

爱好：平时工作比较忙，喜欢看电影、打篮球、摄影、旅游。喜欢炒股，经常关注东方财富和新浪财经

习惯：习惯使用信用卡和支付宝购物

对互联网金融产品的期望：灵活存取，资金安全性高，收益率高于储蓄

此类用户画像就能帮助企业掌握客户的相关信息，根据其情况为其推荐合适的理财产品。

另外一个影响需求的关键性因素则是情境，在不同的情境中消费者的需求会发生极大的变化。比如，下雨天出租车和网约车的需求量就会大大增加；情人节、七夕等节日时玫瑰花、蜡烛的销量就会远超于平时，这些都是由特定事件和情境带来的消费需求。所以在战略中也可以包括这些部分，把所有存在可能性的需求都纳入考虑范围。

（3）分析细分市场竞争。

几乎在所有的市场中都会存在竞争，企业需要明确的是竞争对手有哪些，其商业模式是什么，以及企业要采取什么方式才能赢得竞争。

首先是竞品分析，关注竞争对手到底有谁，产品的差异在哪。竞品包括直接竞品和间接竞品。前者在产品定位和商业模式上都与你相同，是你的直接竞争对手，具有较高的参考价值，如其产品框架、视觉设计、运营模式等都可以为你提供一个很好的参照。而后者则是在行业内相同领域生产不同产品的企业，这类竞争对手也需要注意，因为他们可能会在未来变成你的直接竞争对手。

对于竞品的分析可以从其商业模式、目标用户、运营推广策略、技术分析和市场份额的维度入手。企业需要知道直接竞争产品是如何盈利

的，他们的目标用户与自己有没有直接的冲突，产品更新迭代的策略是什么，存在哪些优势技术或者是项目研发可能会遇到哪些壁垒，以及产品和企业拥有多大的流量。只有对以上几个方面做到心里有数，才能够取其精华、去其糟粕，将竞争者的优势变成自己的优势，同时查漏补缺，尽可能地抢占市场份额。

2. 注重实现定位

在前面一章中，我们已经提到了定位对于企业的重要性及企业定位的几种方法。不同于广泛的市场定位，战略定位是市场准定位。简单地说，如果要开拓市场，战略定位是全局的核心，创业者要把它作为攻破市场的核心。战略定位要求高级管理人员具备相应的能力与素养。前文已经提到了战略定位对于企业的价值，这里就不一一赘述了。

总之，在商业计划书中，你一定要让投资人知道企业、目标人群及细分市场的定位。具体、明确的战略定位可以帮助企业有效抵御竞争对手的进攻，形成行业的进入壁垒，为企业带来绝对的竞争优势。

3. 注重规划目标

企业的战略目标并非一成不变的。根据企业内部的情况，管理层人员可能会制定多个能够帮助企业实现最终目标的战略，再由此进行团队的分工合作。

为什么说目标对于企业来说十分重要？目标为企业及其内部相关人员指明了发展的方向，如果没有明确的目标，企业的运营也就失去了意义。你自己都不知道创业是为了什么，如何让投资者信任你，放心把资产交给你呢？因此，一个好的战略必须为企业规划明确、清晰且合理的目标，同时需要考虑员工的个人规划，最好能够把个人目标与团队目标相结合，这样才能够保证员工工作的积极性和敬业程度。

> 创业英雄的气质专栏 2-2

华宇软件：重视领域细分

一、企业简介

北京华宇软件股份有限公司（以下简称华宇软件）成立于2001年6月18日。秉承"自强不息、厚德载物"的企业精神，以"持续创新、成就客户"为使命，华宇软件融合了研发、咨询和服务理念，利用软件、数据和安全技术，在法律科技、智慧教育、应用创新、市场监管和智能协作等领域为政府机构、企事业单位提供可信的智能信息服务。

二、商业模式

1. 聚焦细分领域，实现可持续经营

华宇软件由法院业务起家，现已覆盖检察院、司法委等法律业务相关单位，并扩展业务至律师、企业等商业法律服务领域，成为法律科技领域的领导企业。与同行业信息化服务商相比，华宇软件更加侧重细分领域，围绕客户业务战略和能力建设，打造全方位覆盖客户业务场景的解决方案、软件和业务。华宇软件的主要细分领域包括法律科技、智慧教育及市场监管，其中法律科技领域与智慧教育领域分别占公司整体业务的7%及15%。长时间专注于细分领域，能够提高公司在行业内的专业性，对行业有更深入的了解，以便更快覆盖行业内的其他客户。面向这类业务，华宇软件可以提升技术复用、业务资源和管理资源复用水平，持续提升运营效率。随着市场规模的扩大，华宇软件已在细分领域中成为业务领先者，并且继续加大对产品研发的投入，根据领域特点制定相应的产品方案，实现可持续经营，以确保公司获得长期合理的商业回报，推动行业发展和创新。

2. 实施股权激励方案，把握核心人才

2019年1月1日至2019年6月30日，华宇软件归属上市公司股东的净利润为2.26亿～2.37亿元，比上年同期上升5%～10%。根据2021年限制性股票激励计划，华宇软件拟向激励对象授予权益总计3392万股，约占公司股本总额的4.16%，其中第一类限制性股票达1315万股，授予价格为9.98元/股，第二类限制性股票达2077万股，授予价格为18.96元/股。

股权激励是企业激励、留住核心人才最常用的长期激励机制。华宇软件通过股权激励制度提高企业业绩、稳定企业人才、降低代理成本。

3. 打造智能化平台

华宇软件持续建设法律科技网络与丰富服务场景，从法律机关新一代智能化、法律人工智能、创新法律服务三个领域开展业务布局，用智能信息技术重塑场景，连接客户，以"场景连接"与"法律科技赋能创新"为驱动，从细分领域着手，打造专业化的服务场景，推进新时代法律服务。华宇软件的长期业务目标是建立一体化法律服务平台，将法律服务产业链的各个主体接到这个平台上来，广泛融合行业伙伴，发展行业生态，提供一个一体化、一站式的法律服务解决方案。该平台会整合众多法律服务，大幅提升法律服务供给端的效率与质量水平，以及需求端的服务体验与价值获得感。

三、发展总结

华宇软件作为法律科技领域内的佼佼者,其成功体现在细分领域、掌握核心人才及智能化平台三个方面。在细分领域方面,在竞争越发激烈的行业背景下,华宇软件另辟蹊径,注重细分领域的发展,通过专业化逐步覆盖领域,提升复用水平,实现可持续经营并推动行业发展。在掌握核心人才方面,华宇软件采用长期股权激励机制稳定并招纳企业人才,释放人才的主观能动性。即便如此,激励方案仍存在缺陷,如激励对象固定、考核指标单一、激励时间过短等,需要华宇软件进一步进行改进。在智能化平台方面,华宇软件采用智能信息技术为行业生态赋能,建立一体化法律服务平台,连接产业链上的各个主体,大幅提高产业活力。

(资料来源:笔者根据多方资料整理而成)

三、优势通路:营销、渠道、地域

对于创业者来说,现在你的商业计划书中已经包括了投资的主要对象,即产品及企业战略,那么接下来想要继续说服投资者就必须给出问题的解决方案。你要采取何种手段和途径将产品推广出去,并且让消费者产生信任后购买,从而提高产品销量和企业效益,这也是创业者需要关注的问题,如图2-6所示。在这一方面具备了优势,企业就能更便捷、更快速地把产品送到客户手中,提升市场竞争力。

营销手段 → 渠道推广 → 地域分析

图 2-6　优势通路的选择

1. 营销手段

在互联网时代，如果没有营销手段的助力，企业就无法扩大其知名度和影响力，也就无法吸引投资者的注意。对于企业来说，营销的目的就是尽可能地把产品、品牌理念、企业形象宣传出去，并且尽全力赢得客户的资金支持。营销策略有多种，并且有其不同的侧重点、形式特点和内容，如图 2-7 所示。

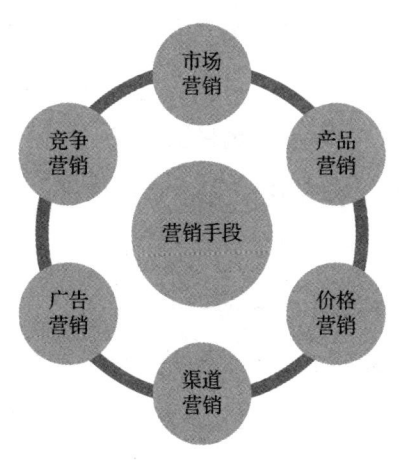

图 2-7 常见的营销手段

（1）市场营销。

市场营销策略的目的简单来说就是如何更好地将产品卖给客户，其本质在于满足消费者的直接需求。因此，市场营销的重点在于在产品投放市场之前对市场做出分析，从而制定营销策略，根据市场条件提供相应的商品或者服务的活动。需要注意的是，在市场分析中要涉及具体的时间规划及可能存在的激烈竞争等因素，从而对营销策略做出相应的调整。

（2）产品营销。

产品营销的核心在于促销活动，促销是为了提高某产品的销售额，往往通过降价的方式进行商业活动。在促销活动中，企业可以根据产品的特性采用不同的促销手段。根据这些手段的不同，促销又分为多种模式。企业要做的就是利用这些模式提升销量和自身的影响力，从而吸引更多的目标消费者。

（3）价格营销。

价格营销指企业根据产品成本、目标人群的消费能力和消费需求制定吸引消费者的价格。合理的价格政策能够有效提高产品的销量。价格策略的制定要求企业基于充分的调查研究，同时保证企业和消费者的利益，并且还要根据市场的需求进行不断地变化和调整。定价时切忌过于自负。人们常说："一分钱，一分货。"如果无缘无故给产品定价过高，就很难让消费者接受，更不要说销量了。综上所述，在执行价格策略时，应该进行合理的规划，为产品制定最合适的价格。

（4）渠道营销。

产品从生产出来再到消费者的手中需要经过不少环节，如果企业能够减少这些环节，就能够加快产品到消费者手中的速度，从而降低企业的成本并提高企业的竞争力。尤其是对于产品质量很好但知名度不高、市场经验不足的企业来说，可以把一些代理店铺作为营销渠道，这样能在一定程度上提高产品的知名度，还能够保障供货效率，从而提高企业效益。

（5）广告营销。

通过广告对企业或者产品进行宣传是一种较为常见的营销手段。人们在电视上、地铁上、朋友圈中经常可以看到广告。由于消费者对产品的接触是有限的，商家与消费者之间存在信息不对等的情况，所以消费者无法了解到产品的具体情况，而商家也很难将产品销售出去。因此企业可以通过必要的广告宣传提升产品的知名度，扩大产品的受众面。如此一来，产品就能够为大众所熟知，消费者的数量也能够提升。

（6）竞争营销。

在自然界"适者生存，不适者淘汰"的生存法则同样适用于市场竞争。市场中必然会存在强劲的竞争对手与你争夺大量的市场资源，导致企业自身的发展受到阻碍。只有不断提升自我的实力，才能在残酷、激烈的市场竞争中生存下来。因此，企业需要对竞争对手的营销方案做出必要的分析，同时将自己的产品与竞品进行比较，从而推出有潜力的、适合自身发展的营销策略及生产出差异化的产品，以此来获得市场。

2. 渠道推广

产品的营销和推广是不可分割的整体，在商业计划书中如果只有营销策略，而没有体现出渠道推广的分析信息，在实践时计划就很难实施，商业计划书也很难得到投资者的认可。常见可供选择的推广渠道主要有三种，即分销渠道、媒体渠道及 App 渠道，如图 2-8 所示。

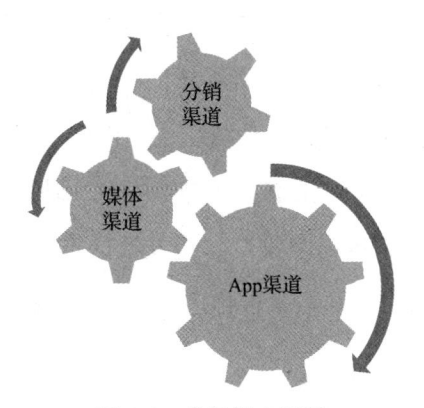

图 2-8　常见推广渠道

（1）分销渠道。

分销渠道指产品在销售过程中直接或间接地被提供给中间的代理商，与上文渠道营销中所提到的概念相同，借助中间商代理将产品更快速地送到消费者手中。就目前市场的发展状况来看，越来越多的企业倾向于垂直渠道，即各个环节连接成统一的整体，使企业能够对渠道进行有效的把控，同时消费者的利益也得到了保障。

与垂直渠道相对的是传统渠道。在传统渠道中产品到达消费者手中要经过层层中间商，并且每一层都是独立的个体，他们只会考虑如何将自身利益最大化，所以经由传统渠道的产品到消费者手中的价格往往会远超出于其原本的价值，损害了消费者的利益。

但是，无论企业选择哪一种渠道，其前提都应该是选择的渠道与产品性质相符合，才能够使产品的销售更加顺利。

（2）媒体渠道。

利用媒体渠道进行推广是互联网时代最为常见的推广方式，因为媒体信息能够直接影响到受众，加之互联网的兴起为媒体渠道提供了越来越多元化且便捷的媒介，媒体的覆盖率和影响力也越来越大。媒体往往存在于大众聚集体，具有传播范围广、受众面大等优点。相比于传统媒体如报纸、电视、收音机等，网络媒体能够更迅速地传递信息，因此也更容易被现代人接受和现代企业采纳。

常见的互联网媒体推广渠道主要有 10 种，即博客推广、问答平台推广、门户网站推广、百度贴吧推广、交友社区推广、微信宣传推广、软文推广、搜索引擎推广、热点事件推广和网络口碑推广。

（3）App 渠道。

在企业和产品的渠道推广中，越来越明显的趋势就是利用 App 应用精准地进行信息推广，用户在打开 App 时广告信息会直接展示出来，一般几秒之后就可以直接跳过。除此之外，随着越来越多的社交平台 App 如微博、小红书、得物等的出现，也有越来越多的网红博主开始接受品牌商的推广和代言邀请，利用自有的粉丝经济对产品进行宣传，提升产品口碑并吸引粉丝购买。

3. 地域分析

对企业与市场所在地域进行分析也是商业计划书撰写中不可缺少的一部分。在不同的地区，其社会环境和自然环境都不同，会影响到产品的生产规模、企业运作模式及消费者需求差异。一个良好的地域环境同样也是企业打开和深化市场的必要条件。

对地域范围的分析主要有人口统计、经济环境、政策法规环境、社会/文化环境分析。

（1）人口统计。

人口统计是用于进行消费者细分的有效工具。与人口相关的因素包括性别、年龄结构、教育水准、职业、家庭人数、地区人口数、总人口数、出生率、死亡率等。

（2）经济环境。

地域社会的经济状况发展也影响着企业的选址，如相较于乡镇，创业者显然更希望能把公司开在城市地区，因为城市的经济发展水平更高，居民的经济实力更强，更有可能为企业带来收益。

（3）政策法规环境。

企业对产品的定价、促销、广告及所有的商业活动都要受政策法规的规范和限制。除了专利法、商标法、商品检验法、关税法、消费者保护法、地方性法规等，政策等宏观因素则会在很大程度上影响一个企业的运作和发展，如国家鼓励公民创业，又为许多新兴企业提供了政策福利。

（4）社会/文化环境。

社会/文化环境反映了消费者个人的基本信念、价值观念等，会影响企业对目标市场的定位。在不同的地域中，营销活动必须符合当地社会/文化环境的要求，才能够顺应消费者的需求。

> **创业英雄的气质专栏 2-3**

泛微：打造优势通路

一、企业简介

泛微成立于 2001 年，总部设立于上海，其专注于协同管理 OA 软件领域，并致力于以协同 OA 为核心帮助企业构建全新的移动办公平台。在移动办公领域，泛微打造了上海医药、复星集团、绿地集团等多个业界标杆。泛微是"国家规划布局内重点软件企业"，是协同管理软件领域唯一一家国家重点软件企业，于 2017 年 1 月 13 日在上海证券交易所主板上市。上市后，泛微增资上海，进一步完善现有协同管理软件中身份认证、电子签名、电子印章和电子合同的集成应用。

二、商业模式

1. 多层次营销体系，市场覆盖面广

在竞争激烈、客户需求变幻不定的行业背景下，泛微创立了较为独特的营销模式。由泛微总部提供技术支持，区域服务中心负责市场开拓、客户关系维护、项目实施、技术服务及经销商开拓管理，最后在区域服务中心外通过与多个授权业务运营中心合作，辅助共同完成现场实施服务工作与客户资源的开拓，确保每一个项目的成功落地。同时，泛微通过直销和渠道分销两个途径实现产品在全国范围内的覆盖，并根据战略布局及产品特点选择合适的销售方式，其中大中型企事业客户以 e-cology

的产品销售和开发为主，中小型企事业单位采用以 e-office 和 eteams 为主的销售模式。

覆盖全国的多层次营销体系为泛微的业务开展与客户维护提供了强有力的支持和保障。区域授权业务运营中心的本质是加盟代理商，在授权区域内拥有品牌使用权并为客户提供服务，虽然在股权结构上与泛微并无关联，但同时受泛微的绩效考核，以保证"售前—售中—售后"服务的一体化，贴近客户的个性化需求，提高客户满意度。

2. 海量客户资源，瞄准蓝海市场

基于协同管理领域的研发与经验，泛微获得了大量的客户认可，在业界内拥有一定的知名度及稳定的客户群体。泛微想抢占高端市场，但是高端市场的利润空间有限，若想要获取更多利润，则必须调整战略进行外延扩张。泛微将小微企事业列入蓝海，进行全方位的产品布局。泛微如今拥有26000余家成功客户，覆盖87个细分行业，积累了大量成功案例与行业经验，为公司的市场占有率进一步提升打下了良好的基础。泛微现有世界500强客户20余家，中国500强客户150余家，信息化500强客户200余家，上市客户900余家。从2013年到2018年，泛微前五大客户营销收入占比分别达到6.15%、5.18%、3.76%、3.25%和2.70%。20多年来，泛微以专注、专业的态度，强大的产品研发能力成功服务全国上万家企事业单位的客户，在全国范围内逐步建立起本地化、专业化的服务网络。泛微上市后参股上海CA，不断向新领域拓展。

3. 持续高研发投入，人才储备丰富

近年来，泛微不断加大研发投入，研发费用占总营收比重12%以上，以提升产品优势，适应市场需求的变化。对于软件产品而言，除了要拥有强大的研发实力外，人才配置也是成功的重要因素。员工的经验、业务熟练度与企业的成功与否密切相关。其中，技术人员和销售人员是泛微员工的核心组成，2018年分别为537人和561人。在技术研发方面的高投入与丰富的人才储备为泛微的发展创造了绝对的优势，帮助泛微在发展的过程中有足够的资本不断扩大市场份额。

三、发展总结

经过20多年的发展，泛微积累了大量经验，在全国建立起服务网络，提高了自身的行业竞争力及市场占有率。在研发及人才储备方面，泛微重视产品研发投入并不断对其进行优化，提升产品质量，同时扩大行业优势。泛微注重人才培养和储备，以股权激励提高员工的积极性，进一步掌握行业话语权。虽然在OA行业内泛微处于领先地位，其客户大多是中小企业，侧重于标准化销售，但在后续产品的深度拓展方面，泛微将面临更大的挑战。

（资料来源：笔者根据多方资料整理而成）

第二节　投资者的视角

市场中的交易存在一个基本的道理：企业向客户销售产品时，并不是看企业有什么，而是看消费者需要什么。同样，在进行企业融资和拉取赞助时，一份好的商业计划书并不是看创业者能写出什么，而是看投资者想看什么。

商业计划书是以投资者作为目标阅读者并针对他们制作的书面文件，从而说服投资者为企业投资或与企业进行合作。因此，站在投资者的视角来撰写、优化商业计划书是非常有必要的。

那么，投资者想看到的究竟是什么呢？我们强调过，投递商业计划书的目标无非是获利，这同样也是投资者的目标。在一份商业计划书中，投资者最关心的问题就是：投资这个项目的风险和收益是否匹配？投资能为我带来多大的利润？

从这两个角度出发，我们就能够知道：一是要告诉投资者市场的风险有多大，除了前文提到的递交调研报告时陈述市场情况和潜藏的市场风险之外，还有非常重要的一点，就是市场的壁垒。因为壁垒很大程度上决定了竞争者的出现与否、市场上竞争的激烈程度及企业防守、存活的可能性。二是利润，企业的大部分利润都来源于产品的销售所得，而产品通常归属于企业旗下的品牌，因此如果企业拥有一个或几个优势品牌，也应该体现在商业计划书里让投资者看见。图 2-9 为投资者的视角。

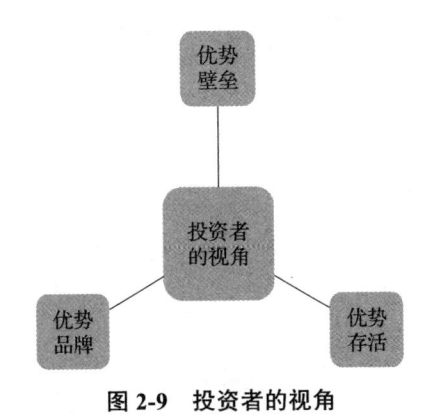

图 2-9　投资者的视角

一、优势壁垒：进入成本与多重门槛

每个行业都有其壁垒，行业的壁垒指的是阻止或者限制进入某一行业的障碍。行业的进入壁垒则是新进入企业需要承担，但是在位企业无须承担的不利因素和生产成本。某一行业的壁垒越坚固,就说明市场障碍越多,企业越难以加入,即市场的垄断程度高,竞争的激烈程度相对来说比较小。

在迈克·波特的五力分析模型中,潜在进入者是非常重要的一项。潜在进入者的数量越多,意味着行业壁垒越低,越容易进入,这就会导致企业面临着潜在的竞争。

作为投资者,他们更希望看到的当然是你的企业作为在位企业,立足于一个进入壁垒高且壁垒坚固的行业中,因为这就意味着很难有新的竞争对手来削弱你的优势。如果你处于创业阶段,企业还没有进入行业当中,那么投资者对决策的判定就取决于你所选行业所在领域的市场壁垒高低。此时,壁垒较低但未来有发展潜力的市场条件会更容易受到投资者的青睐。

商业计划书中除了要向投资者说明所在行业的壁垒类型之外,还需要告诉他们站在你的企业的角度来看,优势壁垒有哪些。

1. 壁垒类型

常见的市场壁垒包括政策壁垒、资源壁垒、成本壁垒、黏性壁垒及技术壁垒,如图 2-10 所示。商业计划书可以从这些方面描述企业所面临的行业壁垒。

图 2-10　常见的市场壁垒

（1）政策壁垒。

政策壁垒属于宏观层面的壁垒，不受行业内企业状况的影响。通常政策都是由相关政府制定的，用以限制某些产业的发展。一般来说，政策壁垒的存在对企业发展造成的影响具有两面性。

比如，在我国，烟草生产和交易都受到国家政策的管控，就使在位企业无法进行大规模的扩张；但同时又因为烟草行业的政策壁垒较高，导致潜在企业进入市场的可能性较低，竞争压力较小。

而对于一些生活日用品、家电、服装行业来说，行业的政策壁垒较低，为企业保证了足够大的发展空间和市场规模，但是也让许多同行竞争者能轻而易举地加入行业竞争当中。这些新加入的竞争者无法与高位企业抗衡，因此只能通过抢占还未发展成熟的中小型企业的市场份额来确保自身的发展。这也是为什么许多行业内存在寡头垄断的局面，因为在这些行业中，新进入者几乎威胁不到高位企业的生存，也不会选择与高位企业进行正面较量，只能将与自身发展状况相近的企业作为竞争对手，从而导致中小企业间大范围的激烈竞争。同时，由于企业发展不受政策的限制，高位企业就能够非常顺利地发展，最终形成由少数几个高位企业主宰、互相抗衡的垄断市场，如饮品行业中的可口可乐与百事可乐。

（2）资源壁垒。

所有资源都是有稀缺性的，也正是资源的稀缺性促进了市场的形成。如果行业内某些企业所能支配的资源有很多，那就意味着市场上可供支配的资源及其他企业所支配的资源是非常有限的，这样的落差就会形成资源壁垒。

作为在位企业来说，当然是希望自己手中拥有的资源越多越好，因为这样潜在进入者就很难抢占到市场份额。作为初创企业，我们则希望市场处于一个初开发的状态，大部分资源还是公有的，这样才能与对手进行公平的竞争。

（3）成本壁垒。

市场竞争最残酷、最有效的手段是价格竞争。而价格可以说基本上取决于成本。前文也提到过售价、成本与利润之间的直接关系及降低售价能够带来的好处。如果企业能在同一行业实现最低成本，就等于为自己挖了一道利润保护屏障。然而，低成本保护会发生变化。如果产品的成本只是劳动力的成本，那么企业可以通过转移到劳动力成本低的地区来获得利润。但是，当竞争对手迁移和企业所在地区的工资提高时，这一现象可能会消失。

（4）黏性壁垒。

黏性壁垒是由消费者对企业、品牌或者产品的态度决定的，消费者黏性的强度主要由两方面决定：消费者的忠诚度与消费的转换成本。

前者非常好理解，所谓消费者的忠诚度就是消费者对你的产品有多信任，愿意为企业的决定付出多大的代价，如消费者可能习惯用某个牌子的洗发水，觉得很好用，所以经常会购买。就像追星一样，人们从了解到喜爱某位明星，再到成为他/她的粉丝，就是一个逐步积累忠诚度的过程。忠诚度取决于消费者本身，这是一种主观的情感，他们会通过主观上对使用体验、性价比等因素的衡量来判断是否要成为忠诚的消费者。

当然，随着社群经济的崛起，忠诚度也会受到外界因素的影响，但这个影响通常会来自其他消费者，如现在抖音、小红书等社交App上，时常会出现网红博主为大家"种草"，从而吸引关注者去购买产品。直播带货也是同样的道理，头部主播李佳琦等人坐拥千万粉丝，只要他们在带货时说什么产品好用，即使许多粉丝没有听说过这个产品，也会忍不住下单体验。

而后者与前者相反，由转换成本导致的消费者黏性大部分取决于外界的客观因素。什么是转换成本？简单来说，转换成本就是消费者由某产品转而购买另一产品（主要是替代品）时产生的成本。这里的成本包括花费成本、寻找替代品的时间和精力成本，以及使用产品时需要承担的风险成本。

由上述可知，企业要提高黏性壁垒，一种方法是做出差异化的产品，确保消费者的忠诚度，另一种方法则是想办法尽可能提高产品消费的转换成本。

（5）技术壁垒。

从市场环境的角度来看，技术会成为潜在进入者的进入壁垒，如一些行业中要求使用高科技设备进行产品生产。如果企业想要进入就必须达到一定的技术条件，或者能够找到相应的上游、下游厂商帮助其完成产品的生产。

从企业自身的角度来看，成熟、创新的技术会拓宽企业的"护城河"。许多企业运用技术最大的目的就是能够更有效率地生产出高品质的产品，因此，技术优势不仅可以提高产品的品质，形成产品在市场上的差异化优势，还能帮助企业节省时间成本、人力成本，从而获取价格优势。

2. 优势体现

前文也提到过，每个企业都有自己的事业领域，行业内的龙头企业都已经发展到了成熟的阶段，暂且不予讨论。通过商业计划书来拉取投资、吸引合伙人的企业大部分都还处于发展初期或是中期，一般来说不存在某家发展中的企业垄断市场的情况。即对于企业来说，自身优势所形成的"护城河"虽然存在，但是在某些壁垒方面还是会存在缺陷。

短板效应固然会对企业的发展造成影响，但是别忘了，在任何一场竞争当中，优势也是决定成败的关键。我们常说："有了优势就要扩大优势。"在商业计划书中，我们应该尽量向投资者说明企业在壁垒上的优势所在，如沿用了最新的技术、品牌带动形成了粉丝经济等。同时也要清晰地点明不足的方面，如生产成本较高，在面对这些较低的壁垒（指在企业能控制的范围内的壁垒，控制范围之外，如政策壁垒问题可以不用太过详细地说明）带来的压力时，企业会采取怎样的策略来适当地做出调整，避免盲目地竞争。

创业英雄的气质专栏 2-4

顺网科技：高筑品牌的"护城河"

一、企业简介

杭州顺网科技股份有限公司（以下简称顺网科技）是一家中国领先的网吧平台运营商，致力于通过软件平台为网吧提供专业的服务。顺网科技创立于 2005 年 7 月，秉承"用户第一"的经营理念，通过网维大师构建了国内领先的网吧管理平台。

二、商业模式

1. 稳固用户基础，渡过疫情难关

创立之初，顺网科技即坚持"用户第一"的经营理念，围绕细分市场打造满足用户需求的互联网产品。贴心的用户服务为顺网科技吸引了大量用户。之后，顺网科技进行了对新浩艺的收购，直接导致顺网网吧管理软件市场占有率达到70%以上，涵盖超过7000万网民。基于网络基础设施的发展与网吧的增长，顺网科技至今仍然保有较高的客户忠诚度。尽管2020年由于受到新冠肺炎疫情的影响，网吧业务遭到一定打击，导致相关广告及游戏业务的业绩下滑。随着网吧业务的恢复与坚实的用户基础，相比于其他倒闭、重组的公司，顺网科技可以说是成功渡过此次危机。

如今，顺网科技已经发展成为互联网内容厂商重要的媒体及营销平台——顺网星传媒，为95%以上的网络游戏公司提供营销服务，同时与腾讯、网易等一线互联网企业保持密切的合作关系。

2. 创新产品技术，投入大数据业务

顺网科技于2014年推出网吧经营管理工具——网吧管家，2015年年底与HTC VIVE签订独家代理协议。顺网科技致力于在网吧运营管理中应用完整的方案，并稳定地在网吧网民中推广。与此同时，顺网科技推出线下体验业务，率先在行业内运营VR网吧旗舰店，赢得了广大用户的支持和喜爱。除了在产品上创新外，顺网科技还不断优化其网站主页。从过去的普通排版，到如今的"高大上"，也在不断地适应时代的审美变化。

除此之外，顺网科技持续开拓To B+To C云服务生态，以存储上云的云服务模式和算力上云的云电脑模式为基础，在顺网云平台上实现了对PC、移动端、大屏的云游戏覆盖。在互联网不断发展的行业背景下，顺网科技投身于云服务生态，为广大用户带来了良好的使用体验。顺网科技以此进一步提升公司在行业内的影响力。

3. 业务覆盖全面，高筑品牌"护城河"

在扩大产业覆盖面的同时，为适应更加丰富的应用场景，顺网科技也在持续跟进产品及业务的更新换代，根据客户的多样化需求不断优化和升级软件，为公司未来的长远发展打下基础。

顺网科技以"网吧为本、用户为上、数据为王"为战略核心，深耕网吧行业，专注于打造用户体验良好、安全适用的网维、计费、安全等软件。随着顺网科技各业务的不断推出，其在行业内大举布局，力争成为互联网市场中的主力军。

三、发展总结

顺网科技之所以能够在互联网行业内保持领先地位，其成功离不开用户基础稳固、产品创新与业务投入、产业覆盖广三个方面。在用户方面，顺网科技凭借其良好的工作态度，完美贯彻了"用户第一"的理念，为用户量身定做、贴身打造多样的个性化服务，满足用户需求，从而积累了大量忠实的客户，为未来的发展奠定了根基。在产品创新与业务投入方面，顺网科技积极拓展云服务生态业务，进行业务优化创新，同时开展线下业务，全方面打造良好的互联网平台生态系统。在产业覆盖方面，顺网科技产业覆盖全面，不断优化产品以适应更丰富的应用场景，同步稳定推进多项业务，引领互联网行业内的风潮。

（资料来源：笔者根据多方资料整理而成）

二、优势品牌：消费心智与商业模式

品牌作为企业的无形资产，关系到企业的命运。有时候品牌甚至比企业更出名，如提到美国消费品生产巨头宝洁公司，许多中国消费者可能并不能说出它的主营业务和产品，但是提到SK-II、潘婷、海飞丝等日常品牌，我们就能够迅速将产品与它们联系起来，然后再想到宝洁公司。品牌的魅力不仅在于提升知名度，更多的时候，品牌会作为企业的形象代表出现在大众面前，同时，一个成功的品牌能够为企业带来非常可观的营收利润。

品牌是企业与消费者沟通的途径，其向消费者传递企业的愿景、使命和想法。通过品牌，消费者能够接收到企业的经营理念。同时，企业也可以通过品牌的知名度和消费者对品牌的忠诚度判断某个品牌是否值得推向市场，从而制定更加合适的品牌战略。

打造出一个成功的品牌，就要求企业能够洞悉消费者的消费情绪与消费心智，一个成功的品牌也是优秀商业模式的最好体现。善于利用品牌的影响力也是一个提升盈利的方法。对于一些已经形成品牌效应的企业来说，品牌可以使产品的销售变得更加容易。那么，在商业计划书中，我们应该在哪些方面体现品牌优势，从而说服投资人呢？如图 2-11 所示。

图 2-11　品牌优势的体现

1. 品牌知名度

说到手机品牌，消费者首先会想到哪些？华为、苹果、三星、小米，虽然并没有使用过他们的产品，说到这些品牌也能让人想到他们的产品。

要购买手机时，这些能让消费者首先联想到的品牌在市场上显然就会有更大的竞争力。这就是知名度作用的体现。

知名度是指潜在购买者对品牌的认知程度，反映品牌影响力的范围。品牌的发展首先要有一定的市场。说白了，就是为了吸引顾客的注意力。这是建立信任的第一步，也就是消除陌生感和距离感。

当品牌在市场上具备了一定的知名度，相比于竞争对手就有了先发优势，企业可以通过市场调研来获悉品牌在目标消费者中有多大的知名度。

2. 洞悉消费者心理

每位消费者的消费理念不同，对产品的期望不同，感兴趣的点也不尽相同，仅仅想用一个产品打通消费市场是不可能的，而品牌的存在就有效地缓解了这种尴尬的局面。我们可以将品牌看成产品的集合，事实上也正是如此，品牌通过将企业生产出的相同品类的产品集合起来，再赋予它们一个新的名字后进行销售。如果一个企业能够搞清楚自己所面对的目标消费者群体在想什么，他们想要什么，再由此对品牌进行定位，那么品牌优势就能够体现出来。

我们常说："一千个读者就有一千个哈姆雷特。"这句话的意思是，不同的人在面对同样的事情时会有不同的理解和看法。如果要把这个道理套用到市场中来，我们就可以说："一千个消费者就有一千个需求。"而一个具有优势的品牌，其优势就体现在品牌能够将这一千个消费者需求上的共同特征融合到一起，再把需求之间的区别进行细分，然后回馈给每个对应的消费者。

其实，洞悉消费者心理也是品牌营销计划中十分关键的一点。随着人们自主意识的不断增强，对产品和服务的要求也更高了。现在越来越多的消费者，尤其是年轻的消费群体，他们的消费观念已经逐渐从"从众"向"小众"转变。他们不再随波逐流，而是希望与众不同；他们追逐潮流和新兴事物，愿意尝试市场上新推出的产品，如新款球鞋、新口味的甜品及去新开发的地方旅游打卡。

相比之下，中老年消费群体则较为保守，他们总是重复购买过去习惯使用的产品，当市场上有新的产品出现时，他们也不会首先尝试，而是要等到产品受到市场认可、完全成熟后，才会做出购买的决策。

由以上年轻消费群体与中老年消费群体的部分消费特征的对比可以得知，当品牌在面向这两个群体制定策略时，就不能一概而论，而是要分别采取相适应的措施。比如，面对年轻群体，推出的产品可以更为注重创新性和时尚的外观，品牌形象较为年轻化，邀请当红明星或者流量网红来推广和代言；而面对中老年群体时，需要更注重产品质量和体验感，品牌形象较为接地气，将一些生活场景配合使用产品拍成广告，以吸引消费者。

除此之外，消费者的消费情绪也会随着情境的变化而改变，因此可以通过环境的变化来预测消费者的消费情绪，细分消费者的特点，再根据完整的信息制定品牌策略，逐渐扩大品牌优势。

3. 差异化特点

品牌做到差异化的本质，其实就是让消费者对其有独特的认知，认为某些品牌与市场的其他品牌"不一样"。这种不同可以体现在产品的包装和质量上，也可以体现在品牌形象和企业采取的品牌策略上。

需求是可以被创造的。所有新兴品牌进入市场都需要站在消费者的角度上思考这样一个问题："为什么有了已经存在的品牌，还需要你？"在科技飞速发展的时代，其实消费者的大部分需求都能够被满足，新的品牌想要打入市场且实现快速成长，所要做的并不是再模仿复刻原有的模式，而是要创新、创造，为消费者创造新的需求。

以下将通过几个案例说明打造差异化品牌的方法。

案例1

海底捞是一家知名的中国川渝特色火锅品牌。在海底捞进入市场之前，市场上已经有季季红等发展规模较大的在位企业。但随着市场的变化和发展，如今海底捞所占有的市场份额已经大大超过了原先许多在位的火锅企业。海底捞的规模迅速扩张，并在全国各地开设连锁店。尝试过海底捞的消费者应该知道，海底捞之所以能够受到广大消费者的喜爱，是因为其将"主打产品"聚焦在了服务上。在海底捞的商业模式成型之前，我国绝大多数火锅品牌都是以口味为主要的竞争点。简单来说，就是哪家店味道好，哪家店的顾客就多。与这些店不同的是，海底捞十分重视消费者的服务体验。海底捞的服务可谓是无微不至，不仅会为前来用餐的顾客赠送小礼物，还提供生日祝福、婚礼主持等服务。除此之外，海底捞似乎对女性顾客有更加细致的定制化服务：遇到长发、披发的顾客，服务员会主动送上黑色的小皮筋，在等待用餐的期间，顾客还可以去前台体验美甲服务，打发时间。可以说，海底捞的服务正是其差异化所在，也是海底捞在后续进入市场的情况下还能够不断发展的原因。

海底捞凭借其独特的服务化模式迅速抢占了火锅市场的份额，如今已经向国际化品牌逐步迈进。海底捞已经不仅是一个餐饮品牌，由于其细致化的服务，许多人选择去海底捞举办活动，体验关怀，巩固感情。海底捞的模式难以复制，是其独有的核心竞争力。

案例2

花点时间是中国一家B2C形式的互联网鲜花零售商。不同于其他鲜花品牌的是，花点时间重新思考了"人们为什么需要鲜花"这个问题。鲜花是美丽的象征，不同的花有着不同的花语，每一朵鲜花都有其独特的意义。在过去，人们总是在特定的时间用赠送鲜花的方式表达情感，如情人节时，情侣之间会赠送玫瑰来表达浓烈的爱，母亲节时子女会送给妈妈康乃馨来表达爱与感激……从前鲜花是"礼物"，只会在特殊的时间和情境下出现，但是花点时间把鲜花重新定义为"日常的陪伴"，赋予了鲜花新的意义。

与案例1中海底捞通过在产品内容方面做差异化的改变相比，花点时间并没有添加多种产品，甚至与其他花店卖的鲜花种类都是相同的，但其另辟蹊径，改变了鲜花的内涵。人们常说："细水长流的感情是最浓烈的，陪伴是最长情的告白。"在花点时间，鲜花不再是"偶尔的礼物"，而是时时刻刻都出现的一种陪伴，是赠送者与接受者之间的一种长期的情感纽带。

类似的品牌案例还有很多，通过借鉴这些例子，在商业计划书中我们就可以告诉投资者企业打算采用哪种方式打造品牌的差异化。值得注意的是，前提我们必须对品牌和产品本身的外观或者内涵做出有意义的调整，而不仅是简单地采用营销策略来达到差异化的目的。营销只能作为一种品牌宣传和推广的手段，如果品牌本身不存在新意，即使营销做得再好，也无法获得更多的消费者青睐。

三、优势存活：规避与巨头企业竞争及劣势防守

如果说优势壁垒和优势品牌是投资者评判企业发展能力的指标，那么优势存活就是投资者用以判断企业发展风险的方式。

当企业的生存或者发展受到威胁时，就必须采用一定的机制进行防守，把损失降到最低。尤其是对于后进企业来说，行业内如果已经出现了较为成熟的巨头，企业就会面临与巨头企业的竞争。此时如果没有防守策略，那么经营的风险就会非常大，如图 2-12 所示。

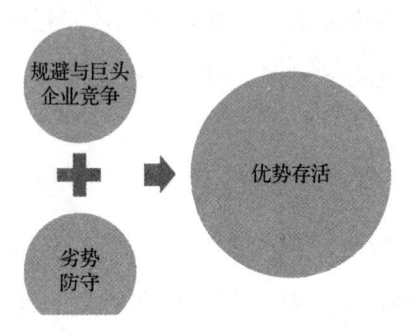

图 2-12　初创企业的优势存活

1. 规避与巨头企业竞争

风险大小也是投资者评判是否要进行投资的一个重要指标。而企业发展最大的风险来源除了自身内部的经营状况之外，还有市场竞争。

在进入市场前，企业需要知道市场内有没有巨头企业，是否有多家巨头企业。如果在调研时发现市场内已经存在巨头企业竞争，那么创业者就需要提高警惕。从业务层面来说，创业者需要尽量避免与巨头企业有业务上的重叠。但是对于投资者来说，如果企业与巨头企业的上下游相关，也可能会导致与巨头企业的竞争。

但是面对与巨头企业的竞争，也不是没有另辟蹊径的方法。在中国市场中其实有非常多的行业存在巨头企业，如在数字化商业领域，马化腾创办的腾讯就是巨头企业。马化腾建立起的腾讯覆盖的范围非常广泛，并且渗透到了持续扩张的市场领域中。与此同时，马化腾也是中国最大的科技领域投资者之一，其收购了多家具有发展前景的初创企业。随着其规模的扩大，如果有初创企业或是中小型科技企业想要与腾讯进行正面抗衡几乎是不可能的事情。

但是从另外一个角度来看，这些巨头企业在发展的过程中，缺点也会逐渐暴露出来。如拥有庞大规模的企业其敏捷性就会有一定程度的降低，当市场环境发生变化时，巨头企业往往难以察觉到微小的波动，而有时候这些微小的市场波动恰恰会成为制胜的关键。其次，由于企业已经完全成熟，涉及的利益相关群体过于庞大，就很难在经营模式或者企业结构上做出幅度较大的创新或者变动。而且对于巨头企业来说，其消费者群体的特征和形象基本已经固定，如果想要打入新的消费市场，就必须采取大规模的措施来保证对新市场的覆盖，这也意味着更高的成本与更大的风险。

从这些角度来考虑的话，初创企业就可以凭借自身敏捷性高的优势来尽可能地发展，与相同阶段的竞争者来争抢市场份额。处于一个已经存在巨头企业的市场中，初创企业的目标并不是要发展到能与巨头企业抗衡，而是要想办法如何不要被巨头企业打压、埋没。只有先存活下来，才有进一步扩大市场局面的可能。

2. 劣势防守

以上提到初创企业如何在与巨头企业的竞争中存活下来，那么接下来要关注的就是劣势防守的策略。市场如战场，一名优秀的将军会审时度势，知道何时该进、何时该退；同样，一名成功的创业者必然是有策略的，会给自己留好退路，而不是盲目地进攻。为了突显这一点，在商业计划书中，创业者有必要让投资者了解企业的劣势防守策略。

首先，企业一定要知道，相比于竞争对手来说，自身的劣势在哪里。只有知道了自身的短板，才能够有针对性地进行取长补短，或者规避劣势，从而最大程度地降低风险。

其次，企业要防止自己所拥有的资源和占领的市场份额被竞争对手抢走。其实，在微信产品问世之前，市场上也存在类似的社交产品，那就是小米的米聊。米聊的页面简洁，非常实用，同时也很符合年轻人的社交习惯，所以当时在市场上受到了广泛的追捧。但是在米聊还未发展成熟的时候，腾讯敏锐地捕捉到了这个市场信号，并超越了小米的米聊产品。米聊之所以被腾讯打败，就是因为小米在那时候并没有建立一个完善的防守机制来维护米聊所占有的市场份额，才导致如今市场上已经没有了米聊的存在。

无论如何，企业都要先存活，再谈发展。在撰写商业计划书时，创业者应该将市场中可能存在的威胁都考虑在内，然后根据企业自身的发展情况及掌握的资源制定相应的发展或者防守策略，让投资者了解到可能存在的风险。只有尽可能全面地将信息呈现出来，才可以让投资者做出综合的评估和判断。

章末案例

薇诺娜品牌分析

一、企业简介

云南贝泰妮生物科技集团股份有限公司（以下简称贝泰妮）以薇诺娜品牌为核心，专注于以纯天然植物活性成分提供温和、专业的护肤产品。

围绕薇诺娜品牌的成功塑造，贝泰妮在此基础上不断发展，积极开拓多层次的销售市场，塑造了专注于专业婴幼儿护理的"Winona Baby"品牌，专注于痘痘肌肤护理的"痘痘康"品牌，专注于高端皮肤护理的"Beauty Answers"品牌，以及专注于干燥性皮肤护理的"资润"品牌。贝泰妮秉承"打造中国皮肤健康生态"的使命，立足于皮肤学理论，结合生物学、植物学等学科，不断推进产品研发和技术创新，深入洞察消费者需求，持续为消费者提供满足不同皮肤特征需求的专业化妆品。

贝泰妮坚持产品专业化，收入规模不断扩大，实力不断增强，已成为国内化妆品生产企业中的佼佼者，为敏感性肌肤产品树立了行业标杆。

二、创始人简介

1979年，15岁的郭振宇考入云南大学，成为恢复高考后的第三批大学生，其先后在云南大学获得了理学学士学位和硕士学位，随后留校任教于云南大学无线电系。在云南大学任教的两年之中，他对生物医学工程和医疗仪器的研发产生了浓厚兴趣，随后便出国深造。其后的10年，郭振宇在新布伦瑞克大学、麦吉尔大学、西安大略大学及蒙特利尔大学分别进行了研究与教学，获得了麦吉尔大学的博士学位，且在西安大略大学以博士后研究员的身份进行研究，并进入了加拿大最好的私人研究所从事研究。1996年，郭振宇进入乔治华盛顿大学任教，先后任助理教授、副教授、终身教授。乔治华盛顿大学将他的肖像印在招生广告上，上面写着："在这里，你可以与世界权威合作攻读你的学位。"

2002年，郭振宇回国，从学术圈跳入商业圈，出任滇红药业集团股份有限公司（以下简称滇红药业）董事长、总裁。滇红药业是云南草药行业中的两大巨头之一,另一个就是云南白药。刚就任滇红药业董事长,郭振宇就推出了一款爆款洗发水:康王。为了卖出康王,郭振宇和中国处方药协会合作,发布了《中国头屑困扰指数白皮书》,而他的销售渠道则是各大药店,其以药妆的名义进入药店,拓宽了销售渠道。康王这个产品的成功给了郭振宇很多经验,如今薇诺娜的战略也有很大一部分来源于此。2014年,郭振宇将滇红药业出售给了德国拜耳公司。滇红药业被收购后,郭振宇以30万元的价格买下了滇红药业旗下一个亏损的护肤品牌,也就是薇诺娜。

三、薇诺娜品牌的研发技术

薇诺娜专注于敏感肌肤产品的研发,采用基于皮肤学级的方式,运用高科技生物技术,提供舒敏保湿、美白保湿、舒缓控油、净痘清颜、极润、紧致、柔润、防晒等系列产品。

1. 医药背景

医学护肤是目前非常流行的一个概念。随着社会(尤其是女性)对美的追求也越来越高,护肤也成了追求美的一种必要手段。

由于医药技术的发展,人们在遇到皮肤问题时,不再会盲目地去商店买各种化妆品来尝试遮掩住自己的瑕疵,而是选择让皮肤科医生给出处方和准确的护肤建议,从根本上解决问题。

随着人们健康意识的提高,以及皮肤病学的飞速发展,医疗护肤品的安全性和有效性越来越受到重视。从清洁剂、药物和辅助疗法到后续产品,都被称为医疗护肤产品。医学皮肤护理是一门独立于疾病治疗与美容护理之间的学科。

医疗护肤品必须完全公开,所有有效成分及安全性必须经医学文献及皮肤学临床试验证实。药妆和普通化妆品最大的不同在于配方总是尽可能简单，没有颜料、香料、防腐剂甚至表面活性剂。它严格按照制药标准生产，仅供药房和医院使用。它既能恢复皮肤的白皙，又能让人长期维持生理平衡，还能使皮肤抵御各种外界刺激。医用护肤品中有效成分的作用及剂量由专业质量管理体系批准，并在标签上注明；产品须经皮肤测试或临床试验证明无刺激性及低过敏性。

薇诺娜医学美容中心拥有系统、完善的国际先进设备、技术和服务。针对每一位消费者的肌肤问题，其遵循皮肤科专家专业的诊断，依据皮肤问题的发病机制，提供系统的皮肤治疗及美容方案。采用药物、激光、光子（IPL）、光动力（LED）、注射填充、果酸美容等方法，结合薇诺娜医学护肤品的使用，制定系统的诊治美容方案。

2. 研发投入

贝泰妮专注于研发，每年都要投入大量的研发费用。2019年，贝泰妮的研发费用为5254.66万元。除自主研发项目外，贝泰妮还与昆明医科大学、昆明医科大学第一附属医院合作开展项目研究。

3. 原料优势

薇诺娜诞生于云南省昆明市，云南省因其独特的地理环境及气候，有"植物王国""药材之乡"的美誉，其中不乏多种珍奇种类和特有植物，是世界宝贵物种基因库之一，云集热带、亚热带、温带甚至是寒带的很多植物品种。其中，青刺果和马齿苋等在薇诺娜系列产品中被广泛使用。科研人员研究发现，青刺果生长于云南高原海拔2300米以上的高寒山区，提取出的青刺果精华具有很强的修护能力，能够促进角质层神经酰胺的合成，从而起到修护皮肤屏障的作用；马齿苋精萃富含多糖化合物，能够让舒缓敏感的活性成分直达肌肤砖墙结构，从而舒缓皮肤泛红、干痒、灼热等不适问题；滇山茶花生长于海拔约2800米的高山，花瓣萃取物可使肌肤变得透白、有光泽，花籽萃取物则可使肌肤水润通透。

4. 学术优势

《中华皮肤科杂志》《中国皮肤性病学杂志》《临床皮肤科杂志》等国内外重要的学术期刊发表了薇诺娜皮肤学基础研究与效果观察64篇。2015年，作为唯一受邀参加温哥华第23届世界皮肤科大会的中国品牌，薇诺娜实现了中国品牌零的突破。2017年，薇诺娜联合中国三大皮肤科协会发布了中国第一部皮肤学护肤红宝书，指导皮肤科临床应用。2019年，薇诺娜第二次应邀出席米兰第24届世界皮肤科大会。可以说，正是这些专业的研究，让薇诺娜不仅赢得了广大消费者的好评，也在敏感肌领域获得了国内外业界的认可。

四、薇诺娜的行业竞争分析

1. 护肤品行业分析

根据护肤品的不同价格和档次，中国护肤品分为大众护肤品和高端护肤品。根据中国主要护肤品消费群体的消费水平，我国护肤品市场主要集中在大众护肤品上，2020年大众护肤品市场规模达到1781亿元，同比增长7.10%。大众护肤品以中国本土品牌为主，如百雀羚、自然堂、丸美等，价格在200～1000元之间，可以满足年轻女性对护肤的需求。而在国内高端护肤品品牌中，国际品牌之间的竞争非常激烈，如兰蔻、CPB等，价格都在千元以上，主要针对那些有一定经济实力的女性。2020年，高端护肤品市场规模达到917亿元，同比增长9.43%。

因此，从消费者层面来看，目前在中国的护肤品行业市场中，大众品牌相对来说具有一定竞争优势。但是，随着消费者经济水平的不断提高和消费观念的不断变化，消费者越来越注重消费体验和产品的使用效果，护肤品的安全性和效用性也逐渐成为购买护肤品时的首要考虑指标。相对于一些大众品牌来说，即使高端品牌的产品价格高，但是产品使用的成分及功效毕竟都是有目共睹的，几乎无须担心使用后会造成其他的皮肤问题，所以，高端护肤品在我国的市场前景十分广阔。

2. 核心竞争力分析

（1）品牌矩阵优势。

贝泰妮具有鲜明的品牌定位和良好的品牌塑造能力。公司自成立以来，专注于敏感肌产品的研发，已形成以"薇诺娜"为核心的多个品牌，生产、销售11大类，数百个SKU的系列产品，涵盖舒敏、美白、祛斑、抗衰、防晒等多个领域。其中"薇诺娜"品牌专注于敏感肌肤的护理和修饰，是长期聚焦、深度打造的核心品牌，旗下产品线涵盖护肤品类、彩妆类、医疗器械等多个领域。此外，贝泰妮还拥有"Winona Baby""Beauty Answers""痘痘康""资润"等品牌。另外，贝泰妮通过专业品牌形象建设与私域流量池的沉淀，凭借优秀的产品质量、精准的营销策略、专业的品牌口碑打造、线下体验线上销售模式的开拓，积累了一批忠实的老客户。

（2）销售渠道优势。

贝泰妮坚持线上、线下渠道相互渗透、协同发展的销售战略。线上通过多元化的渠道覆盖，优化公域流量，建设私域流量，使线上渠道销售收入快速增长。其中，公域流量以薇诺娜官方旗舰店（天猫）、薇诺娜官方旗舰店（京东）及薇诺娜网上商城等线上自营店铺为代表；私域流量以薇诺娜专柜服务平台为代表；公域流量和私域流量相结合以微信小程序为代表。此外，贝泰妮采用专业化的线下渠道，聚焦敏感性肌肤护理，专注于品牌专业化形象。线下销售主要通过区域经销商、商业公司、大型连锁药店直供客户。

（3）研发技术优势。

贝泰妮高度重视产品研发，强调坚持技术创新，拥有强大的研发团队和完整的研发体系。贝泰妮先后在昆明市、上海市建立了研发中心，拥有研发团队逾百人，涵盖基础研究、产品和原料评估、消费者调研、工艺技术研究、配方研发及整合创新等多个学科研究部门。贝泰妮自主研发的多个护肤品配方技术及产品外观设计，累计申报获得授权发明专利15项，实用新型专利17项，外观设计专利18项。经过不懈努力，贝泰妮先后荣获了"云南省科学技术进步一等奖""云南省创新团队一等奖""省级博士后科研工作站"，并被认定为"国家高新技术企业""云南省认定企业技术中心"。此外，贝泰妮围绕特色植物提取物有效成分制备与敏感肌肤护理领域研究的自主研发技术，拥有11项核心技术，应用核心技术实现的销售收入占公司主营业务收入的比例达到95%以上，树立了行业标杆。

（4）产品品质优势。

化妆品作为日用品，直接接触肌肤，消费者对于产品安全性的要求较高，产品的安全保障是消费者建立品牌信任度、忠诚度的基础。贝泰妮定位于敏感肌肤护理，十分重视产品的品质，并将保障产品质量置于重要地位。贝泰妮建立了覆盖产品研发、原材料采购、产品生产、物流运输、仓储管理在内的全面质量管理体系。

（5）精准营销优势。

经过多年的内部培训及外部招聘，贝泰妮已建立起一支经验丰富、技术娴熟的销售团队。经过多年的实践，贝泰妮的电商运营团队已形成成熟的运营模式，并积累了丰富的营销经验。贝泰妮通过与具有公信力的KOL进行深度合作，以线上直播、短视频等形式密集输出专业护肤知识，传递正确的护肤理念，提高客户的护肤意识。贝泰妮的运营团队具有敏锐的市场热点捕捉能力，通过聘请个人形象与品牌定位高度契合的明星进行品牌代言，培养与消费者沟通的焦点人物，实现品牌宣传与产品销售相结合的双向互动。其通过信息的高效传播、营销链条的长线铺设、线上及线下的双向配合、时间与空间的双维匹配，借助自身树立的专业品牌形象，推出适销对路的营销推广方案，成功抓住消费者的心理，激发消费者的消费欲望，实现销售收入的快速增长。

（6）经营管理团队优势。

贝泰妮拥有一支高素质、高效率的管理团队，在化妆品产品的研发、生产、销售方面积累了丰富的管理经验。针对化妆品行业的特点，贝泰妮建立了完善的供应链管理体系。从产品研发、原材料采购、组织生产到产品销售，贝泰妮致力于在业务的各个环节进行深耕细作，确保公司在快速更迭的行业市场环境中具备全方位的快速反应能力。针对线上渠道销售的特点，为应对如"双十一""双十二"等大促期间井喷式的成交量，贝泰妮构建了相应的信息化管理体系，从数据抓取、系统开发、平台对接、数据分析、会员运营等方面更好地服务于公司线上的销售业务。

五、发展总结

贝泰妮将薇诺娜定位为世界第一的功效性护肤品，用做药的标准来做化妆品。利用线下打基础，线上为主导，打造跨越周期的大单品，占据了学术制高点，构建起竞争壁垒。面对顾客，贝泰妮采取了精细化会员运营模式，建设起私域流量池。在团队方面，核心团队因人设事，管理团队因事设人。建设核心团队、管理团队和执行团队，各团队各司其职，齐心协力，为薇诺娜品牌的良好发展奠定了基础。

（资料来源：笔者根据多方资料整理而成）

本章小结

从本章内容中，我们了解到了商业计划书的撰写角度。在撰写商业计划书时，创业者需要分别从自身和投资者视角出发，才能写出对自身来说有益、对投资者来说有效的实质性内容。在创业者视角下，需要把自身的优势都呈现出来，包括优势产品、优势战略及优势通路。这三点所体现出来的其实是企业的生产能力、经营能力和推广能力。其中，优势产品包括低成本、高效率、好体验；优势战略包括精准细分市场、明确市场定位、合理规划目标；优势通路则包括营销手段、渠道推广及地域分析。而投资者更加关注的则是投资收益与风险，所以商业计划书中应该从这两个角度出发，阐述企业的优势壁垒、优势品牌和优势存活，以及如何在尽可能规避风险的情况下持续发展，达到预期的目标，同时也为投资者带来可观的收益。

第三章

投资人眼里的最好方案

  如果想要通过商业计划书中的说明获得投资人的注资，就需要给出投资人所预期的方案。投资人希望在商业计划书中看到的是企业的运营模式和发展规划。用发展情况描述企业的现状；用数据论证整体的市场规模有多大；用信心说服投资人。一个正确的发展方向、一个优秀的项目团队、一个合理的未来规划是投资者最想在商业计划书中看到的内容。他们会根据这些要点对项目做出初步检验和判断，衡量方案是否合理，是否经得起推敲。在互联网飞速发展的时代，信息传播速度加快，行业发展的认知也在发生变化，创业者需要关注的是如何结合外部环境与内部环境的变化，来给出最佳的方案，以让企业快速适应改变。

堆砌的产品没有安全感,正确的抉择才有。

——字节跳动创始人　张一鸣

开篇案例

声网：中国新一代技术产业的崛起

一、企业简介

声网（Agora）是音视频实时云行业的先驱，也是全球领先的 PaaS（平台即服务）服务提供商。只需 30 分钟，开发者就能通过简单地调用 Agora API，在应用程序内部构建多种实时互动场景。声网的服务覆盖十多个行业，并创造出超过 100 个场景。声网实时互动技术服务遍及全球 200 多个国家和地区，提供本地技术及运营支持。

二、商业模式

1. 人才技术投入，高质量的实时服务惠及终端

技术是公司的生命，声网对技术研发、SD-RTN 网络基础设施的架设非常重视，在营销方面反而低调。声网专为内容实时传输而设计了一个网络架构——SD-RTN。它是一种全新的网络架构，能够实时根据各节点的连接和传输状况、负载状况和到用户的距离及响应时间，自动分配最优、最通畅的传输路径，达到实时传输需要的质量保障级别，从而保证用户能够基于互联网进行毫秒级延迟的音视频通话，以及和多主播连麦的互动直播。基于 SD-RTN 的架设，声网实现全球部署优化，覆盖 200 多个国家和地区。

2. 以用户体验为先，确立行业指标

2020年7月，声网基于用户体验数据，定义并推出了实时互动行业首个体验质量标准XLA（体验质量等级协议），这是行业内首个可量化、可查证、可赔付的体验质量标准，通过评估登录成功率、音频卡顿率、视频卡顿率、端到端网络延时四个指标，以保证用户主观体验达到优质水平。从"可用"走向"好用"，让"好用"成为"标准"。声网承诺："如果指标没有达标，声网将为企业客户进行赔付，根据具体情况免除月度账单部分甚至全部费用。"XLA相当于将黑盒化的云通信状态清晰明了化，一经推出便受到广大开发者及用户的认可。截至2020年10月24日，已有60家企业加入XLA计划，将共同推动实时互动全行业体验质量的有效提升，推动实时互动行业走向成熟。2020全年，声网内部实时音视频分钟数月均用量超过400亿分钟，成立以来累计实时音视频分钟数超过10000亿分钟，客户主动调用API次数突破100亿次/日。截至2021年3月，声网全球注册应用已经超过30.6万个。

3. 在线教育新玩法，疫情下的赋能者

因新冠肺炎疫情的突袭而至，人群不能聚集，学生开始在"云课堂"上上课。保证实时互动体验是在线教育发展的根本。作为在线教育行业技术的赋能者，新冠肺炎疫情期间，声网接到来自多家教育机构搭建在线平台的需求，2020年3月在线教育的用户量峰值增长高达七倍。但凭借运维人员的日常演练经验和支持动态扩容的平台架构，疫情期间声网仍然顺利帮助众多客户平稳转型线上。由于各种原因，线上课堂仍然存在出现卡顿等问题，互动体验存在不足。针对这些情况，声网用技术推出了三种课堂在线互动新玩法以提升课堂体验感，即班型互动、场景互动、道具互动。声网Agora教育行业产品负责人仇媛媛表示，新冠肺炎疫情加速了体制内对在线教育的认可，未来在声网的业务布局上会更加关注体制内教育。

三、发展总结

声网 Agora 的发展充分体现了技术、体验、创新的重要作用。在技术方面，声网开辟市场蓝海，重视技术研发投入，设计 SD-RTN 实现音视频远距离、高负荷流畅互动。在体验方面，声网根据用户体验推出行业内首个监测系统，制定了行业标准，保证用户的优质化体验。在创新方面，声网在新冠肺炎疫情时期针对线上教育遇到的各种问题推出"云课堂"互动模式，为在线教育行业创造更多价值。声网凭借其对高科技的运用及创新化的应用程序带给用户良好的使用体验。如今越来越多的相似技术投入市场，声网作为行业领头羊，仍需不停精进专业，持续在产品、技术及应用场景等各种维度创造第一和进行优化。随着业务全球化，声网应将安全、合规作为公司发展的重要战略方向，主动遵守业务覆盖国家和各个行业的各项法律法规，遵循最小化及公开透明的数据采集、处理原则，充分满足信息安全、数据安全及个人隐私保护规范。

总之，随着竞争压力的增大，声网想要保持住领头羊的地位，需要更加深入市场，关注行业动向，以优化用户体验为首要目标完善产品及各项工作。

（资料来源：笔者根据多方资料整理而成）

投资人最希望看到怎样的方案？作为创业者，我们递交给投资人的商业计划书中，如何才能体现出我们对这个项目的重视与融资的诚意？首先企业的运营方式和运营情况一定是需要着重强调的部分，其次则是发展、数据及对企业的信心。发展是向投资人说明企业过去、现在及预测未来的情况；数据是所有理论的支撑力；而信心则是推动企业发展的动力。只有同时注重运营、发展、数据与信心，我们才能撰写出一份好的商业计划书，呈现出最优化的方案，成功说服投资人信任企业，愿意为我们的项目出钱出力。

第一节　关心运营与发展

企业的发展是一个永恒的话题，商业计划书中如何评判企业目前的发展情况，以及企业未来的发展，一直是投资者首要关注的问题。一份优秀的商业计划书会从过去成绩的有效性、未来策略的落地性、商业模式的持续性进行说明，告诉投资者这些问题的答案，如图 3-1 所示。

过去成绩的有效性 ＋ 未来策略的落地性 ＋ 商业模式的持续性 ＝ 企业的运营与发展

图 3-1　企业的运营与发展

一、过去成绩的有效性

不论我们站在哪个时间点看企业，所看到的都是企业的过去。我们并不能改变过去，能做的只有展望未来。因此商业计划书中提及过去的业绩时，更重要的是告诉投资人，过去的业绩为企业带来了哪些发展机遇或教训，以及为企业未来的发展提供了什么经验。可以说，我们关注企业的历史，是为了对企业的未来做出预测，如图 3-2 所示。

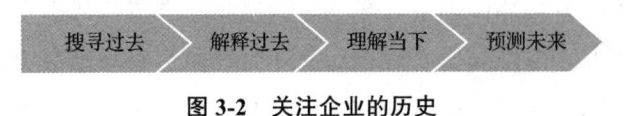

搜寻过去　解释过去　理解当下　预测未来

图 3-2　关注企业的历史

1. 搜寻以往的经营行为和绩效

企业过往有很多信息来源，如企业历年的财报数据、发布过的公告新闻等，从这些真实的历史中我们可以了解到企业过去的里程碑事件和高光时刻。除此之外，还可以通过其他来源的信息如员工访谈、用户调查问卷等方式了解那些并不直观的过去。关注历史，一定要讲求真实，只有能够考证的历史才能为企业的发展提供经验。

2. 对过去的经营行为和绩效加以解释

过去对于现在的意义在于求理，即对历史事实加以解释。对企业过去的经营行为和绩效加以解释，就是解释企业过去选择了什么样的商业模式和定位，组建了什么样的团队，提供了什么样的产品和服务，有哪些原因导致企业取得了过去的绩效。有的企业营收增长很快，却看不到现金；有的企业经常发布合作的新闻，但规模一直不见扩大，业绩也不见起色；有的企业营收利润和现金都高速增长；有的企业似乎每单生意都不怎么赚钱，但是一个季度后就能赚了不少。这些情况都有可能发生在我们的企业身上。

3. 理解企业当下的环境

结合对企业历史的了解和解释，我们要理解企业当下面临的内部和外部环境，并将它们与历史环境做比较。当下企业所处的环境与历史环境相比是很好，还是更糟，还是没有什么变化。企业还是那个企业，但是由于环境的变化，以前的优势不再是优势，不是问题的却变成了问题。当然，有一些环境属于不可抗力的因素，但是如果环境变化在可控范围之内的话，就需要企业理解、分析当下的环境，以此来对企业的发展路线进行调整或者重新规划。

4. 对企业未来的经营绩效和经营行为做出预测

最后也是最为关键的一步，即对企业未来的经营绩效做出预测。对企业未来的预测与股市预测有相似的道理，都需要逆向和前瞻。逆向并不是简单的"别人买，我就卖""别人说差，我就看好"，而是要在经营层面看到别人没看到的东西，或是别人看到了但没有信心、没有付诸行动的东西。前瞻并不仅是市场层面和业绩层面的预测，而是站在企业家的角度预测企业当前外部环境变量与内部环境变量之间的关系。如果在一个不变的情况下改变另一个，或两者同时改变，或两者都不改变的情况下，未来的经营情况分别会是什么样的。与股价一样，企业未来业绩的具体数据都是无法精准预测的，我们只能尽最大能力给出一个大致的框架和范围，而这也恰恰是投资者最想看到的。

二、未来策略的落地性

很多不成熟的创业者常把战略和策略混为一谈。战略是指关系到企业运营全局的计划和内容，而策略则是指企业要如何实现战略。对比来说，战略是运用资源实现目标的全局性、长久性的纲领规划，而策略，又称战术，则是指为了达到战略目标所采取的具体行动。

在一个企业当中，各个部门都有其需要完成的战略目标，在战略定位清晰后，策略的落地就决定着任务完成的可能与否。如果策略无法落地，那么战略的制定就没有意义了，因为"做不到"，那么再多的理论堆砌也都只是一个空架子罢了。

在商业计划书给出的方案中，你必须要让投资者知道你的企业是有实力完成目标的，并且要让他们知道你是如何完成的，你的策略是否合理，以及是否会造成资源的浪费。

对于任何一个企业或者项目而言，想要制定可落地的策略，只要按照一定的步骤和方法，其实过程都大同小异，如图 3-3 所示。

定目标　找前提　找方法　做测试　狠执行

图 3-3　制定可落地策略的步骤

1. 定目标

这里的目标与战略目标不同，策略执行中的目标可以说是战略目标的细化和分支，关键就在于"具体"——具体问题、具体时间、具体数据。比如，对于一家餐厅的业务来说，具体问题可能是顾客回头率的问题，具体时间是三个月，具体数据是将回头率从 25% 提升到 40%。那么，在三个月内顾客回头率提升 15% 就是这个餐厅的阶段策略目标，之后的问题思考和方案选择都需要围绕着这个目标来进行。

其实我们不难发现，很多时候企业运营和管理之所以迷茫，就是因为不知道如何通过具体问题、具体时间和具体数据的结合来制定明确具体的目标。一旦企业有了阶段性的策略目标，整个团队都会非常清楚自己应该做些什么，要朝哪个点聚焦发力。

2. 找前提

目标制定好后，就已经完成了关键的一步。好的开始就是成功的一半。那么，接下来要解决的就是实现目标的前提。还是采用上述餐厅的例子，提升顾客回头率的前提是什么呢？这就需要团队群策群力来回答这个问题，如在顾客每次消费时赠送消费券，下次到店消费可以用券打折，或是免费换取一道菜品；邀请顾客关注微信公众号小程序，定期举办优惠活动；推出会员专享菜品，享受一定折扣等。这些角度都是吸引顾客再次光顾的前提，那么在得知有这些前提的情况下，我们就要根据前提的不同找到不同的方法。

3. 找方法

结合前提，我们就能找到更全面的方法，如根据上述提出的前提角度，店家就可以从以下几个方面想具体方法：如何让顾客参与并加入会员？怎样才能创作出特色菜？怎么样让顾客知道活动？

首先，服务员可以在顾客结账或者点单时告诉他们扫码关注公众号可以领券减免，或是可以赠送免费的小点心。此时大部分顾客应该都不会拒绝，那么在扫码关注之后，可以告诉他们公众号的使用方法，如注册会员就能领取福利，充值的话就可以有"300元抵350元"的优惠，并且这次消费就可以使用，这样就顺利地让顾客关注了公众号且成为会员。

其次，特色菜的开发可以通过鼓励厨师，给他们设置绩效指标。如果厨师创作出来的菜品得到了顾客的好评或者达到了一定的销量，就给对应的厨师发放奖金或者提成，以此来提高厨师工作、创新的积极性。

最后，面对那些关注了公众号的顾客，公众号可以在定期的推文里介绍新菜品及活动的内容，引起顾客的注意，从而吸引他们再次到店消费。

想到以上方法后，接下来就可以进入实践阶段，来测试方法是否好用。

4. 做测试

针对目标所思考出的方法和前提就一定对吗？并不见得。任何的思考都只是推理而已，并不能够完全符合真实情况，就算是再精确的预测都会有一定的误差。所谓"实践出真知",在确定执行策略前,只有经过不断地测试和优化,才能制定出最优的策略。测试的方法是先假定几个方案,然后小规模地进行逐个测试,观察市场的反馈,再根据实际情况做出调整,最后筛选出最佳的执行方案。

史玉柱曾经说过:"市场没有测试好之前,急不得,测试好之后慢不得。"对于创业者来说,创业和做生意最大的风险来自将没有测试好的产品、模式和方法大面积地投入市场。创业并不是赌博,人为思考出的任何方案都只是主观的推断和预测,哪怕你觉得这个方案再完美,它也只能作为测试方案。进行测试的过程其实就是让主观想法通过不断调整后最大限度地符合客观事实的过程。

只要在你可控范围之内的执行都是试错的机会,不要怕负面的反馈,反而要庆幸没有草率地把初步方案投放出去造成实质性的亏损。反馈越多,你调整的机会就越多,改正的机会就越多,只有这样才能保证在最终方案敲定执行后不出纰漏。

5. 狠执行

方案一旦经测试优化后就要刻不容缓地执行,千万不能延误时机。只有时时刻刻都比别人抢先一步,才能积少成多,让你的竞争对手望尘莫及。许多人创业失败的原因并不是遇到瓶颈亏了钱,而是赚到了钱就忽视了怎样去扩大优势,只是满足于现状,于是就被竞争对手超越了。

执行可落地的策略就是企业扩张的一个方法,如果认定了一个方案,就去执行它,最好是把它打造成一个可以复制的服务模式,实现由 1 到 N 的裂变。在商业场上,只有把企业的闪光点放大,才能变强和超越,才是王道。

> 投资人眼里的最好方案专栏 3-1

优刻得：安全、可信赖，赋能梦想者

一、企业简介

优刻得科技有限公司（以下简称优刻得）成立于 2012 年 3 月 16 日。中国证监会于 2019 年 12 月 24 日批准了优刻得科创板的首次公开发行，优刻得成为国内资本市场上的"云计算第一股"。

二、商业模式

1. 洞悉大局，坚定选择公有云

优刻得成立初期，国内公有云业务才刚刚展露发展势头。相对于私有云业务而言，公有云可将各地分散的本地部署化 IT 资源集中由云服务商统一管理维护，有效解决了 IT 资源闲置和浪费的问题且降低了本地客户的成本。但这也意味着长期的技术探索及大量的资金投入，优刻得在急需资金独立发展、没有确切把握的情况下，放长远目光，毅然决然地摒弃了私有云业务研发投入低、收益可预期的短期诱惑，选择承担公有云回报不明朗的高风险，聚焦其长期价值。彼时国内公有云业务尚处于摸索阶段，优刻得从底层做起，逐步覆盖云计算、云储存、云数据库等多项业务。优刻得稳固核心技术，吸引大量客户，业务逐渐拓展至医疗、游戏、教育等多个领域，使自己得以良性发展。

2. AI 赋能，瞄准蓝海市场

优刻得致力于产业数字化转型，推出 GPU 云主机和 GPU 可用区为 AI 客户提供技术支持与服务。同时优刻得开发 AI 应用平台，让 AI 客户全心聚焦算法与制造，为客户提供价值保障。随着数字化经济和新基建浪潮的到来，云计算的市场规模持续扩大，各大平台于红海市场中激烈竞争。此时，优刻得持"中立"态度——无论客户在什么行业，都可以放心使用优刻得，无须担心数据被窥探、研究或利用。优刻得将目光投向更广阔的蓝海领域，拓展各个行业的全方位服务，建立客户信赖度。优刻得如此惊人的增长得益于其独到的发展眼光与企业自信。作为后起之秀，其在行业内拥有了一席之地。

3. 强化管理，国内双重股权结构破冰

2019年3月17日，优刻得召开2019年第一次临时股东大会，表决通过《关于〈优刻得科技股份有限公司关于设置特别表决权股份的方案〉的议案》，在实际控制人所持有的股份份额并不占优势的情况下，仍然具有对企业的绝对控制权。

优刻得的这一做法是对股权制度的创新，让管理者在股权被稀释的情况下仍然能够保持对公司的掌控权，其治理效应给国内的公司提供了一定借鉴。

三、发展总结

优刻得作为云市场中的一员，短短几年内得以在腾讯云等巨头企业中独树一帜、乘风破浪，其成功主要体现在坚守选择、聚焦动态、创新制度三个方面。在坚守选择方面，优刻得放弃私有云低风险的诱惑，转身投入公有云更巨大的挑战中。面对未知的多元化场景，甚至面临资金技术等问题，优刻得仍不退缩。在聚焦动态方面，优刻得秉承"中立、安全、可信赖"的核心理念建立与客户合作的桥梁，时刻关注市场动向，开发并投身蓝海市场，同时联合AI技术服务客户，为客户提供良好体验，打造出更大的商业平台。在创新制度方面，优刻得采用创新式股权结构，归拢领导人对企业的绝对控制权，保障企业避免受到侵害。但是从长远看来，在这一制度下优刻得能否持续运营，还需要时间的检验。

"用云计算帮助梦想者推动人类进步"是优刻得的使命，优刻得将始终不断向前，为互联网企业保驾护航。

(资料来源：笔者根据多方资料整理而成)

三、商业模式的持续性

企业的商业模式在近几年受到了企业家和投资者的重视，越来越多的投资者将"商业模式是否可持续"这一问题作为评估新创企业投资价值的标准之一。

当我们在研究一个企业是否有发展前景时，最先应该从其商业模式的持续性和成长性入手。持续性是个存量概念，如果将企业的商业模式比作一个蛋糕，商业模式的持续性指的就是蛋糕有多大，能保有这块蛋糕多久，投资者能分到多大的一块。

其中涉及一个财务学原理：投资机会的价值是其未来预期可信的自由现金流的贴现。这就意味着如果想要提升投资价值，可以通过减少投资支出、降低运营费用和成本及增加现金流入来源的方法。

因为商业模式同时影响到客户价值、技术/服务价值及投资价值，如图3-4所示，因此，一个能够持续的商业模式可以有效地将技术/服务价值转换为商业投资价值，帮助企业快速把握住成长机会。

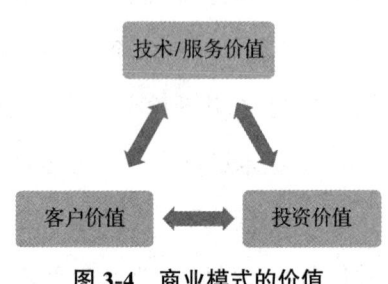

图 3-4 商业模式的价值

很多时候当人们在探讨商业模式时，经常把商业模式简单地理解为盈利模式，把目光放在企业如何盈利上。实际上，盈利模式只是构成商业模式的其中一个要素，商业模式的构成要素如图 3-5 所示。

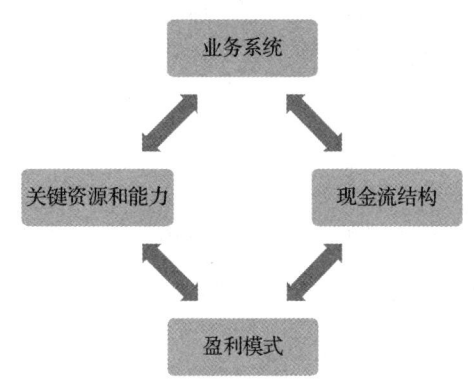

图 3-5　商业模式的构成要素

1. 业务系统

首先是建立业务系统，企业要根据自身的定位建立有利于内部和外部利益相关者合作共赢的业务体系。业务系统是否完善决定了企业的客户价值定位、企业投资最大化、企业经营过程中需要拓展的业务环节、各利益相关者的角色、企业与利益相关者之间的交易、利益分配和风险承担模式。

拥有一套完整、能够自我管理的业务系统是企业的核心竞争力之一，也是企业可持续经营模式不可缺少的一环。一个好的业务系统应该能够在系统内部实现高效的运行，利用有效的资源实现高绩效。

2. 现金流结构

只要看懂了企业未来的现金流，我们就能看懂企业。判断一个项目是否具有投资价值，其实最简单、最直观的方法是将多期现金流贴现后减掉初始投入成本，计算净现值。如果净现值大于零，则说明该项目是值得投资的。现金流的贴现值反映了商业模式的预期投资价值。

企业在商业模式上的差异导致了自由现金流结构的差异，由此影响到企业成长进程的发展，也决定了企业投资价值的高低、风险大小及受到资本市场的青睐程度。

3. 盈利模式

在分析盈利模式的时候，创业者应该注意以下几点：收益从何而来？成本由谁支付或者分担？收益来源在今后是否有扩展的空间？

一个良好的盈利模式不仅能够为企业带来收益，更能为企业编织出一张稳定的价值网。市场定位与业务系统构建相同或者相似的企业可以通过打造盈利模式之间的区别形成差异化运营和管理。

随着业内企业规模和产能的不断扩大，市场竞争日益加剧，企业应该将关键盈利点放在后续关联业务上，以主营业务作为平台，低价经营主业，锁定客户，挖掘平台产生的关联业务和收入，向客户、供应商及合作伙伴提供延伸的增值服务。同时，企业也可以致力于增加收益来源，依托主营业务建立"组合盈利点"，为企业带来更高的利润。

商业环境的变化为企业提供了新的机遇，也使企业面临着新的挑战。想要在变化之中安定下来，企业就必须有效地利用内外部资源以更快的速度、更高的效率来适应市场环境的快速变化，通过发现市场机会、设计商业模式、建立有效的管理机制和匹配金融策略来创造企业的最大价值。

最好的商业模式存在着某种形式的自然垄断，资本投入少，产出高，自由现金流占比高，商业模式可持续性好，并且能够跨越多个时代。投资者选择的一定是那些在稳定行业中具有长期竞争优势的企业。如果它成长迅速更好，即使没有成长，这样的投资也是值得的。因为投资者可以将从这些投资中获取的收益去投资其他的生意，赚取更高的回报。

4. 关键资源和能力

关键资源和能力指的是能够持续推动企业发展，降低运营风险且能够为企业增加投资价值的资源或者能力。关键资源和能力是商业模式的重点。在商业计划书中，针对关键资源和能力，需要回答以下几个问题：实现定位的客户价值需要掌握哪些关键资源和能力？关键资源和能力是如何分布的？它们掌握在谁的手中？如何建立或者获得关键资源和能力？只有回答了以上几个问题，才能让投资者知道企业的商业模式有多大的可取性和现实性。

想要获取关键资源和能力就涉及资源分配的问题。需要奉行责权利和风险不对称原则分配收益与风险。企业家可以通过合理地利用金融原理和技术，设计出一种超出利益相关者期望的分配模式，使利益相关者形成紧密、灵活且稳定的长期利益关系，能够在考虑各自利益的情况下各尽其能，尽最大努力分享投资、成本、收入和风险。

有效获取和拥有关键资源和能力有助于稳定企业的预期收益，降低持续经营的风险，加快企业的发展速度，形成一定的竞争壁垒，同时保证企业拥有较强的融资能力。

第二节　关心运营与数据

在商业计划书中，数据对于投资者来说是十分重要的，企业产品的市场规模、企业在过去和未来的财务状况、企业此次融资所需的金额及具体使用方法等内容都需要通过数据表示出来。相比于文字，数据通常更加具体，也更能让人在心中有一个具体的概念。

没有数据作为支撑的理论都是空谈。在商业计划书中，我们给出的所有方案都必须要有数据作为依据。无论是前期的调研成果还是后期的市场反馈，我们都要把真实的、可靠的数据摆在投资者眼前，让他们明白计划书中方案的合理性和科学性。

一、发展的关键阶段

投资者之所以会进行投资活动，目的是验证他们商业构想的合理性，而分析数据资料常被投资者用来推断其商业构想是否能够成立。对于早期的项目而言，销售数据、营收数据直接体现了客户是否接受了你的产品，是否愿意为你的产品买单。

投资者关注的数据与项目所处的行业和阶段都有直接的关系，不能一概而论。比如，在电商类行业中，投资者关注流量指标、订单生产效率指标、销售指标；在游戏类行业中，投资者关注转化指标和盈利指标等。而对于不同阶段的项目，投资者的关注点也不同，如对于种子、天使轮项目，投资者关注的重点在于人和方向。由此，我们把创业公司的发展分成三个阶段，如图 3-6 所示。

图 3-6 创业发展的三个阶段

1. MVP 打造阶段

在 MVP（最简化可实行产品）打造阶段中，首先，企业相关负责人需要进行设想，生产出一批对客户来说具有一定价值的最小可用产品。其次，在功能列表中找出产品的核心功能后，将最小可用产品投放市场上，收集市场中来自客户的反馈和建议并进行无效信息的筛除。最后，通过将有效信息进行整合，再对产品进行调整和优化。MVP 打造的意义在于，初始产品可以有效地排除"伪需求"的存在，从而帮助企业优化产品。

2. 市场增长阶段

市场增长阶段分为两个交叉部分的阶段，分别是留存阶段和引荐阶段。

（1）留存阶段。

客户是会流失的，一旦发生了客户流失的情况，就意味着企业的流量在减少，随之会导致市场份额的减少。客户为什么会流失？在产品被客户使用的过程中，常见的问题有对产品不满意、没有收获预期的体验及产生售后问题。因此，在推广产品之前，企业需要确认产品能给客户带来价值和更好的体验，除了直接听取客户反馈，还可以跟客户互动，观察他们的活跃度。

对于客户的活跃情况我们一般会用到两个指数：DAU（Daily Active User，即日活跃用户）和 MAU（Monthly Active User，即月活跃用户）。DAU 和 MAU 是衡量企业客户黏度和企业衰退周期的重要指标。通过对这两个指数的分析，企业可及时地了解到客户的留存情况，再根据具体的情况制定出相应的计划，如许多游戏公司为了留住老客户，经常会在游戏中定时发放礼包和邮件福利。

（2）引荐阶段。

当产品优化完成后，企业就会进入引荐阶段，其实就是利用口碑的力量为企业引流。在拼多多的 App 页面中，我们经常能够看到邀请好友领红包或者砍价的标志，老客户把链接转发到其微信群、朋友圈里，好友出于交情就会帮他砍价，这样便引来了不少新客户的注册。不仅仅是电商，还有很多教育企业、美容企业告诉老客户如果他们能带朋友来一起消费的话，两者都能够享受到优惠的价格或者福利。

在企业的引荐阶段，应该关注净推荐值（NPS）。假设一个产品现在有 100 个客户，那么，其中有多少人向他人推荐产品并吸引新客户？有多少人只是自己使用该产品？有多少人对该产品有负面评价？用推荐产品的客户数减去否定产品的客户数就是产品的净推荐值。一般来说，一个好的产品净推荐值应该在 50 以上。

产品的引荐实际上是利用了社群经济的传播特性，如小红书、微博等社交平台上会有网红博主对产品进行"种草"，那么他们的粉丝就会跟风购买，在提高产品知名度的同时又提高了销量。

3. 营收阶段

营收的衡量其实十分简单，但是要记住的是尽管毛营收在持续上涨，平均每位客户营收才是企业健康程度的关键指标。如果整体营收在上涨，但是平均每位客户的营收在下降，就意味着为了保持当前的增长率，你需要获取更多的客户。

在这个阶段，产品基本上已经趋于成熟，企业就要把目光放在流量的变现、盈利和规模化上，如如何让企业的发展速度与规模高于行业的平均水平，如何降低获客成本和运营成本，进一步提升服务客户的能力、水平及质量，获得超过同行的盈利水平。

此时，至少有一个客户喜爱且愿意向他人推荐你的产品，如果想要拥有更多的客户，就一定要做到客户的获取成本少于最终营收。平均获客成本和营收是许多商业模式运转的关键，尤其是对于那些花钱获取客户并依靠订阅获取营收的企业来说，就要更加关注客户的流失率。

随着行业的发展及市场情况的不断变化，我们经常会发现产品越来越不适应某一市场环境。这个时候大多数人的第一反应是为产品添加更多的功能，但这个方法一定是建立在对于消费者痛点有把握的基础上的，不然的话成功的概率很低，而且还会浪费资源。如果换一个角度，把目光投向另外一个市场，可能会有意想不到的收获，方法如图3-7所示。

重新审视当下　排除市场　深入研究　寻找相似性

图3-7　转换市场的方法

（1）重新审视当下。

面对当下，市场中发生了哪些变化？当下市场是什么变化妨碍了产品在市场中的增长？通过对当下市场的审视和分析，企业可以对比得出新市场的模型，即什么样的市场适合产品销售和发展。再根据这个新的模型开拓新市场，从而实现市场的转换。

（2）排除市场。

根据之前的经验，企业可以有依据性地排除掉一些不适合产品发展的市场及不适合企业运作的商业模式。了解各种市场和商业模式可以帮助企业选择效果最佳的组合方案。

（3）深入研究。

确定好潜在市场与可能性的商业模式之后，企业即可进行对它们的深入研究，同时全方面开展客户开发的流程，大规模地争取客户。

（4）寻找相似性。

在广义定义的市场里找到企业之间重要的相似点，如按照行业归类、地理位置、购置商品的方式、预算、行业增长等划分。这些因素都有利于企业找到新的市场。

二、用户与销售数据

现在我们常说"数字化"，如企业数字化转型、数字化营销，那么，什么是数字化？其实就是把现实事物映像到虚拟世界，再由机器分析，实现从信息化到智能化转变的过程。顾名思义，"数字化"离不开数字，而数字的很大一部分来源就是数据，你的用户数据、运营数据、销售数据等，尤其是在做营销的过程中，用户数据和销售数据是非常关键的参考标准。在我们呈现给投资者的商业计划书中，也应该注重对用户和销售数据的说明和分析。

1. 用户数据

首先是用户数据。用户数据通常分为两类，一类是用户属性数据，一类是用户行为数据。

（1）用户属性数据。

用户属性数据通常代表的是用户自身的基本信息和状态，包括天然特征和行为特性，一般较为固定，不会改变。一般来说，分析用户属性的方法是进行用户分群，这也是前期在做市场调研确定目标群体的一个常用方法，如我们可以按照用户的年龄、性别、城市、职业等对用户进行划分。以下是一家轮滑企业的用户属性分析案例。

近年来，随着生活方式的变化，人们逐渐意识到户外运动对健康的重要性。而相比登山、踢球等较为传统的运动项目，轮滑运动更加时尚和舒适，所以也吸引了儿童和青少年。此外，穿着轮滑鞋自由飞翔的体验也吸引了那些希望获得休闲、放松和乐趣的白领。因此，滑板市场的潜力是巨大的。

轮滑市场的消费者定位为在校大学生、儿童、白领人士。对于在校大学生来说，他们有充足的时间和旺盛的精力进行轮滑运动；对于儿童来说，他们多借此来锻炼身体，同时培养一门兴趣爱好；对于白领来说，轮滑是他们在空闲时间一个很好的休闲娱乐方式。

年轻时尚且勇于尝试新鲜事物，同时家境较好的大学生成为轮滑运动的主力，在消费者群体中占到40%，其中男性学生占26%，他们多消费高端轮滑鞋，价格在1000～3000元，而一些初学者大多只使用200元左右的轮滑鞋。

在收入方面，爱好或者有兴趣学轮滑的群体，尤其是青少年人群，大多受到家庭条件的制约，轮滑运动消费占比不高，因此低端鞋占据了30%左右的市场。

由上述案例可知，通过对用户属性进行分类，企业可以快速地找准市场，发掘市场潜力，同时能够清晰、明确地告诉投资者该企业产品的销售市场有多大。

（2）用户行为数据。

我们可以简单地将用户行为数据理解为用户在使用产品的过程中做过哪些事情，如他们的活跃情况、付费情况、使用情况等。

以大部分电商企业的用户行为数据为例，常见的分析方向是用户行为的路径分析，即显示用户从每一步到下一步的转化率，路径分析的步骤如图 3-8 所示。

明确目标 ➡ 拆解路径 ➡ 分析数据 ➡ 提出方案

图 3-8　路径分析的步骤

根据网购的流程，可以把交易路径划分为以下两种情况，如图 3-9 所示。通过对用户行为数据的分析，企业就需要找到相应的解决方案来提高转化率，并将其呈现给投资者。

加入购物车 → 提交订单 → 支付成功 / 取消订单

图 3-9　交易路径情况

以下是天猫某商家的用户转化情况，如图 3-10（1）所示。

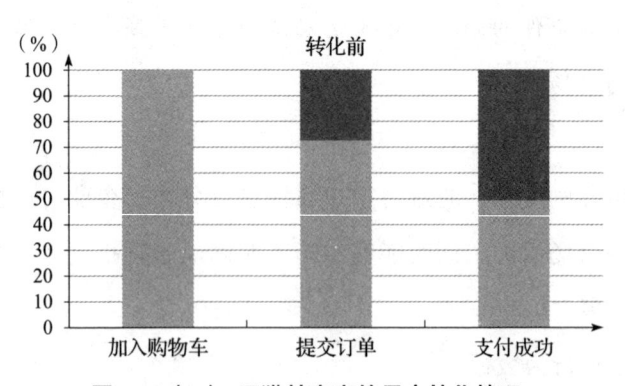

图 3-10（1）　天猫某商家的用户转化情况

而该商家的目标是提高转化率，如图 3-10（2）所示。

想要实现从前者到后者的转变，在商业计划书中就要给出这两组数据的对比差异及具备可行性的方案，让投资者认可。

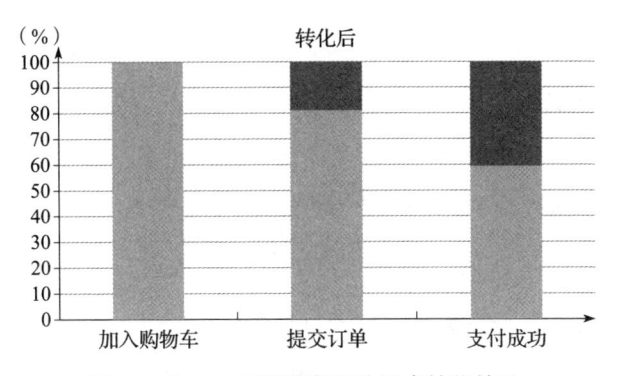

图 3-10（2） 天猫某商家的用户转化情况

2. 销售数据

销售数据是企业最为直观的收入来源。把真实的销售数据展现给投资者，让他们知道企业目前在市场上占有多大的份额，有多大的盈利能力和投资价值。

分析销售数据对企业的意义在于对销售情况的整体把控及对特定性问题的分析。前者是将重要数据呈现在一张报表中，通常是销售日报或者周报，用以监控数据异常以便及时发现问题。而后者则是通过数据的展现触发对业务的思考，来挖掘原因和采取解决措施。

一个企业的销售数据其实能够反映出很多问题。因此，在商业计划书中，将真实的、可对比的销售数据提供给投资者是非常有必要的。对于销售数据的分析其实就是对企业基本业绩、基础指标、商品价值等的分析。企业所需要的真正有价值的销售数据，需要依托企业内外部所有销售环节上的成员共同将商品真实的动销数据进行收集、反馈，无论是做数据报表还是做数据分析，目的都是为了用数据辅助商业决策。

三、成长与趋势

数字技术和社交网络时代产生的信息量呈指数级的增长，数据不仅可以用于对企业现状的分析和理论的支撑，还有一个十分重要的作用，就是利用数据对未来的发展趋势进行预测。

其实就像股市一样，企业的发展数据一般会呈现出一个有迹可循的规律，如根据现有的数据，企业可以基本预测出未来季度市场的需求量和产品的销量，以此做出合理的市场判断，决定生产规模是否要扩大。除此之外，通过过去的数据企业还可以预测未来的销售额或是营业额，通过画出函数图像，就可以对企业的营业状况有基本的了解。

以下是2013—2021年天猫"双十一"销售额的数据情况。

2013年，交易总额达到362亿元；
2014年，74秒交易额突破1个亿，全天交易额达571亿元；
2015年，最终交易额达到912.17亿元；
2016年，24小时总成交额达到1207亿元，交易峰值每秒17.5万笔；
2017年，全天成交额达到1682亿元；
2018年，最终成交额达到2135亿元，首次突破2000亿元大关；
2019年，14秒成交额破10亿元，成交总额达2684亿元；
2020年，天猫"双十一"全球狂欢季实时成交额突破4982亿元；
2021年，截至11月11日24时，天猫"双十一"总交易额达5403亿元；
……

由以上数据可以看出，2013—2021年天猫"双十一"成交额始终呈上升趋势，甚至中途有几年出现了成倍的增长。按照这个数据趋势来推断，2022年天猫"双十一"的销售额有可能达到6000亿元以上。结合实际情况考虑，这个预测数据的准确性是非常高的。

此类销售额的预测只是趋势预测中最为简单的一种形式。商业计划书中投资者想要看到的是企业通过对数据的分析，同时结合对外部环境可能出现的变化来预测销售额和企业的变化趋势。因此，相关人员需要将多个变量因子纳入考虑范围之内来分析数据。

如何正确地分析数据也是商业计划书中需要体现出来的内容之一，采用正确的分析方法才能够得出正确的结论。这就要求相关技术人员输入大量的、全方位的有关数据，设定一定的置信区间，利用统计学方法及绘制图表，最后再由人工或者计算机进行复杂、精密的计算得出最终的结果。

根据企业的规模大小及需求，不同的企业会采用不同的数据分析方法来考察企业的成长状况及预测未来的发展趋势。如今市场中也出现了很多专业的数据分析平台，只要将要分析的数据输入对应的位置上，计算机平台就会迅速做出反应，在很短的时间内得出结果。比如，对拥有大规模数据集的企业来说，可以有效地运用Hadoop等大数据分析工具进行信息处理，实现数据建模并生成数据预测结果；对于数据规模较小的企业来说，则可以使用BI工具及回归分析方法进行预测分析，让整个过程变得更加有条理性。

通过数据预测得到的结果，创业者可以快速、准确地掌握市场的动态变化及企业未来的发展趋势，从而对生产和销售计划进行安排。

投资人眼里的最好方案专栏 3-2

航天信息：以市场为导向，以客户为中心

一、企业简介

航天信息股份有限公司（以下简称航天信息）是由中国航天科工集团有限公司控股，以信息安全为核心技术，集技、工、贸于一体的具有现代化企业管理机制的高新技术企业。

二、商业模式

1. 经营范围广泛，业务稳健增长

近年来，"普惠金融"成为金融行业发展的重要支点，社会融资规模不断扩大，中国潜在融资需求巨大。航天信息在互联网金融业务领域布局三家子公司，形成"财税数据—征信—信贷"的闭环经营模式。航天信息聚焦推进电子发票业务，为企业客户减轻负担，多功能应用系统陆续上线，在业界处于领先地位。航天信息重点专注于IT领域，业务管理重点触及政府部门及行业数字化，深耕于纳税、公安、交通设施、金融业务、教育等行业中的消费市场。

2. 服务体系完善，开放产业生态

2020年11月，由航天信息主办的信创开放论坛在北京举行，论坛重磅发布"全国信创运维服务平台"，顺应产业发展趋势，建立兼收并蓄、开放包容、融合创新、集约高效于一体的运维体系，保障产业安全稳定、高效持续运行。此外，航天信息以数字化平台助力优化营商环境，从而激发市场主体活力与发展动力。

3. 科技创新进步，竞争合作突围

面对行业巨头与独角兽企业掀起的创新大潮，航天信息的董事长马天晖在访谈中明确表示："我们不墨守成规。我一直相信，只要下决心去投入，没有什么干不成。"2020年12月16日，马天晖发表了题为《创新理念引领，创新技术驱动——服务政治治理，助力企业发展，赋能产业数智化发展》的主题演讲，阐述了在新基建背景下，航天信息将通过在商业模式创新、区块链技术探索、签署BAT合作、完善竞争机制等方面找出创新的方法。在"互联网＋"不断发展的同时，传统企业改变了运营方式，掀起了商业革命热潮，对信息化建设进行了颠覆性的改变。航天信息作为重要涉税服务供应商，长期致力于涉税服务数字化的转型与创新。与此同时，航天信息立足开放合作，放眼智慧生态建设，提高企业的核心竞争力。

三、发展总结

航天信息作为业内领头羊，其成功主要体现在经营范围广泛、服务体系完善、科技创新进步三个方面。在经营范围方面，航天信息将业务拓宽至多个行业的市场中，全面推动数智化产业布局，重点聚焦IT领域，利用"互联网＋"趋势打通市场入口。在服务体系方面，航天信息主办开放新创论坛，打开蓝海市场，建立一体化运维体系，收益指标总体上升，为业内领域发展提供持续动力。在科技创新方面，在新基建背景下，航天信息通过商业营销模式创新，改变了传统的运营方式，对信息化建设进行颠覆性改变，进一步掌握行业话语权。

（资料来源：笔者根据多方资料整理而成）

第三节　关心运营和信心

企业的发展和相关数据固然是创业者需要关心的内容，但是在投资者眼中，商业计划书中体现出对企业或者项目的信心同样重要。如果创业者对自己的企业都没有信心的话，又怎么能够说服投资者为你注资呢？所以在商业计划书中，我们还要向投资者说明我们对未来的信心，这种信心从何而来，又在哪些方面能够体现。

一、发展进程

如何让投资者知道企业的历程和状况呢？在商业计划书中，我们应该提到企业的三个价值节点与五个主要关卡。

1. 三个价值节点

在价值链产生的过程中要凸显企业价值，需要注重以下三个关键价值节点，如图 3-11 所示。一是活下去，不要眼红，不要羡慕，站稳脚跟，找准焦点；二是在关键时刻找准时机跑赢对手，在抬头看路的同时不要忘记低头拉车；三是把产品做稳、做踏实，再慢慢构建自己的核心竞争力。只有这样，才能在某一领域做大做强，掌握行业的话语权，才能最大化地向投资者展现自己的价值。

（1）活下去。

存活才是企业发展的根本，无论遇到什么样的危机，只有首先活下来，企业才有后续发展的可能性。存活的重要性可以从以下故事中体现出来。

活下去 → 跑赢对手 → 构建核心竞争力

图3-11　三个关键价值节点

在一个广场上，每天晚上会开一场舞会。在舞会上少男少女都会跳舞，通过自己的舞姿引起其他人的注意。但是几年以来一直平淡无奇，所有人都参与舞会，但是没有人能引起他人的注意。有一个有虚荣心的女孩心想：我一定要引起其他人的注意。但是仅凭她自己的实力是做不到的。经过到处打听，她得知有一款价格昂贵的红舞鞋，只要穿上它就能跳起世界上最美的舞蹈。但是这双红舞鞋一旦穿上就很难再脱下来，而且穿着它的人会不停地跳舞。经过几周的考虑，虚荣心还是战胜了现实，女孩到处贷款借钱把红舞鞋买了下来穿上。

果不其然，在第一天晚上的舞会上，所有人的目光都被她吸引了，女孩得到了全场的鲜花和掌声。女孩一连跳了三天，饭也吃不了，觉也睡不了，最后实在是跳不动了，却又没办法把红舞鞋脱下来。实在没办法，她只好请求刽子手砍去她的双脚。失去双脚的女孩很快又变回了那个平凡的少女，但不久后就离开了人世。

这其实是一个很著名的童话故事，它的本意是告诉人们不要虚荣。但是身为创业者，我们又可以从这个故事中得到另外的启示，那就是：活下去。就像故事中的女孩一样，她如果没有因为虚荣心穿上那双红舞鞋，而是好好活着去踏实地赚钱、学习跳舞，也许她同样能够成为一个优美的舞者。创业者的信念一定要坚定，不要看到别人赚了钱自己就眼红，去轻易尝试，直到最后才发现自己并不适合，把资源浪费了，结果却发现一点作用都没有，最后得不偿失。

对于创业者来说，自己的企业能够活下去比什么都重要，因为只有企业在市场上生存下来了，才有可能发展，才有可能盈利。如果企业直接破产倒闭，那后面的事情一概不需要再谈。同样，投资者会接受商业计划书的前提也是你的企业能够一直运营，然后才是关注其投资的价值。

（2）跑赢对手。

当企业顺利存活之后，就已经身处在一个大环境当中，在市场中或明或暗，存在着数不尽的挑战。企业要做的就是尽最大的努力跑赢对手、谋求发展。

两个小伙子有一天走进森林去打猎，在森林深处，他们听见了老虎的声音。其中一个小伙子灵机一动，从背包里拿出一双跑鞋往脚上穿，弯下腰就开始系鞋带。在他穿鞋、系鞋带的过程中，他的伙伴觉得很奇怪，就告诉他说："你不要煞费苦心了，穿上跑鞋是没有用的，我们再怎么跑也没有老虎跑得快。"这个穿鞋的小伙子说道："我知道我没有老虎跑得快，但我只要跑得比你快就行了。"

这个故事告诉我们的道理是：找准机会，跑赢对手。故事中穿鞋的小伙子提前做好了准备，在危险来临的时候他的同伴已经开始自暴自弃，他却想着要怎么跑赢同伴。当两个人逃跑的时候，就算他们都跑不赢老虎，只要他跑得更快，就有更大的可能性存活下来。不仅仅是面对危机，面对机遇时也是如此，只有做好了充足的准备，才能在市场机会来临时快速反应，在竞争对手还在发呆的时候迅速出击，跑赢对手，提高竞争力。

（3）构建核心竞争力。

当企业完成了前面两个步骤，接下来要做的就是构建核心竞争力。

只有构建起足够强大的核心竞争力，企业才能够在面对市场竞争时不被轻易地超越，拥有更多自主选择的权利。

麦肯锡是美国的一家咨询公司，沃尔玛是一家大型商超。但是曾经的麦肯锡并不是做咨询的，而是一家商贸公司，主要负责把自己生产的产品或者别的企业代工的产品送给沃尔玛，沃尔玛是它的客户。

一段时间过后，麦肯锡的管理人员开始思考一个问题：我们给沃尔玛的产品并没有价格优势，而我们的产品与竞争对手的产品又是同质化的。比我们有优势的产品有很多，比我们价格低的产品也有很多，为什么沃尔玛要选择我们，淘汰对手呢？带着这样一个疑惑，麦肯锡的管理人员找到沃尔玛的相关工作者，把疑问抛了出去。

而沃尔玛的人员则是这样回答他的："别的公司把产品送到我们这里来之后，只是把产品交付到采购人员手上，签了个单就走了。唯有麦肯锡的业务员把产品送到仓库后，不但办好了交接手续，还帮助我们的导购人员把产品摆放到商超的货架上，并且告诉销售员产品的卖点是什么，客户的疑问该如何解答，以及产品要如何陈列摆放才能更加引人注意。"因为销售和导购对其他产品并不了解，卖不出去，面对客户的问题回答不出来，而麦肯锡的物流人员会为他们讲解该如何卖产品，所以沃尔玛的导购和销售就喜欢卖麦肯锡的产品。哪怕价格高一点，沃尔玛的导购也愿意推销麦肯锡的产品。

麦肯锡的管理人员这才明白：原来麦肯锡给客户提供的不仅是一个产品，而是解决方案。做方案比做产品更赚钱，于是麦肯锡摇身一变，转型专门做方案。

在上例中，麦肯锡就是通过在与沃尔玛的交接过程中构建自己的核心竞争力，从而打败了竞争对手，甚至发现了新的商机。核心竞争力就是企业靠什么引人注意，靠什么资本盈利，靠什么获取合作伙伴的信任，靠什么让客户选择你。

2. 五个主要关卡

除了上述三个企业发展关键的价值节点之外，创业者还需要关注发展中的五个主要关卡，如图 3-12 所示。

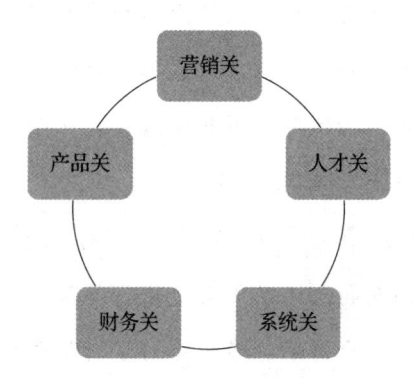

图 3-12 企业发展的五个主要关卡

（1）营销关。

营销关是指将创业者个人的营销能力转化为团队的营销能力，再将团队的营销能力转化为企业的营销能力，实现营销自循环。能过营销这一关，就能让企业的品牌或者产品在市场上有一定知名度，这样企业才能更容易在市场中活下去。

（2）人才关。

人才是企业发展的核心动力。除了现有人才的储备之外，企业还需要打造一套完备的人才培养体系，把目光聚焦于内部人员的自身发展，提升成员的业务能力和基本素质，才能培养员工的信心，使其更加全心全意地为企业服务，把企业做强。

（3）系统关。

企业需要打造一套标准化和可复制的流程，以此来为企业提供一个能够自主运转的内部循环体系。一个好的系统是企业能够在市场中站稳脚跟的关键。

（4）财务关。

企业需要源源不断地投入资本才能实现运作，简单来说，就是赚钱，其最终目的就是让企业持续地产生利益。而投资者判断一个企业是否具备投资价值，也通常都是用钱来衡量的。平衡企业盈利和企业安全及资金的再升值，才能够把企业做长久。

（5）产品关。

产品关是指打通产品链。产品链是产业链的基础和核心，拥有一条完善的产品链是企业具备竞争优势的核心体现。创业者和相关团队要懂得如何分析和利用市场反馈回来的数据，并不断地调整、优化和完善产品结构。过了产品关，才能将市场做大。

二、团队执行

对于一个发展中的企业来说，团队具有不可或缺的作用。投资者在看早期项目时，创始人及其团队是非常关键的评判标准。甚至可以说对于投资者而言，团队人员的价值有时会比商业计划书本身的价值还要高，因为人才永远是企业发展的核心动力。

通常来说，在项目后期的运作过程中，目标市场、产品和战略定位等因素可能都会发生变化，而团队却是一个不变的因素。一个优秀的团队能够合理利用每一个成员的能力与技能来进行工作，在拥有创意的同时具备高效的执行力来配合。

在商业计划书中，创业者需要清晰地展示团队的优势，展现出一个投资者喜欢的团队，才能获得投资者的青睐，如对团队中核心成员的特殊才能、特点和人脉资源进行介绍。在商业计划书中介绍团队的内容包括创始人、核心团队及管理模式，如图3-13所示。

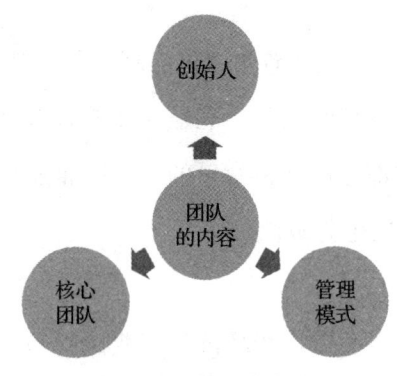

图3-13 团队的内容

1. 创始人

创始人在一定程度上代表了企业的文化氛围和发展方式，是一个企业团队中的核心人物，也可能成为企业的代名词。比如，大家提到马化腾，就会想到腾讯；提到任正非，就会想到华为……如果把企业比作正在开动的火车，那么创始人就是那个"火车头"，带领着企业不断前进。

在对创始人进行介绍时，一定要把创始人的代表事件都罗列出来，以此体现出创始人能够带领企业强劲发展的要素，如创始人的职业履历，创始人与项目相关的经历及创始人的梦想与情怀等。这些要素能够帮助投资者认识到团队领导者的能力。需要注意的是，投资者并不会对创始人的所有信息都感兴趣，因此要尽量用少的篇幅给出更多有用的信息来吸引投资者，以获取他们的信任。

2. 核心团队

核心团队的构成并没有具体的标准，一般来说是决策层与管理层一起组成的团队，包括董事长、总裁、总经理等高层决策者。如果把企业比作一个人，那么核心团队就是其大脑，大脑是人体最重要的器官之一，没有它，人就无法生存。

一个企业的核心团队如果足够优秀，就能够带领企业走上正轨，并且为企业争取获得最大的利益。通常来说，商业计划书中介绍核心团队会分为三方面的内容，如图3-14所示。

图3-14 介绍核心团队

（1）工作划分。

团队讲究的是分工与合作，在商业计划书中，一个对团队工作有明确划分的企业远比一个团队成员身兼数职的企业要更能说服投资者。

执行一个项目往往是一个复杂的过程，其中包括调研、项目开发、设计、营销、财务、管理等重要内容。为了避免工作杂乱无序，就要求团队能够合理地分配工作并进行分工协作，从而保证工作有序进行。在团队中通过工作划分，确保所有成员都能找到各自适合的工作，各司其职，提高团队的工作效率。

（2）人才互补。

在团队中每一位成员都有各自擅长的领域和负责的范围，他们自身的优势对于其所在的领域有非常重要的影响。如果商业计划书中能够体现出团队人才的互补优势，就能让投资者相信这个团队具有全面的能力，执行力也比较强，工作效率高。

通常来说，创业团队对内需要8种类型的人才，即创新型人才、信息型人才、管理型人才、实干型人才、协调型人才、监督型人才、细节型人才和凝聚型人才。这8种类型的人才涵盖了一个团队的实践、管理和内部关系的协调。值得注意的是，团队内人员不一定同时具备这8种类型，但是无论人才类型属于哪种，只有人才之间的优缺点相互补充促进，才能共同达成团队的最终目标。

（3）综合实力。

团队的全面性也是成为一个优秀团队的必要条件，即团队的协作能力和团队精神。一个有团队精神和内部凝聚力的团队，就算成员的能力并没有那么突出，也比一个成员能力突出，但是缺少沟通合作的团队的效率要高得多。

在一个足够优秀的团队中，团队成员能够做到互相充分包容和支持，时刻保持求知欲，同时可以做到毫不吝啬地共享资源，从而在提升个人能力的同时推动团队的发展，提升团队的执行力和影响力。

3. 管理模式

一个优秀的团队在拥有核心成员的同时也离不开高效的管理模式。不仅仅是团队，管理对于整个企业甚至于整个市场行业来说都是必要的手段。大量实践证明，以团队为基础的管理模式可以使企业的运营更高效，选择一个好的管理模式更能够提高企业的创新能力和生产水平。除此之外，投资者在了解团队的管理模式时，同样可以从中获取到企业发展的重要信息，从而判断出项目的可行性。

在团队管理的过程中，管理者要选择合适的管理模式。团队的管理模式很大程度上会影响一个团队的绩效，从而影响企业的发展情况。选择适合的管理模式不仅有助于管理者更好地管理团队，还有助于提高企业效益。商业计划书中阐述一个适合企业发展的团队管理模式其实就是在告诉投资者我们的企业在不断地发展，选择我们不会错，这是有利于我们双方合作的。

投资人眼里的最好方案专栏 3-3

诚迈科技：锁定人才，构建生态

一、企业简介

诚迈科技（南京）股份有限公司（以下简称诚迈科技）成立于2006年，专注于智能互联与操作系统技术的研发与创新，全面覆盖全球主流操作系统技术，积极布局国内操作系统赛道，致力于成为移动智能终端产业链的软件外包服务提供商。

二、商业模式

1. 厚积薄发，抢先布局

2001年2月，诚迈科技创始人兼董事长王继平创立移软科技作为中国最早自主研发手机基础应用软件及手机操作系统的公司，从此进入了中国移动通信和软件这一行业。当时中国的手机产业正处在发展期，国产品牌与诺基亚等国际品牌同台竞技，为中国手机基础软件的研发提了绝佳契机。之后几年，移软科技迅速崛起，在中国市场占据较大份额。在移软科技被美国 PalmSource 和日本 ACCESS 公司收购后不久，王继平创办了诚迈科技。2007 年苹果公司推出 iPhone，随后谷歌推出 Android 系统，为手机产业下了一个新的定义，迅速推进了智能手机的普及。相比于传统的老式手机与桌面 PC 端，移动端智能手机的芯片计算能力及操作系统都得到大幅度提升，不仅方便携带，并且能够联通互联网，完成许多 PC 端工作。移动智能终端转变为互联网业务的关键入口和主要创新平台。面对手机产业的变革，诚迈科技迅速把握局势并做出反应，瞄准市场，全身心投入核心移动操作系统领域并展开一系列调研、开发工作，占领行业领先地位。

2. 参股统信软件，扩大生态应用

2018 年，在全球操作系统的市场规模中，中国市场约占 10% 的份额，而国产操作系统的市场规模仅占销售市场份额的 8%。2019 年，诚迈科技整合子公司武汉诚迈相关业务共同增资统信软件，持有 44.44% 的股份。Deepin 操作系统作为统信软件的两大主力操作系统之一，市场化程度较高，且备受用户青睐。UOS 以 Deepin 系统为基础采用开源协作模式，与国内各主流科技终端及软件厂商开展兼容性适配工作。诚迈科技根据公司发展的需要，进一步整合有效资源，取长补短，加强软件领域的研发，不仅有利于公司移动智能终端产业链的拓展，而且有利于增强公司的综合竞争力，符合全体股东的利益。

除此之外，诚迈科技在智能汽车软件技术领域也占有一席之地。随着新能源、人工智能、大数据等技术的运用，全面汽车电动化、智能化的发展进程已经势不可挡。2021 年，全球汽车行业嵌入式和互联网软件产品供应商 Elektrobit 宣布与诚迈科技达成协议，确认合作伙伴关系。同一时间，诚迈科技智能驾驶舱平台软件 EX5.0 正式发布，根据用户对汽车的个性化需求，全方位为用户打造舒适、便捷、智能化的车载环境，带来良好的用户体验。

3. 锁定科技人才，实现尖端发展

作为依靠技术能力研发操作系统及软件进行驱动的企业，诚迈科技需要对其所属领域方面均熟悉的复合型人才，才能够及时为客户提供全方位精细、具体且富有个性化的服务。与此同时，复合型人才需要通过专业培训、长期实践等方式选拔，因此，该行业有着较高的人才壁垒。诚迈科技相关负责人表示，公司最核心的要素和最宝贵的资产是人才，研发人员占比达到80%以上。2017年，诚迈科技在深圳证券交易所上市后，将大比例的公司股票期权分给技术骨干。从2019年的收入结构来看，诚迈科技74.55%的收入来自软件技术人员的劳务输出业务。由此可见，诚迈科技十分重视对人才的培养与吸纳，并且取得了一定成果。

三、发展总结

诚迈科技凭借其经验、技术、人才优势在中国市场处于领头羊地位，但在科技日新月异的当下，市场竞争只会越来越激烈。想要跟上行业内如微软等国际企业的步伐，诚迈科技需要查漏补缺，更加重视软件方面的研发应用，赋能国内产业生态，也为行业内的后起之秀提供发展契机，共同推动中国终端操作系统及软件行业发展，让中国制造走向世界。

（资料来源：笔者根据多方资料整理而成）

三、宏图预期

在商业计划书中一定要让投资人知道企业或者团队在未来的一段时间

要达到怎样的发展目标，有哪些具体的战略规划。

在未来，我国企业的发展呈现出三大趋势，分别是经营形式多样化、经营区域全国化和经营规模扩大化，因此在描述我们对企业未来的预期时，也可以从这三个角度来分析，如图3-15所示。

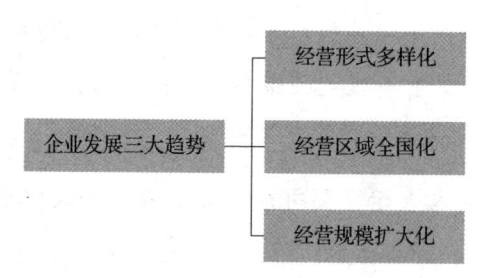

图 3-15　未来企业发展三大趋势

1. 经营形式多样化

多元化经营活动形式不仅反映了公有制作为生产资料的主要行为者的模式，也反映了跨产品和跨行业的经济活动在生活各个领域的扩展。多元化战略属于增长战略，是企业发展多样化产品或多元化活动的长期计划，也是在现有经营条件下提高产品或产业的市场或行业差异化的经营策略和增长模式。企业多元化可分为四种类型：同心式多元化、横向多元化、纵向多元化和整体多元化。

企业经营形式的多样化不仅有利于提高企业经营的安全性，还有利于企业向前景好的新兴行业转移，同时促进企业原有业务的发展。

2. 经营区域全国化

从市场获取角度来看，企业的全国化布局与区域深耕在未来会更加重要。如今，"一业为主、两端延伸、适度多元、区域扩张"已经成为勘察设计企业谋划发展战略的常见思路，因此全国化布局已经成为企业发展的必经之路。

由于全国各个地区的经济发展状况、自然环境及社会环境都有所差别，在发展经营区域的过程中，企业相关团队要时刻关注产品研发和项目运营的背景和条件。

3. 经营规模扩大化

企业的规模很大程度上决定了企业的市场占有率。简单来说，企业的经营规模有多大，就意味着企业面对的市场有多大。一个企业所拥有的市场越大，也就意味着这个企业在同行业中与其竞争对手相比拥有更多的客户、更广泛的市场范围及更深的市场渗透率。

投资人眼里的最好方案专栏 3-4

光迅科技：重视发展规划，扩大经营规模

一、公司简介

武汉光迅科技股份有限公司（以下简称光迅科技）主要从事光通信领域内光电子器件的开发及制造，是中国光电子器件行业最具影响力的企业之一。目前，光迅科技共拥有八家子公司。

二、商业模式分析

1. 海外收购出口，占据关键技术制高点

在光电子产业，相比于将大部分精力投入基础建设，光迅科技更关注产业化要素，注重通过全球化的合作，或者国际并购快速获得产业化需要的技术和工艺，以此提升企业的核心竞争力。光迅科技先后成立光

迅美国公司、光迅欧洲公司和光迅丹麦有限公司等，并实现本土经营化。此外，光迅科技主导的信息光电子创新中心已经完成三个平台的建设，通过创新平台连接海内外市场，旨在孵化、培育更多有市场价值的企业。从长远来看，光迅科技立足于下一代网络，包括量子集成、硅光集成，踏实走好每一步，紧盯行业发展，利用创新技术拓宽光通信产业市场。

2. 产业线覆盖全面，技术创新开辟新道路

光迅科技的技术覆盖传输网、接入网和企业数据网等领域，技术是其"面向未来的引擎"。秉承"满足未来社会通信需求"的理念，光迅科技持续加大研发投入，提升技术创新能力。通过运用现代信息技术及多渠道转化各种创新元素，光迅科技建立具有共赢性、战略性的技术复用共享平台，实现技术资源的系统整合。基于芯片技术平台，光迅科技全面开展了光器件技术、光电集成技术、光模块技术和子系统技术等的研发，拥有在光器件行业内完整的先进垂直整合技术。其中，光迅科技成立了一家合资公司，主要做量子通信和量子保密，甚至量子计算的核心芯片；并与创新中心研制25G可调谐光发射组件，实现了硅基调制器与III-V SGDBR可调激光器芯片混合集成。作为一家科技型企业，需要把提升技术水平放在至关重要的位置，光迅科技的高管毛浩表示："未来世界就是光的世界。把光的核心技术掌握了，某种程度上就掌握了商业世界的话语权。"

3. 夯实企业文化，重视战略定力

光迅科技由一个科研院所转制而来，企业中既保留了以前科研院所的团结、合作、精益求精、服务客户的传统，同时又在不断经历现代市场化的洗礼。在务实的企业精神下，光迅科技强调对计划的执行，重视企业执行力，培养并凝聚企业核心，提倡将注意力集中于企业未来的发展之上。除此之外，秉承"想干事的人有机会，能干事的人有舞台，干成事的人有回报"的人才理念，光迅科技制定了包括专利奖、技术创新奖、项目奖等奖励政策的多项激励制度，形成可持续的人才发展基础和机制。光迅科技强调芯片研发上的战略定力，光迅科技的高层人员表示，战略经常摇摆是致命的，战略要明确，确定有所为和有所不为，关注技术和产品，考察财务成功的可能性。面对市场上的诱惑，既要追求技术和产品的成功，又要追求财务上的成功。

三、发展总结

光迅科技作为国内光通信行业的领头羊，其优势主要体现在"全球化、技术创新、定力"三个方面。在全球化方面，光迅科技与海外多方合作，关注产业化要素。通过收购海外公司实现本土经营化、扩大经营规模，加强企业在行业内的竞争力。在技术创新方面，光迅科技在现有产业线上不断进行整合创新，并创建创新平台以孵化、培育更多行业新星。光迅科技投入研发垂直整合技术，致力于量子芯片的研发，放眼未来发展，掌握光通信的核心技术，从而掌握行业内的话语权。在定力方面，光迅科技同时拥有文化定力及战略定力，以务实、新颖的产业文化激励成员打破传统，提高参与度及生产积极性。光迅科技确定了明确的芯片投入目标，不被外界市场诱惑，明确有所为与有所不为，同时实现产品和财务上的成功，赢得了用户的信任。

在科技飞速发展的情况下，光迅科技想要维持可持续发展的企业环境，需要放眼于更加长远的未来。重视产业基础，扩大企业规模，拓宽产品销售渠道，以独特视角切入市场，加强企业的核心竞争力，才得以继续为行业赋能，引领国内光通信行业的稳健发展。

（资料来源：笔者根据多方资源整理而成）

优秀方案的打造是由团队合作及各方利益相关者共同努力而完成的。在打造方案的过程中，创业者将目光聚焦在优化商业模式上的同时，也需要时刻关注企业各方面的运营数据，因为数据通常能够直接体现出市场环境与市场需求的变化，帮助创业者及时做出反应。除此之外，不管企业发展到了哪个阶段，企业的经营都必须有一个明确的目标和规划，只有这样才能在团队执行时按照一定的方法和策略，有目的性地为企业的成长和建设做出贡献。

章末案例

我国白酒行业的市场研究
——以江小白为例

一、行业研究背景

中国的白酒生产企业超过三万多家。自白酒市场出现以来，白酒生产经历了一次典型的高峰时期。1992—1996年，白酒产量呈上升趋势，此后开始走低。

随着经济的发展和人民生活水平的提高，健康酒的消费观念逐渐渗透到消费者的意识中，消费者的品牌意识逐渐增强。其中，高端白酒区域化趋势明显，品牌意识逐步增强。随着品牌关注度的不断提高，白酒行业进入了品牌竞争时代，品牌营销策略的制定将直接影响白酒企业的长远发展。

中国酒的生产是传统的老行业，而消费主力人群却是年轻人，为了让年轻人认识、接受和喜欢传统产品，企业就需要创新，江小白就是在

这样的背景下产生的。

二、我国白酒市场的细分

1. 地理细分

受气候、文化等因素的影响，中国南北方在白酒度数与类型的选择上有较大的差异。因此，依据地理细分可粗略地将中国的白酒市场分为南方与北方，如图 3-16（1）、图 3-16（2）所示，数据来源于《2021 年中国白酒行业发展报告》。

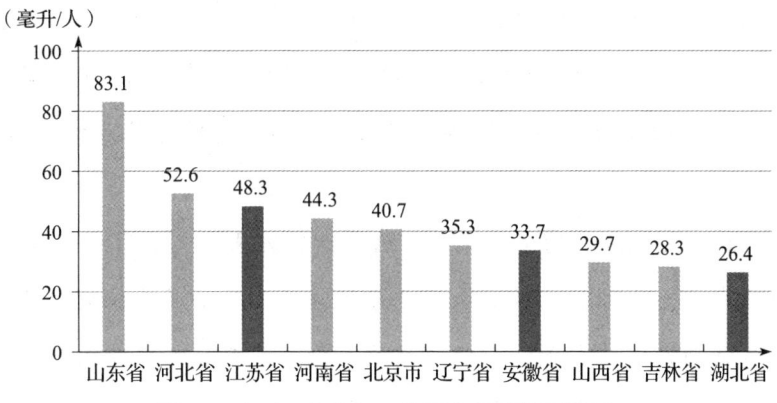

（毫升/人）

山东省	83.1
河北省	52.6
江苏省	48.3
河南省	44.3
北京市	40.7
辽宁省	35.3
安徽省	33.7
山西省	29.7
吉林省	28.3
湖北省	26.4

图 3-16（1） 人均每日饮酒中所含纯酒精量

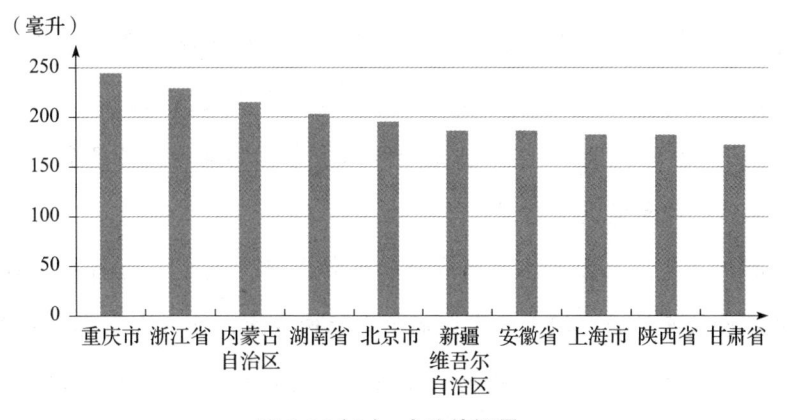

（毫升）

图 3-16（2） 人均饮酒量

根据图3-16（1）中的数据可以看到，在中国人均每日饮酒中所含纯酒精量排名前十的榜单中，北方有七个省市，而南方仅有三个，山东省更是以83.1毫升/人遥遥领先。而在图3-16（2）中显示的中国各省人均饮酒量前十的榜单中，南方省市却与北方省市数量相等，各占五位。由此可见，南北方在饮酒量上基本相当，但是在饮酒所含纯酒精数量上北方居于领先地位，摄入酒精量普遍大于南方。因此，综合两个图表可以大致推测出北方省市饮酒所含纯酒精量大于南方省市；并且在气候层面上也可以较好地解释这一现象的产生。北方气候寒冷、干燥，特别是在冬季，高度数的白酒可以帮助他们抵御严寒，因此北方人更喜饮用高浓度的白酒；而南方的气候较温暖、湿润，不需要烈酒来抵御严寒，反而太辣的酒会使人感到燥热，因此南方则更青睐于浓度相对较低的白酒。

南北方文化方面的差异也对白酒类型的挑选产生了影响。南北方分别以广东省与东北三省为代表。广东本地名酒、有着南海九江"三宝"之一美称的九江双蒸酒，以优质的水、大米、黄豆、肥猪肉等为原料，经过独特的酒曲生产及肥肉浸泡的工艺酿造之后，造就了其醇厚、甘甜的味道，而九江双蒸酒的度数仅为29.5度；广东省销量较好的古绵纯、小糊涂仙、五粮醇等酒都是低度的米酒，且口味绵甜。东北著名的高粱酒由高粱酿造而成，口感甘醇、回味悠长。其度数较高，动辄60多度，甚至接近70度。高粱酒占领东北市场很多年，甚至造成了很多人对东北白酒的第一印象就是高粱酒。

由此可见，北方人在白酒度数的选择上喜爱高度数白酒，而南方人则更喜欢低度数的白酒。而在白酒类型的选择上，北方人更喜爱以高粱、小麦等为原料酿造、回味悠长的白酒，而南方人则更倾向于选择以大米为原料、口感绵甜的白酒。

2. 人口统计细分——年龄细分

在白酒的消费人群中，18～29岁的消费者占比20%，数量较少，如图3-17所示。这个年龄段的消费者初入社会，属于白酒市场新入圈的年轻人。其消费的部分场景是送礼或赠予长辈共饮，此时则会选择中高端的白酒，但在更多时候，他们购买白酒是为了自饮或是聚会时和朋友一起饮用。由于初入社会，收入并不是很高，这个年龄段的人购买白酒用于自饮的会更青睐于中低端市场，因此他们在选择自饮的白酒时更关注白酒的价格。热门话题、电商自媒体等新型的广告宣传途径会更易影响他们的购买决策。这个年龄段的群体接受新品牌的意愿是最高的，他们很乐意尝试新鲜事物。

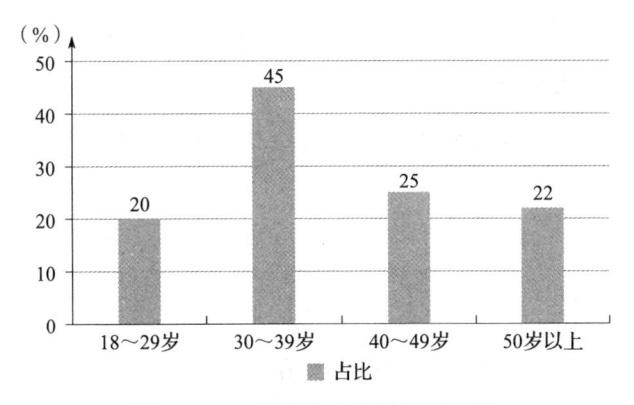

图 3-17 白酒消费人群的年龄分布

在白酒的消费人群中，30～39岁的消费者占比45%，是白酒消费的主要人群。这群人处于而立之年，经过10多年的打拼，他们的收入会比上一年龄段的高一些，但是各方面的压力都随之而来，如工作上的压力、家庭的压力等。因此，这个年龄段的人的白酒消费场景更多是和朋友、家人一起饮用，排遣压力。这个年龄段的群体虽然接受新品牌的意愿相较上一群体有所下降，但是对于新品牌还是愿意去尝试。他们在选择白酒时更多的是关注白酒的性价比，熟人介绍或是在各种公共场所的广告宣传会影响他们的购买决策。

在白酒的消费人群中，40～49岁的消费者占比25%。这类群体扮演的更多是商业酒局上活跃气氛、传递人情的角色，或是在家庭聚会上娱乐庆祝。这一批人经过20余年的拼搏，资产积累已经相对比较雄厚，并且一般子女都已长大，甚至部分已经独立，经济上的压力较小，因此他们在白酒的选择上更喜爱中高端白酒，白酒的品牌与口碑是他们首要考虑的因素。这一年龄段对于新品牌的接受程度比较低，不太愿意尝试新品牌，他们更愿意购买那些老品牌。

在白酒的消费人群中，50岁以上的消费者占比22%。经过数十年的打拼，他们已经积累了较多财富，他们倾向于购买高端老品牌的"限量版""收藏版"白酒，或是有养生保健功效的白酒。白酒的品牌、收藏价值、是否有升值空间及养生保健功效是左右他们是否购买的因素。该人群对新品牌的接受度非常低，不愿意尝试新品牌，对老字号、老品牌有着极高的忠诚度。

3. 消费者心理细分

《2021年中国白酒行业发展报告》显示，我国白酒低、中、高市场的产量和利润分别呈现金字塔与倒金字塔状。也就是说，高端白酒市场占比很小，利润却是最大的。加之长期处于高端市场的消费者对高端品牌的忠诚度较高，基本不会从高端市场转移到中低端市场，而中低端市场的消费者对白酒品牌的忠诚度不如高端市场的消费者，他们消费的白酒品牌趋向于多样化。但由于现在大多数白酒企业都在想方设法挤入高端市场，想尽一切办法在高端市场中占据一席之地。因此，高端市场的竞争非常激烈，并且中低端市场目前的白酒品牌对于消费者来说选择有限，不能很好地满足消费者的需求，基于消费者心理情况的分析，在中低端市场上打造一款消费者忠诚度较高的产品，比进入高端市场具有更好的发展前景。

4. 消费者行为细分

（1）用途细分。

人们购买白酒主要用于自饮与送礼，极少会用于收藏和其他用途，如图3-18所示。而用来送礼选择白酒是因为部分高端白酒具有丰富的人文价值和深厚的文化积淀，并且大多人想通过送礼沟通感情。因此礼品酒市场不仅需要白酒有高品质，还需要深厚的文化积淀。除此之外，还需要高端华丽的包装。而自饮酒市场更注重的是高性价比、口味好及包装简单。

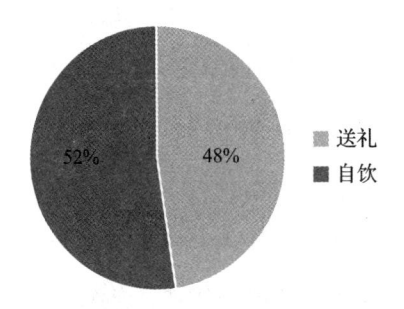

图3-18 白酒的购买用途

（2）口味细分。

中国白酒香型多样，消费者会根据不同的白酒口味选择不同的产品。中国白酒最早有四大香型，分别为浓香型、清香型、米香型和酱香型。后来新增了如老白干香型、馥郁香型、兼香型等。

从白酒整体的体量来看，2020年的酱香型白酒仍只是一个小品类，约占全国白酒销售收入的27%；浓香型白酒的产量占51%，也反映出浓香型白酒是目前市场的主流热门香型酒；清香型白酒的销售收入约占总收入的15%；兼香型白酒的销售收入约占总销售收入的5%。

从白酒的香型地域布局上可以看出，目前浓香型白酒仍为市场主流，占据了 20 个省市；清香型占有了北京市、青海省、山西省、重庆市、云南省、福建省；酱香型白酒是贵州省的特色，这主要是因为白酒行业的龙头老大茅台盘踞在贵州省；米香型白酒是广西壮族自治区的特色，桂林三花酒是米香型的代表白酒。

三、江小白的市场选择

江小白传达的是一种"简单纯粹，愉悦至上"的精神，持续推动中国酒的利口化、时尚化和国际化。江小白的酒为清香型，大多数为40度，口感清爽。

江小白作为近年来的爆款网红产品，进入白酒市场不可能与所有的客户建立联系，无法将所有不同的群体发展为他们的客户，因此江小白在进入白酒领域前对中国白酒市场进行了细分，从而确定了自己的目标市场，进而制定适宜的营销战略。

从市场细分来看，饮酒人数在全国各地相差不大，除西部个别省市地区有自己的饮酒文化外，我国其他地区的饮酒人数基数大，具有很好的发展潜力；而从年龄细分来看，青少年目前饮酒的人数占比较小。究其原因，主要是现在传统白酒仍然是市场主流，传统白酒浓度较高，味道辛辣，不适合年轻人的口味，又因为高端市场的进入壁垒较高且这个市场的消费者对于原有品牌的忠诚度较高，所以江小白选择了包含潜在消费群体（也就是年轻人）的大众市场。

而对于大众市场，需要把产品打造得尽量与已有产品的使用习惯相容。大多数年轻人对白酒的辛辣口感会有畏惧心理，江小白将白酒的利口化标准总结为"SLP产品守则"，即白酒应当适宜消费者的口感，聚焦低度酒。由此可见，当大部分传统白酒企业依然在广撒网砸渠道的时候，江小白选择了细分市场，锁定原点人群——年轻人，这一举措打破白酒市场的原有秩序，在理论上讲可以说是创造了新的品类。

1. 选择该市场的科学性

（1）低度酒目前规模小，发展空间大。

欧睿信息咨询公司预测，2021—2025年，果酒和预调酒将保持高于其他主要酒精饮料的增长速度，因此，全力打造低度白酒将会打开一个广阔的市场。

（2）年轻人饮酒频次更高。

研究表明，19～39岁的年轻群体主要讲究浅酌、少酌，40岁以上群体喝酒频次较高。白酒给人的感觉就像是老一辈人交际的必需品，与年轻人关系不大。江小白的副总经理刘鹏曾说："我们最初的战略目标就是利口化、时尚化、国际化，年轻人不易接受重口味的酒糟味，喜欢不太辣的酒。"

2. 市场选择需要考虑的因素

（1）基于需要细分。

目标客户为80后、90后新生代人群，他们敢于喝白酒，但白酒的辛辣口味、高度数和守旧乏味的品牌不足以吸引他们。从这一角度来说，他们对于新型白酒是有潜在需求的；并且，也是因为度数高、口味辛辣，女性对白酒的需求量少，这一市场空间也是巨大的。因此江小白推出了不同系列的低度白酒，同时针对不同场合研发不同产品，满足目标人群的需要。

（2）细分市场（年轻人、女性）的识别。

人口统计细分：30岁、40岁人群，追求时尚、个性化、日常生活中的小刺激及性价比，大多有未成年孩子，而江小白的低度白酒可以满足他们即使有孩子在场也可以喝白酒而不醉的需要，适当地小酌可提升生活幸福感。

（3）细分市场的吸引力。

在低度白酒方面，江小白少有竞争对手，并且通过调查，95%的年轻人不会第一选择白酒，市场空间很大。

此外，江小白主要是为了满足年轻人在一些小场景（小宴会、朋友聚餐）的需要，因此具有个性化、浪漫化特点。

（4）细分市场的盈利性。

江小白价格低廉，同时因为产品并不是流水线生产，而是由女性员工、员工家属这种测试圈共创出来的产品，具有个性化的特点，也代表了它的产品众口难调，盈利能力不强。

（5）细分市场的定位。

江小白定位为年轻人在小场景所需要的酒。

3. 基于细分市场提出的营销方案

（1）走低度利口化路线。

江小白主要打造小曲清新型高粱酒，打造"青春小酒"，主要有25度、40度、52度三种度数。

（2）采用年轻化品牌IP。

为改变年轻人对白酒的印象，江小白曾举办民乐电子音乐派对、街舞赛事、涂鸦比赛和街头文化节，开街头小酒馆快闪店，还出动漫。原创动漫《我是江小白》连续做了两季，第一季的播放量达到两亿。江小白的瓶身也成为与消费者互动的窗口。2016年以前，江小白的瓶身文案都是团队创作，后来，直接在瓶身印上二维码，让消费者生产文案。这种极具参与感的UGC（用户生成内容）文案生产，不仅形成了江小白的海量文案库，还成为品牌与客户之间的黏合剂。

江小白避开与传统酒企直接竞争，面对传统白酒企业，江小白秉承的策略是"只专注在年轻人的细分市场，因为中国消费群体总量足够大"。也因为此，江小白获得了较为稳定的年轻人市场。

（3）获得女性消费群体的青睐。

不同性别在酒精饮料的偏好上也有所不同，其中女性比男性更偏爱低度酒，对白酒与黄酒的接受度较低；男性群体虽然对低度酒的喜爱占比也不低，但白酒与啤酒仍是男性群体更偏爱的酒精饮料。打造低度酒，无疑打开了白酒行业的女性消费市场。

四、发展总结

江小白将市场选择在年轻人群体中，通过年轻人的喜好与生活方式设计自己的各个方面——口味、度数、包装甚至是宣传方式，建立了"识别—认知—认可"这一年轻消费者对产品的情感链，真正地做到了精准定位。在市场占有率上，江小白将一开始想要占据低端小酒市场一半市场份额的目标变成了现实，并在巅峰时期占据了全国白酒市场20%的市场份额。江小白在基于市场细分的研究下，创新性地将自己定位于年轻人的消费市场，致力于打造青春白酒的品牌形象，同时致力于实现较高市场占有率的目标，无论是在群体定位、品牌定位，还是市场定位上，江小白都向社会传递出一种新的营销理念，让江小白成了白酒市场中的一匹黑马。

（资料来源：笔者根据多方资料整理而成）

本章小结

本章从企业运营与发展、运营与数据、运营与信心三个方面对投资人眼里的最好方案进行了阐述和说明。首先，企业的发展分为过去、现在、未来三个阶段，从过去中，企业相关负责人要学习经验和教训，并把它们运用到企业当下的运作及未来的规划中。其次，数据是理论的支撑，商业计划书中的一切理论和战略规划其实都是以企业对数据的分析为基础的。数据不仅能够帮助企业了解自己目前的发展阶段，还能够让企业知道自身存在哪些不足并对症找到提高业绩的方法，同时，数据对企业未来发展趋势的预测也十分重要。在大数据时代，企业的一举一动都离不开对数据的监控，数据精准地体现出了一个企业的能力和市场占有率。最后，企业想要发展，创始人及其团队，以及企业中的所有员工和所有利益相关者都必须有坚定的信心。管理者要有责任心，领导者要有决策力，团队要有创造力和执行力，这样的企业才能在市场中生存下来并长期发展。

第四章

优秀公司的价值

　　站在投资者的角度来看，考量要不要对一家初创公司进行投资，实际上就是在评估这家公司是否具备投资价值。同样，站在初创团队的视角，打动投资者最有效的方法就是向投资者完完整整地展示这家公司的价值。在商业计划书中，公司的价值主要从四个方面呈现，分别是：大牛团队、商业模式、财务计划和融资需求。本章将从这四个角度介绍商业计划书应该如何编写。

创业的"魔鬼三角"是：团队、融资、商业模式。

——百度创始人、首席执行官　李彦宏

开篇案例

字节跳动：不被投资大佬看好的"巨型独角兽"

一、公司简介

字节跳动，全称为北京市字节跳动公司（以下简称字节跳动），创建于2012年3月，总部位于北京市。2019年和2020年，字节跳动连续两届被列入《胡润全球独角兽榜》，成为中国第二大"独角兽"企业，2020年在"2020中国新经济企业五百强榜单"中位列第四名。字节跳动也是全世界首个成功把人工智能技术运用于互联网领域的企业，是目前世界上最大的科创企业"独角兽"。

二、"追风"的创始人

2009年，一个刚刚毕业不久、沉默寡言、喜欢穿格子衬衫的年轻人在他人生的第26个年头，开启了他的第一段互联网创业征程。在旁人的建议下，他创立了"九九网"——一家房产信息搜索网站。仅用半年时间，该公司旗下应用累计积累用户超150万人，跻身房产行业第一的宝座。这个外貌并不出众，不善言辞的年轻人，就是当今字节跳动的创始人——张一鸣。

与传统意义上的公司领导人不同，张一鸣并不是一个光芒四射、说话极具感染力和煽动性、能够给周围人传递激情和活力的人。相反，他是一个极度安静，外表毫不起眼的人。他对于成功的理解也不同于典型的企业家，追求不同，落实到行动上也自然不同：公司能不能上市、什么时候上市，他根本不考虑；公司能不能盈利、怎么样盈利，也不是他所追求的目标。真正驱动他前进的是对未知的探索、对挑战的向往及能让用户获得更大的满足感。在他的带领下，字节跳动克服了一个又一个难关，最终成为如今的互联网巨头。

三、商业模式

1. 广撒网式钓大鱼，以流量换流量

早前的字节跳动大量推出新的应用程序，App分布式排列，涉及大众生活的方方面面。在这些推出的App中，对于突然出现的爆款产品，字节跳动则集中全部精力、大力发展。对于那些反响一般、用户数量不多，没有可能成为爆款的App，字节跳动则会逐步收紧对其的投入，转而迅速推出其他产品。另外，除抖音外，字节跳动的App大多都是效仿市面上已有的应用程序，或使用已经存在的模式，对之加以调整，最终打造并推出属于自己的App。对此，字节跳动形成了一套制造App的特别流水线，一个个App被复制出来，在进入市场几个月后进行评估，市场反响好的和投资收益率高的，可以进一步获取资源，得到更好更快的发展；相反，则会被无情抛弃。通过这样一套模式，在推出了一系列应用程序后，字节跳动不久便收获了其第一个爆款产品——内涵段子，并获得了可观的流量和用户积累，随后又出现了今日头条、抖音、西瓜视频等更多的爆款产品，一套热门应用软件产品矩阵由此逐渐成型。

2. 免费 + 增值服务 + 广告

在积累一定的流量用户后，字节跳动便开始着手思考如何进行有效的产品商业化和流量变现。字节跳动在产品端最常用的是"免费 + 增值

服务+广告"的商业模式。在吸引用户开始使用该产品后，字节跳动才进入商业模式中的盈利阶段。当用户对 App 产生依赖后，字节跳动便在 App 提供一些服务的基础上，推出需要付费的增值服务。例如，今日头条中的超级会员和需要付费才能阅读的付费专栏，抖音中需要付费的负责流量推广的抖+小助手等。仅在这一部分就使字节跳动在很大程度上将流量、用户有效地转化成了真金白银，获得了极大的收益。在免费的产品中，广告所带来的收益同样可观。拥有丰富的流量用户资源的字节跳动也是许多商家和企业希望投放广告的目标，2020年字节跳动的广告收益超1800亿元，占公司收入接近八成。

3. 流量入口+产业多元化

在有了流量基础之后，除了能够给其提供增值服务、插入广告，还能够为公司将可观的流量和用户导入其他领域（既包括公司业务涉及的其他领域，也包括字节跳动投资和合作的领域）。这一模式能够帮助字节跳动建立稳定的产业。

四、发展总结

字节跳动一路走来的发展历程让我们看到了流量的重要性，其成立以来的飞速发展就是最好的体现。但真正令字节跳动从一个个刚刚成立的小公司，到因一些 App 崭露头角，再到战胜众多现已被其打败并退出市场的竞争对手，还在于其拥有出色的公司团队和与时代契合的商业模式。字节跳动为什么能够成功，是因为在研发产品初期，团队不以盈利为首要目标，真正做到了站在用户的角度做产品；产品在市场中获得成功后，公司亦没有止步不前，而是通过优秀的商业模式将公司的版图扩张到了更多领域。可以看出，字节跳动的价值决定了其未来走向成功已是必然。

（资料来源：笔者根据多方资料整理而成）

在一份成功的商业计划书中，企业价值的展现同样是一个重要的命题。它能够让投资者意识到这是一家既赚钱又值钱的企业，从而让企业具备投资者眼中的投资价值。而在商业计划书中，一家企业的价值主要可以通过以下四个方面体现，它们分别为大牛团队、商业模式、财务计划及融资需求，本章将一一从这四个方面阐述企业的价值是如何体现的。

第一节　大牛团队

字节跳动的创始人张一鸣曾说过："技术进步并不是总能提高产品（公司）竞争力，但有好的团队也可以。"

关于商业计划书，公司团队即是商业计划书的编写者。站在投资者的角度，公司团队本身所具有的价值可能比商业计划书还要高。相比于看好公司所涉足的行业、所运用的商业模式，出众、优秀的团队更为投资者所看重。很多时候，在竞争对手众多或是发展前景一般的领域，能够使投资者坚定做出投资选择的，往往在于公司创业者及其背后的团队。除了需要考虑团队成员的经历和企业背景之外，还需要关注成员的人脉、持股比例和配置分工，如图4-1所示。

一、团队成员的经历和企业背景

关注一个团队，首先要关注团队成员的经历和企业背景。在很大程度上，这两个因素决定了投资者对团队的第一印象，也是他们判断团队成员是否有能力，是否"靠谱"的标准之一。如果一个团队的成员或者一个

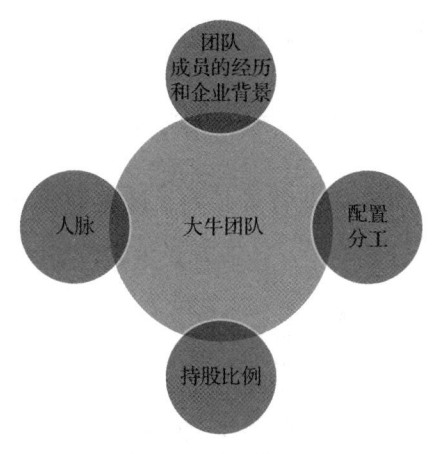

图 4-1　大牛团队

团队的创始人、领导人有丰富的从业经历，企业拥有良好的背景，那么投资者就会认为这个团队值得信赖。

1. 经历

投资者还会调查管理团队中的成员以前任职过的公司的运营状态和现公司的运作情况。这种调查可以判断团队是否具备打理好一家公司的能力。如果管理团队的成员有在知名公司任职的经验，公司要将这部分内容展示给投资者。

对于创业团队的经历，最容易受到投资者信任和青睐的大致有以下两点。

（1）曾在有关行业任过要职，具有较丰富的业务经历。

有相关行业的经历和经验代表着创始人对行业的理解更深，更容易使用最适应行业的商业模式，公司则更可能获得成功。

（2）此前有成功的创业经历。

大多数投资者认为，在创业过程中行业经验和知识不足所带来的短板，可以通过创业者的能力和眼界弥补。即一个优秀的创业者，只要具备强大的学习能力和长远的眼光，立足于任何一个行业，都有可能取得成功。所以，对于此前有过成功先例的创业者，投资者显然更为偏爱。

2. 企业背景

在商业计划中，介绍企业背景是为了使投资者对创业团队的企业有一定的认识。在商业计划书中，企业背景主要包括以下几个方面。

（1）企业的名称和法律形态。

企业的名字包括实际注册的名字和缩写，如有子公司也可加上。其中，企业的法律形态大致包括以下几类：有限责任公司、个人独资公司、股份公司、合伙公司。

在说明这些内容的同时，还可以说明企业的注册地、法人代表人等。如果企业的法律类型为股份公司，可以说企业有几个股东，最大的股东是谁。

（2）企业的基本情况。

企业的基本状况包括企业的创建日期、法人代表人、登记地址、注册资本等。

（3）企业的宗旨。

企业的宗旨通常能够形象地总结为以下内容：它是指关于企业存在的目的及对经济社会发展的某一方面所做出的贡献的具体说明，包括企业的经营宗旨、文化及形象等。

（4）企业的发展进程。

企业的发展进程主要包括企业创立的日期、早期的发展状况、稳定期的发展状况等，以及企业在什么阶段研制了新产品、开拓了新业务，企业经过兼并、改产、重建和稳固占领国际市场后的发展状况。

（5）简要的产品或服务。

在企业简介部分可简单地说明企业的产品或服务项目。

二、人脉

俗话说:"多个朋友多条路。"人脉即资源,在创业过程中,人脉的数量与质量对于企业能否获得成功也起着至关重要的作用。因为一家企业的正常运转少不了外部的合作与帮助。斯坦福的研究中心曾经指出:一个人所获得的财富,20%来自知识和技能,80%来自关系,也就是我们所说的人脉。

人脉在企业发展的过程中起到十分重要的作用,不仅能够为企业提供所需要的资源,还能与企业达成战略合作伙伴关系,如图4-2所示。

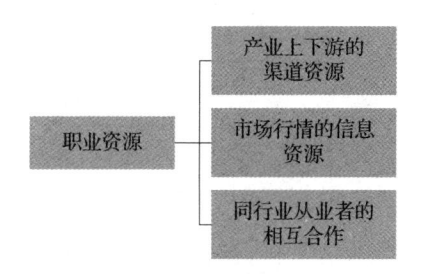

图 4-2 职业资源

1. 产业上下游的渠道资源

人脉能够给企业提供产业链上游的供应商及下游的销售商。每一个初创企业都有一个构建产业链的过程。随着大数据等信息技术的不断发展,无论企业打造的是信息产业链还是技术产业链,利用人脉整合资源,打通产业链的上下游,保证产业链的完整性成为企业发展的必然趋势。

2. 市场行情的信息资源

人脉还能够给初创企业提供充足的市场信息。当今时代,市场行情千变万化，缺少市场行情信息的企业很容易在竞争的浪潮中被淘汰，这一点对于初创企业则显得更为重要。企业利用人脉资源，能够更好地掌握市场变化情况、了解市场需求，适时调整企业的业务组成、发展战略等，有利于企业的长远发展。

3. 同行业从业者的相互合作

人脉资源能够推动同行业中原本处于竞争关系的企业达成合作。现如今，一些行业体量日趋饱和，一些行业新的竞争对手快速涌入，竞争不断加剧。在企业创业的初期除了保持核心竞争力，也需要合作，获得共赢才能更好、更快地发展。

三、持股比例

对于一家公司来说，股权比例的分配是一个重要的问题，尤其对于刚刚成立、即将进入投融资阶段的初创公司而言，这更是保证公司日后健康发展的命脉。一个科学的股权架构能够维持创始人和合伙人的正常关系，提高融资的成功率。因此对于编写商业计划书的公司初创团队而言，必须掌握相关知识和技巧。

1. 融资前的股权分配：与个人能力挂钩

在通常意义上，平均分配似乎意味着公平，但在持股比例的问题上，却一定不能平均分配股权。因为在公司运作的过程中，每个人对于公司的贡献不尽相同，每个人发挥的作用有大有小，能力也是有高有低。而公司的股权分配既代表了个人分配利益的多少，更重要的是，还决定了每一个人在公司具备多大的话语权，以及重大事项的决定权。因此，平均分配会使有能力的人缺少必要的话语权，而能力不足的人却拥有本不应该属于他的权利，是最不科学的股权架构。

2. 融资后的股权分配：与出资多少挂钩

在建立起公司创业初期合理的股权架构后，随着公司的发展，必将迎来投资者进一步的融资计划，那么融资后的股权架构、创业者和投资者分别应该占据多大的持股比例，同样决定了公司未来发展的潜力和稳定性，是创业者在商业计划书中应详细描述的重要部分。

3. 股权成熟与锁定：股权架构的保护机制

在确定了融资结束的股权分配后，为了保护投资者的权益，创业者还需与投资者签订投资协议条款。假如投资协议条款设置得不合理，会让投资者犹豫，耽搁融资进度，甚至还会引发不必要的激烈矛盾。那么在投资协议条款中，防止创业者突然从公司离开或者突然转让自己名下股权从而保护投资者利益的制度主要有股权成熟和股权锁定两个手段。

（1）股权成熟。

股权成熟期一般是指创始人的股权在四年内到期，每年创始人有25%的股权成熟。一旦创业者在中途主动脱离了企业或是被公司解职，创业者所拥有的还未成熟的剩余股份将会以一元的最低价等象征性的价格，转移给投资者或者其他创始人。

股权成熟机制既能保障投资者的利益，同时对公司也有极大的好处：一是确保公平，对公司有多少付出，才有多少回报，坐享其成的投机者是无法在公司立足的；二是由于股权成熟机制，创业公司还有能力吸收且吸引公司初创团队外的新的人才。如果创业公司没有股权成熟机制，那么哪怕有公司持股人员的离职，公司的股权已经分配完了，对于外部的人才而言，公司的前任人员还占有那么多的股份，自然就不再愿意进入这家公司了。

（2）股权锁定。

除股权成熟以外，在融资合同中，关于股份的另一个常用规定是股权锁定。股权锁定是指企业在没有全部或者部分投资人的许可下，在企业挂牌之前创始人就无法将自己名下的全部股权转移给其他人。

股权锁定条款通常规定没有全部或特定投资人批准，公司创立者在公司公开发行上市前不得转移自己的股份。竞业禁止条款通常规定公司的管理团队和核心技术人员离开公司后两年内，或在不再拥有公司股份之日起两年内，不得开展与创业公司的业务有竞争关系的任何业务的经营。因此为了维护投资者的利益，股权锁定是一个必须写入投资协议的条款。

4. 股权变更及控股股东或实际控制人的背景

在面对投资者的股权调查时，公司应该重点关注两个方面，分别是股权变更及相关工商变更情况、控股股东或实际控制人的背景。

（1）股权变更及相关工商变更情况。

在股权调查方面，公司有必要让投资者了解股权变更的原因是什么、在股权变更的过程中是否有股东放弃了优先权、转让股权的价款是否已经支付、股权转让是否符合法律程序等。

（2）控股股东或实际控制人的背景。

在接受业务尽职调查时，公司需要将控股股东或实际控制人的资料提供给投资者。这里所说的资料主要包括控股股东或实际控制人的背景、股权比例、负责业务、资产状况等。

此外，投资者也对公司与控股股东或实际控制人之间的业务往来和资金往来情况感兴趣，还有控股股东或实际控制人对公司的发展提供了哪些支持，包括对公司的资金支持、研发支持、市场开拓支持、技术支持等也应该让投资者有所了解。

优秀公司的价值专栏 4-1

携程旅行："四君子"的创业史

一、公司简介

携程，全称携程旅行网（以下简称携程），英文名称 Ctrip。携程旅行创立于 1999 年，总部位于中国上海市。早在 2003 年，携程就在美国纳斯达克上市。后来，又在中国香港证券交易所挂牌上市。携程是中国最大的出行旅游预订服务平台，旗下业务涵盖了酒店、飞机、高铁火车、门票、度假旅行等方面的预订服务，是世界知名的民营企业。携程最早的初创团队就是为大众所熟知的"携程四君子"——季琦、梁建章、沈南鹏、范敏。也正是他们的并肩努力，才有了今天的携程。下面我们将分析在携程的各个发展阶段，四位创始人是怎样发挥各自作用的。

二、创业历程

1. 季琦：富有激情的冒险者

在携程刚刚建立的时候，季琦发挥着举足轻重的作用。他富有创新激情，敢于冒经营风险，也敢于挑头做事情。他能言善辩，将创新作为自己最大的兴趣。但由于他喜欢新奇的事物，不喜欢做重复性工作。于是在携程上市之后，他就出售了携程的股票，跑到北京创办如家公司。如家上市后，他又出售了如家的股票，创办了汉庭连锁酒店。人们问过季琦：携程的模式究竟如何？季琦说："谈一个模式，听一听我的创新事迹吧。"对季琦来说，他喜欢善于运用所有资源，从无到有创造全新的事物。可是他对细节并不太注意。当企业发展有了一定的规模，必须进行流程的改革和对细节的完善的时候，季琦觉得自己既不善于又不热爱这些，他便马上将权力棒送给了梁建章。

2. 梁建章：专业过硬的管理者

随着携程的规模不断扩大，公司的核心人物发生了转换。梁建章曾经在海外工作。正是因为他首创了将ISO标准直接由生产型行业下放到服务型行业，还为在携程中的一级业务人员制定了34个定性量化项目并在每周的经理例会上评分，在最高要求标准下，可以将携程接电话的平均时间从240秒降到180秒。

3. 沈南鹏：果决、冷静的决策者

当内部管理体系形成以后，需要再对公司绩效管理进行改革。这时，集团中另一位成员开始占主要地位，这就是著名风投家沈南鹏。当携程调整了内部的战略发展之后，就必须开始实现资本的运营。这个时候公司就需要一位目的性强的领导人。沈南鹏的处事风格是携程获得成功的一大关键因素。

4. 范敏：稳重、成熟的领导者

当携程已经掌握了较高的市场占有率，扩张速度减慢，公司走向稳定发展期之际，就需要稳重、成熟的范敏了。在携程成立之后，上述的这三人都相继出售了手中持有的股票。这时，谁来掌管携程的大局呢？范敏就上场了。范敏有着在酒店管理岗位工作15年的经历，他更加注重于管理工作细节的完善，安心于相对来讲比较稳定的重复性工作。

三、发展总结

创业中的各个阶段都要有截然不同的队伍风貌：在初创期工作要充

满激情，在建设期要行事严谨，在资本运作阶段要公事公办，在稳定发展期则需要各就其位。正是由于携程初创团队合理的人员配置分工，"携程四君子"在截然不同的发展阶段各领风骚。也正因为这样，携程才可以不做一丝无用功，在很短的时期内在纳斯达克成功上市。

（资料来源：笔者根据多方资料整理而成）

四、配置分工

核心团队人员需要分配合理，因为队伍中的每一个人都扮演着不同的角色，团队人员的优点、缺点能够互补促进。在一个团队中，主要有八种类型的角色，他们分别是创新型、信息型、实干型、管理型、协调型、监督型、细节型、凝聚型。表4-1为团队中各类角色优缺点的具体分析。

表 4-1 团队中各类角色优缺点的具体分析

类型	优点	缺点
创新型	自身能力突出，有主见、有想象力	不擅长与人合作，较少与人沟通和交流
信息型	与人交流、获取信息的能力强	缺乏严谨的工作态度
实干型	工作效率和工作热情高，目标明确	缺乏思考能力和想象力
管理型	具有较强的组织能力和自我约束力，能够把想法变为现实	观念较为保守，不做没有把握的事情，发展理念以求稳为主
协调型	能够有效引导不同技能和个性的人，使之为同一个目标服务	缺乏想象力和创新能力
监督型	十分冷静，不易情绪化，具备较强的规划意识	不太擅长激励团队中其他成员的工作
细节型	工作能力强，注重细节	过于注重细节会损耗大量的时间和精力
凝聚型	致力于维护团队和谐，能够凝聚人心，共同发展	有时缺乏原则性

当然，一个团队若想成功，并不一定要将八种类型的角色全都具备，但令投资者满意的团队，一定能够聚合团队中每一个个体的优点，使之相互弥补各自的缺点。当一个团队拥有合适的配置分工时，团队中将会出现以下四个最为重要的良好现象，如图4-3所示。

充分包容 ＋ 行动支持 ＋ 保持求知 ＋ 资源共享 ＝ 成功团队

图 4-3　成功团队的必备要素

优秀公司的价值专栏 4-2

海底捞：成功扭转最差的股权架构

一、企业简介

海底捞，全称海底捞股份有限公司，于 1994 年在中国四川省简阳市成立，是一家专营新式四川川味火锅的中国知名餐饮品牌，也是目前国内规模较大的中国餐饮公司之一。

海底捞早就制定了上市计划。2018 年，海底捞在中国香港证券交易所成功上市，公司的发展也进一步得到加速。海底捞的飞速发展离不开公司良好的股权架构，这与公司创始人张勇针对股权问题的远见和不懈努力密不可分。

二、股权结构

1994 年，在中国四川省简阳市，四位青年合力尝试新开了一个仅有四个桌子的火锅店。火锅店的初始资金 8000 元是由四个人中的三个人合力凑出来的，而负责店面经营的张勇则没有出钱，但最初的股权分配还是每个人各占25%。

海底捞刚刚成立时，采用的是股权均分制，四个人拥有同样的话语权，获得的利润平均分配，面对的风险四个人也要一起承担。因为当时海底捞的规模较小，企业的股东又是企业的管理层，这些股权结构对企业的发展前景影响不大（后来这四个年轻人又结成了两对夫妻，相当于两家人各持有公司50%的股权）。

但随着海底捞规模的不断扩张，公司的创始人之一张勇认为目前的股权结构不利于海底捞未来的发展，于是他首先向公司的另一主要创始人施永宏提出海底捞需要一个总经理，而自己在四个人之中最适合这个职位，施永宏同意了。成为公司的总经理后，张勇开始继续调整公司的管理结构。

2004年，张勇的妻子脱离了公司，不久之后施永宏的太太也脱离了公司，并且不再介入企业的经营决策与管理工作，只当股东，享受公司的利益分红。2007年，施永宏也脱离了公司。张勇从施永宏夫妇的手里买下了18%的公司股份。这样一来，张勇夫妇则掌控了海底捞近70%的股份。

三、发展总结

经历这一系列变动之后，海底捞成功化解了曾经较差的股权结构难题。由此可见，在公司创立初期，合伙人的持股比例计划至关重要，决定了公司未来的发展。

（资料来源：笔者根据多方资料整理而成）

第二节　商业模式

商业模式的本质就是公司在现有资源的情况下，为创业者解决三大难题：如何赚钱、赚多少钱及如何持续性赚钱。

投资者的目的是获得财富增值，而商业模式的目标则是为公司建立一套可持续的盈利模式，所以初创公司的商业模式是投资者重点关注的内容之一，也是投资者最终是否会投资一家公司的重要决定性因素。因此，需要创业者言简意赅地将公司的商业模式展示出来。

一、商业模式的阐述

商业模式是企业的基础结构，如果将企业比作一辆汽车，那么商业模式就是这辆汽车的设计构造，不同汽车的发动机、车灯、油箱、座椅设置都是不同的，它们在汽车工作时发挥的作用也是不同的。

1. 商业模式的构成要素

在前文我们已经提到过商业模式的主要构成及商业模式持续性的重要性，以下我们会对这些构成要素再次进行强调，并添加了定位与企业价值两个要素。

（1）定位。

定位是企业商业模式的出发点，企业确立了何种定位，企业就构造何种商业模式。因此，一个初创公司想要获得长远的发展，首先就要确定自身的定位，这决定了公司日后的发展方向，即提供什么类型的产品或服务。商业模式中的定位代表了企业现在和未来将在市场中呈现出的状态，包括产品的服务类型、进入市场的时间、合作对象、利益分配等诸多方面。

（2）业务系统。

业务系统是企业商业模式至关重要的组成部分，一个良好的业务系统能够保证企业的运转效率，扩大企业的竞争优势。商业模式的业务系统主要从业务环节、合作伙伴发挥的作用及与利益相关者合作与交易三个方面进行阐述。

（3）关键资源和能力。

关键资源和能力是指企业进行各项活动所需的各类资源及所要具备的各项能力，是企业正常运转的基础。资源和能力是多种多样的，并不是所有的资源和能力都是企业发展所需要的。那么，在商业模式的阐述中，就要描述企业需要的资源和能力有哪些，企业已经具备了哪些资源和能力及企业目前尚未具备的资源和能力有哪些、怎么在未来获得。

（4）盈利模式。

盈利模式指企业如何获得收入、分配成本和赚取利润。

（5）现金流结构。

现金流结构能够反映企业在定位、业务系统、关键资源和能力及盈利模式等方面的区别，体现不同企业和商业模式的各自特点，还能影响企业发展的速度，决定了企业的投资价值。

（6）企业价值。

企业的投资价值由其成长空间、成长能力、成长效率和成长速度决定的。如果说定位是商业模式的出发点，那么企业价值就是商业模式的目的地。企业价值的高低关系到企业受投资者的青睐程度，直接决定了商业模式的优劣。

2. 如何体现商业模式的优势

对于深谙商业规则的投资者而言,商业计划书中呈现给他们的商业模式并不需要太多的常识性解释。投资者需要看到的是创业团队能够简单、清晰地展现公司的商业模式的独特性、与众不同的创新点及可持续性。具体而言,可以从以下几个方面入手展示,如图 4-4 所示。

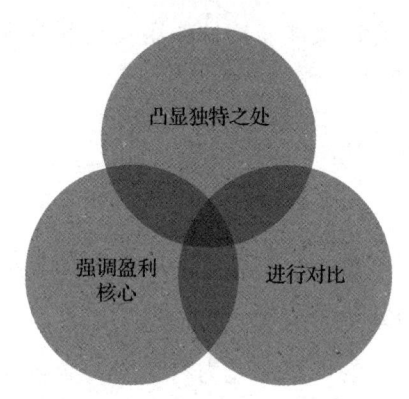

图 4-4 体现商业模式优势的三个方面

(1)凸显独特之处。

对于一家刚刚成立且需要融资的新公司,投资者最想看到的就是这家公司、这个创业项目所具有的独特之处,其中包括产品、服务等多个要素。它们要么能够为产品附加额外的价值,要么有利于客户群体的进一步拓展。投资者能够凭借创业项目中的独特之处判断项目的前景和投资回报率,投资概率有可能因此提高。

(2)强调盈利核心。

创业者通过向投资者展示商业模式来获得投资。为了使企业的盈利模式更为清晰,创业者需要在商业计划书中强调项目的盈利核心,向风险投资者说明这些盈利的核心要素,使该融资项目获得投资者的青睐。

（3）进行对比。

在清晰地阐述自身商业模式的基础上，创业者如果还能够与其他商业模式进行对比，凸显自身商业模式的优势，就能让自身的商业模式更清晰，投资者也能对该商业模式有更加深入的了解，进一步获得其好感，提高了获得投资的可能性。

优秀公司的价值专栏 4-3

小米：用商业模式征服投资者

一、公司简介

小米，全称小米科技有限责任公司（以下简称小米），总部位于湖北省武汉市。小米既深耕于硬件电子产品领域，属于一家互联网公司；又在手机、电视、家居等智能设备板块成为市场的龙头企业，从这一角度来说，小米又属于一家创新型科技公司。2021年，小米入选《财富》世界500强，位列榜单的第338位。

小米以"让每个人都享受到科技的乐趣"为企业愿景，用"发烧友"的精神做产品，致力于让世界上的每一个人都用上小米的产品，并因此改变他们的生活。

二、商业模式

1. 科技优势

吸引投资小米的根本源自小米的科技优势：2018年7月9日，小米在中国香港上市。从2010年创立开始到上市，小米仅用了八年时间。其实在上市之前，小米就明确了自己并不只是一个手机企业，更是一个同时以手机、智能硬件和IoT（物联网）平台为核心的网络科技企业。随着小米进入了家庭IoT市场，据艾瑞咨询服务有限公司的统计表明，截至2020年6月，小米的消费级IoT平台已接入了2.71亿部设备。小米的第六回投资突破了当时中国互联网领域最大单笔私募股权投资的融资记录，在国内网络公司中仅次于BAT（百度、阿里巴巴、腾讯）。小米的估值在八年里从2.5亿美元飙升至543亿美元。

2."水平＋垂直"的整合方式

在硬件领域，供应链零部件不超过1000个是做智能手机的基本保证。事实上，国内的硬件厂商之间竞争相当激烈，而小米不仅具有较好的硬件，还有软件和超强的互联网能力。2010年，小米推出"米聊"这个移动终端社交工具。在这里，"米粉"可以畅聊与小米有关的任何问题。如今，米聊用户已经超过2000万。米聊用户与其他社交软件上的用户相比，活跃度更高、更了解手机。对他们来说，手机、电脑、汽车都是很好的玩具。2012年8月，第一代小米手机问世。在不足三个多月内，小米已销售100万部手机。更让人震撼的是，在小米手机推出的短短三个小时内，10万部手机全部抢订一空。小米通过米聊用户的行为数据找到了同样痴迷于手机工具的另一个人群，即"手机发烧友"。小米还利用互联网用户数据对中国"手机发烧友"进行了精确定位，为自己找到了市场发展上的空白点，做年轻人喜欢的产品，也塑造了活泼、充满斗志的公司形象。

3. 打动人心的营销口号

小米的"为发烧而生""发烧友的手机"等系列的营销口号几乎无人不知，雷军也经常在公开场合提及苹果和乔布斯一直都是他和小米的榜样。每一个小米手机的推出都配合着雷军独到的推广方法，总是能够引起用户的疯抢，以至于出现供不应求的局面。

三、发展总结

由于基于科技优势打造出的商业模式，再结合互联网的引爆方式，小米创造了一个又一个纪录。另外，还需要强调的是，公司对于自身商业模式的建立绝不能是千篇一律的，而是要依据公司自身发展状况，再根据市场状况的改变，实时、动态地不断调整，最后形成最适合公司的商业模式。

（笔者根据多方资料整理而成）

二、利益相关者

在管理学上，利益相关者是指受到组织决策和行动影响的所有人。通俗来说，利益相关者就是在社会上与公司存在某种利益关系的个人或社会人群，如大股东、债权人等可能对公司现金流量有某种诉求的人。

利益相关者能够直接或间接地影响公司做出的决策和行动，他们的意见会成为公司的重要考虑因素。然而，利益相关者是一个庞大且复杂的群体，他们的受益点也各有不同，因此利益相关者不可能对一个问题持同一意见。如何尽可能地平衡各方利益成为一个公司尤其是初创公司需要重视的问题。除了对公司做出的决策和行动产生影响，利益相关者还是对公司做出的决策和行动进行评估的重要人物，如可以通过一些对公司决策和行动持反对意见的股东来完成。所以，企业负责人要根据这个群体的特征制订计划，如图4-5所示。

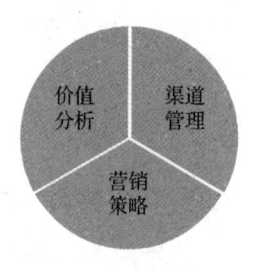

图 4-5 利益相关者

1. 价值分析

利益相关者分析可用于分析与公司利益密切相关的任何个人（或组织），有助于公司在做出决策时分析和预测不同利益相关者对公司战略的影响。利益相关者分析有权力/动态性矩阵与利益分析两种类型。

（1）权力/动态性矩阵。

如表 4-2 所示，列出一个权力/动态性矩阵，根据矩阵中每一个位置的文字描述，就可以在矩阵中将公司的每一位利益相关者安放在各自的位置上。通过这种方法可以评估和分析当公司推出新决策时从何处引入力量。

表 4-2 利益相关者的权力/动态性矩阵

	行为可预测性高	行为可预测性低
权力小	A 地位较低却死心塌地	B 地位较低却左右摇摆
权力大	C 位高权重、立场坚定	D 位高权重却容易动摇

（2）利益分析。

利益分析则是以图表的形式具体展现公司有哪些利益相关者，以及他们的权力高低和利益大小。

利益相关者的价值分析能够帮助公司认识到哪些人是自己的利益相关者、他们分别代表了谁的利益、他们是否会反对公司的改革创新、他们的力量有多大及如何对待他们和他们的意见,是一项重要的分析方法。

2. 渠道管理

利益相关者的渠道管理是指公司对现有的分销渠道进行管理,从而驱动不同渠道的利益相关者相互合作,以及公司与不同渠道的利益相关者能够协调一致,共同获得最大利益的过程。

渠道管理主要有选择渠道利益相关者、激励渠道、评估渠道、修改渠道、退出渠道五种方式。如图 4-6 所示,做好企业利益相关者的渠道管理主要有三个要点。

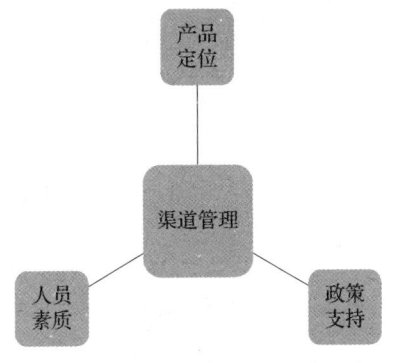

图 4-6 做好渠道管理的三个要点

(1)产品定位。

成功的渠道管理的根本就在于有着正确的产品定位,这不是要求产品本身有多出类拔萃,而是要求企业的产品定位足够清晰、明确,找到能够吸引的客户群体,而对于没有兴趣的客户及不擅长的领域,就不需要耗费太多精力。

(2)人员素质。

大部分管理者会错以为自己所传达的就等于各渠道利益相关者所执

行的。实际可能和设想的不一样，因此还是要明确如何让利益相关者懂得、理解、消化、转化并传达组织的意志。

（3）政策支持。

政策支持并不是说需要在相关渠道大量地投入资源，而是厂商对渠道政策稳定、明确且持续地执行。当然，这一点要基于第二点，因为变化最多的是人，人不变，事才可维持。

3. 营销策略

对于初创企业而言，各方面资源还不够充足。因此，利益相关者自然是多多益善。那么，如何尽可能多地拥有利益相关者是所有初创企业需要学习的问题。针对利益相关者，可以运用如下几个营销策略，如图4-7所示。

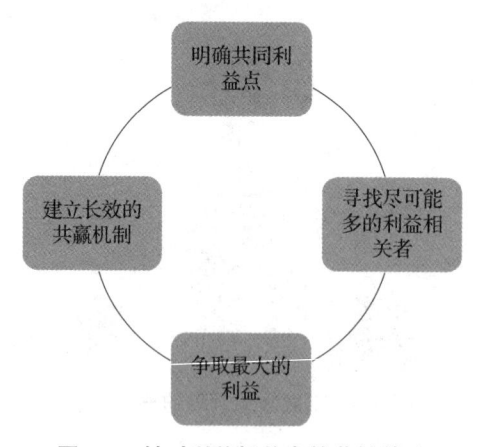

图 4-7　针对利益相关者的营销策略

（1）明确共同利益点。

在能够与利益相关者达成共赢的情况下，在营销的过程中，就要把共同的利益点放在第一位向利益相关者展现出来。

（2）寻找尽可能多的利益相关者。

俗话说，多个朋友多条路。利益相关者较多时有利于公司的稳定发展，不要在一棵树上吊死。

（3）争取最大的利益。

在一些利益面前，可以争取最大的利益，在利益发生冲突的时候，为了有一个长远的计划，可以暂时让出一些利益。

（4）建立长效的共赢机制。

建立一个长效的共赢机制更有益于公司的长远发展。

三、盈利模式

对于投资者来说，很难不关心公司的盈利模式，因为真正能够判断一个公司的盈利能力，也是投资者的投资回报率的正是盈利模式。盈利模式，顾名思义，就是指公司在市场中如何挣钱获利的方式办法。在市场经济中，盈利模式被普遍认为是企业或团队整合已有资源及合作者的资源，从而打造的一种实现利润、获得利润、分配利润的商业架构。

以下将从常见的盈利模式和如何展现盈利模式的角度对盈利模式进行阐述，如图4-8所示。

图4-8 对盈利模式的阐述角度

1. 常见的盈利模式

常见的盈利模式有关系服务化、产业标准化、客户解决方案模式、个性挖掘、速度领先、数据处理模式、成本占优、中转站模式八种。

（1）关系服务化。

公司和客户是一种长久稳固的伙伴关系，核心就是给客户带来完善的售前售后管理咨询服务、物美价廉的商品，因此获得了客户的信赖。如果一个项目的独特之处在于与客户的长期关系，那么在商业计划中对于盈利模式的阐述就要突出客户与公司间的需求关系，尤其是客户对于产品和服务的认可程度。因为客户的认可度、需求度越高，企业的盈利能力就越强。

（2）产业标准化。

产业标准化是指企业通过努力，以自身为范例打造产业标准，从而提升产品的影响力、打造品牌价值。相关例子可以参照一些行业的龙头企业，如手机行业中的苹果、网购行业中的京东等。另外，现代社会飞速发展，产业的标准也在时刻变化，企业需要时刻洞察市场情况，及时推出新的产品，才能够保持自己制定行业标准的领先地位。在商业计划书的阐述中，需要重点强调自己在行业中的地位。

（3）客户解决方案模式。

随着行业的不断发展，客户的需求也日趋细分。而客户解决方案模式就是指企业针对客户不断细分、变化的需求提出相应的解决方案。如果企业采取这类模式，在商业计划书中就需要详细地阐述针对客户的有关需求，企业是如何提供解决方案的。

（4）个性挖掘。

随着经济水平的提高，消费者所追求的服务标准也逐渐从高品质的标准化服务过渡到定制化、个性化的周到服务。这需要企业的产业规模、客户数量达到一定的体量，才能够构筑起属于自身的产业壁垒，增强竞争力。在对公司盈利模式的阐述中，创业者需要着重介绍企业满足了客户的哪一需求，目前的产业规模、客户数量有多大，是否已经形成了产业壁垒等情况。

（5）速度领先。

"天下武功，唯快不破。"速度领先是在客户的需求不断变化的情况下，企业以比其他竞争对手更快的速度做出反应，满足客户的需求。企业如果以速度领先作为盈利模式，就要在商业计划书中着重凸显公司对于客户需求的高度重视。

（6）数据处理模式。

数据处理模式首先要求企业具备一个能力强大的数据库，通过数字技术为客户精准地提供解决方案，同时还能够帮助企业降低成本，提高企业运转效率。

（7）成本占优。

成本占优是指企业通过对资源的整合、再分配，最后达到降低经营成本的结果。在商业计划书中，企业需要介绍质量管理、资源整合方面的成本优势，以及竞争对手的成本优势。

（8）中转站模式。

说到中转站模式，快递行业就是最好的例子。中转站模式是通过同时对接企业和客户，将二者联系起来，能够同时节约两方的时间，提升双方的效率，最后达到从中盈利的目的。在商业计划书中，创业者要向投资者充分展现其强大的中转站。因为中转能力越强，带给企业和投资者的收益就越多。

2. 如何展现盈利模式

在商业计划书中，必须把盈利模式清晰地呈现给投资者，才能获得投资者的青睐。对于盈利模式的阐述，越仔细、越真实，得到投资者认可的可能性就越高。

阐述盈利模式的写作技巧如图 4-9 所示。

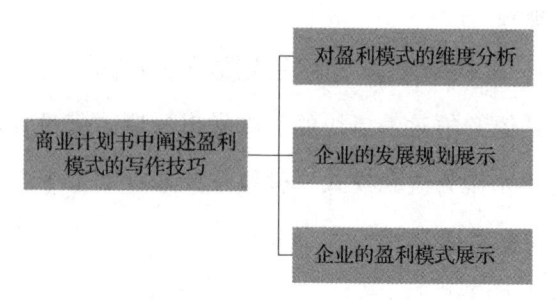

图 4-9　阐述盈利模式的写作技巧

（1）对盈利模式的维度分析。

在对盈利模式的阐述中，创业团队如果对盈利模式的感知还是较为模糊，没有清晰的逻辑和条理，可以尝试从独特的资源、优秀的运营、出色的营销、资本的运作四个维度对公司的盈利模式进行分析，然后根据实际情况阐述相关内容。

（2）企业的发展计划展示。

想要向投资者展示公司的盈利模式，首先就是要展现企业的发展计划。如果一个企业没有长期的发展规划，其盈利模式自然只是一纸空谈。所以，如果要让投资者真正认可一个盈利模式，公司长远的发展计划也必须随之一起呈现在商业计划书中。

（3）企业的盈利模式展示。

在叙述完公司的长期发展计划后，紧随其后的就是企业的盈利模式展示。企业的盈利模式以前者为基础，具体的盈利内容与企业的类型挂钩。

四、竞品／竞争对手分析

在绝大多数情况下，对于创业者而言，其很难成为一个行业的开创者。而一些创业者在编写商业计划书时，常常会低估甚至忽视公司的竞争者，对竞争对手只是进行粗略的了解，没有做深入的研究。更有甚者，认为他们没有竞争对手，这显然是很不合理的。

因此，在商业计划书中对于公司竞争对手的相关情况，也是创业团队需要谨慎撰写的一个部分。对于竞争对手的情况，我们不应该回避、忽视，而是要详细了解、深入分析。这不仅能让投资者更明确地判断公司未来的发展前景，也给创业团队自身一个反思自我、学习竞争对手的优点，从而找到努力方向的宝贵机会。同样，这也给投资者呈现出了一个有着强大自信但又能正视现存问题的良好公司形象。

竞争对手分析主要分为如下四个方面，如图4-10所示。

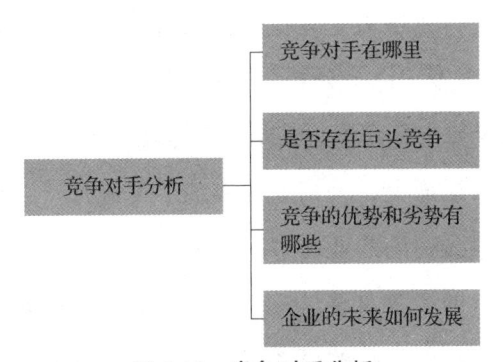

图4-10 竞争对手分析

1. 竞争对手在哪里

（1）从产品出发。

对于提供产品和服务的企业而言，生产同一类产品和服务的企业就是你的竞争对手，这属于同类竞争对手。如果一些企业提供的是可替代的产品和服务，他们也是公司的竞争敌手，属于非同类竞争对手。

（2）从客户出发。

企业之间如果有相同的产品或客户群体，那么该企业就是公司的竞争对手。但如果客户群体不同，就不能视作公司的竞争对手。

（3）从营销出发。

对公司的广告、促销、新媒体营销等市场推广行为存在竞争的企业，与公司就构成了竞争关系。

（4）从定位出发。

如果一个企业的产品和服务与公司的产品或服务处在同一个定位上，那么多半这家企业就是公司的竞争对手。通常产品定位简单分为低端、中端、高端三种。

2. 是否存在巨头竞争

创业公司在进行竞争对手分析时，尤其要注意行业中是否存在"巨头公司"，有没有多家"巨头公司"。如果公司与"巨头公司"存在竞争关系，创业团队就要十分谨慎，甚至需要考虑调整公司的主营方向。

在具体的业务层面上，公司业务应该尽量避开"巨头公司"的业务范围。另外，如果公司的产业与"巨头公司"的上下游相关，就有可能成为"巨头公司"的竞争对手。一个刚创办的新企业如果试图与"巨头公司"竞争，投资创业失败的概率就会极高，而投资者也会慎重考虑对其进行投资的风险大小。

当然，巨头竞争也不是绝对的，如果初创公司真的有超越"巨头公司"的核心技术、不可复制的商业模式，或者是行业内"巨头公司"之间相互残杀，公司还是有可能获得成功的。

3. 竞争的优势和劣势有哪些

分析自身和竞争对手的优势和劣势，不仅可以对自身和竞争对手有深入的了解、清醒的认知，还可以让公司在竞争中处于主动地位，能够先对手一步采取措施，同时还能够给投资者留下思考周全的良好印象，投资者也更倾向于投资这样的公司。

在绝大多数情况下，公司与竞争对手之间竞争的主要战场还是在产品方面。对于一家刚刚成立的新公司而言，最有利的局面当然是公司的竞争产品很少，甚至是没有竞争产品。但如果企业遇到的状况是企业的商品存在着数量庞大的竞品，那企业最优先考虑的就应该是怎么使企业持续存活下去，毕竟"留得青山在，不怕没柴烧"，再想怎么在竞争中取胜，这样才能说服投资者。

4. 企业的未来如何发展

在完成对竞争对手的识别，获得了相关情报，并进行了竞争优劣势分析后，最后一项就是战略意图分析，主要分为四个阶段，如图 4-11 所示。

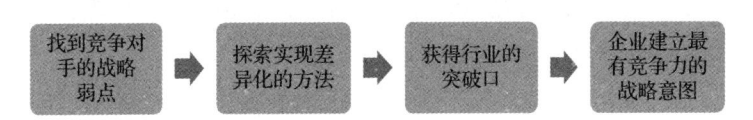

图 4-11 战略意图分析的四个阶段

（1）找到竞争对手的战略弱点。

在战略意图的宏观层面，对于竞争对手的分析最重要的核心就在于找到竞争对手的战略弱点。

（2）探索实现差异化的方法。

在明确了竞争对手的战略弱点后，那么企业就需要探索针对对手的这些弱点如何实现差异化，从而获得最大的竞争力。

（3）获得行业的突破口。

在企业找到实现差异化的方法后，行业的突破口便自然而然地出现了。

（4）企业建立最有竞争力的战略意图。

找准突破口并据此建立具有竞争力的战略意图，企业才能够在激烈的市场竞争中摆正自己的位置。

第三节　财务计划

在商业计划书中，财务计划可谓是投资者最为重视的内容之一，同时也是需要创业团队花费最多的时间和精力对大量数据进行统计和分析才能完成的部分。财务计划能够帮助投资者深入地了解公司当下的经营状况，同时预测公司未来的发展走势及投资收益率，从而增强他们的投资信心，进一步提高投资的可能性。

财务计划主要涵盖了三个方面：团队在公司的收入和支出、经营资金的使用情况及财务成果，如图 4-12 所示。

财务计划涵盖的三个方面

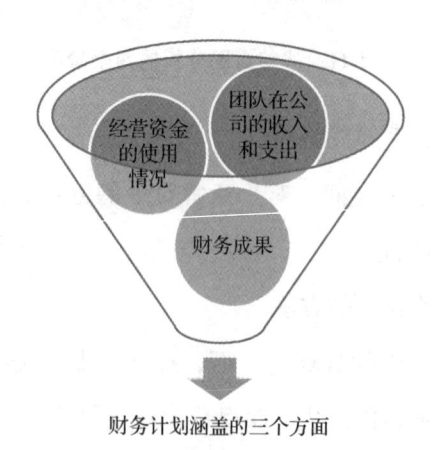

图 4-12　财务计划涵盖的三个方面

在对这些信息进行有效整合后，创业团队提出团队未来的目标、计划，以及为了达成这些目标计划相应的行动方案。这一流程整合下来所产生的书面文件，就是公司的财务计划。

一、财务计划的阐述

虽然投资者最关心的就是企业的财务问题，企业的财务情况也应无一遗漏地公开在投资人面前，但对于企业财务情况的不同方面，投资者的关注度还是有明显差异的。因此，有关企业的财务计划，哪些方面需要详细展现、着重介绍；哪些方面又只需要简单地一笔带过，是作为商业计划书的编写者创业团队需要学习和思考的问题。

另外，从投资者投资目的的角度出发，因为投资者对公司进行投资的主要目的就是赚钱，因此，在公司财务计划的阐述中，投资者最希望看到的就是对公司持续盈利性的介绍。

除此之外，公司的每一笔钱有没有花在刀刃上、是否有过重大负债、是否做过资本抽逃的行为等都是投资者关心的问题，企业可以根据自身情况做出简要描述。投资者会根据商业计划书中企业所给出的信息判断产品或项目是否能够持续地为自己创造财富，只要表达得当，投资者根据这些衡量标准会相信企业的项目可以实现可持续性盈利的。

二、企业的财务计划

财务计划是初创团队针对公司未来财务情况所制订的方案。在投资人眼中，一个初创公司财务计划的可行与否，直接决定了公司项目能否取得成功，关系到投资者能否得到其期望的收益，因此财务计划就成为投资者希望重点了解的内容。一个优秀的财务计划不仅能够吸引投资者，提高获得投资的可能性，对于团队工作效率的提升、公司未来的健康发展也有极大的积极作用。

1. 商业计划书中财务计划的主要内容

在商业计划书中，财务计划主要包括四个部分，如图 4-13 所示。

图 4-13　财务计划的主要内容

（1）营销预测。

营销预测即预测公司产品或服务的销售量。当然，公司产品或服务的销售量受到许多因素的影响，想要完全精确地预测出产品或服务的销售量显然是不太现实的。但创业团队并不能以此为借口忽略这一部分内容。团队应当根据公司目前所掌握的数据进行科学、合理的营销预测，就算未来的真实销售量与预测量有偏差，也是可以得到投资者理解的。

（2）预测报表。

预测报表主要包括三个不可或缺的表格，分别是预计负债表、预计利润表和预计现金流量表。

（3）资金需要量。

资金需要量预测，通俗而言，就是预测公司需要融多少钱，需要投资者为公司投资多少钱。公司启动融资计划的第一步，就是确定公司的资金需要量。显然，如果只提供一个最终数字，是无法让投资者信服且心甘情愿地给公司投资的。资金需要量是需要创业团队基于公司目前的生产经营情况,对未来进行评估和分析,最后推测而来的。

(4)追加变量。

资金需要量的预测当然是无法做到完全准确的,那么为了避免公司在未来出现临时资金短缺的情况,创业团队往往会在商业计划书的财务计划中追加一些变量。如果未来公司出现了资金不够用的情况,团队可以凭借此及时获得投资者额外的资金支持。

2. 财务计划的编制

公司编制具体的财务计划取决于公司的情况和需求。公司的规模有大有小,进入融资阶段的公司也可能处在不尽相同的发展时期,它们各自就需要形式、内容都有显著不同的财务计划。财务计划的编制方法有许多,常用的企业财务计划编制方法大致有如下四种。

(1)稳定型编制。

稳定型编制是企业根据市场调查,确定经营情况稳定而突出的财务计划方式,适合在市场无波澜或者是行业波动不大的企业使用。

(2)变化型编制。

就像前文提到的,预测不一定准确,意外情况随时有可能发生,特别是对于一些行业市场波动较大的企业来说,变化型编制就是为其量身定做的方式。

(3)持续型编制。

持续型编制就像是体育运动赛中的 800 米接力比赛,是指企业将计划分为多个内容,而每个内容互相衔接,通过持续性接力而完成的编制方法。

(4)空白型编制。

空白型编制不以企业现有的基础作为参考依据,而是从零开始将企业信息整合起来，并成为一套新的财务计划。这一编制方法风险较大，但如果做好了，所获得的效果也比较好。

在不同的编制方法中，企业应该根据自己的实际需求选择最适合自己的方式。有的企业发展平稳，那么稳定型编制就比较适合它；有的企业发展速度飞快、变数较大，变化型编制自然而然是最适合的方法。

三、企业的盈亏预测

要进行对企业的盈亏预测，核心就是建立企业的财务模型。财务模型就是企业将各种信息进行整合，从而预测与评估企业的财务绩效。企业建立财务模型时，要把任何与企业前景有关的因素都考虑进来，如销售额、利润率、负债情况等。企业的财务模型是投资者决定是否投资的重点指标，投资者可以根据财务模型预测一些数据，如未来的现金流、预期收入等，从而决定是否投资该企业。

可从公司历史的财务业绩进行全面剖析，从而得出过去影响财务绩效的主要因素等内容，并进行完善。在此之后，企业将依据当前的经济发展计划、外部环境变化趋势等做出预测，并制定出相应表格以供参考。当把企业这两个阶段的内容都完成后，企业就可以根据各类估值参数建立财务模型。

企业的财务模型主要是对企业成本及收入走向进行预测。收入与投资者的利益息息相关，投资者自然不会忽视这一要素。至于企业在财务模型中的成本走向，必要的成本当然不可缺少，但是和企业收益增长无关的成本自然是越低越好。所以，初创公司需要把成本维持在一个低廉但相对合理的水准，并将其列入商业计划书中，成为漂亮的加分项。

对于初创企业来说，在毫无经验的情况下建立财务模型是有难度的，不仅要花费大量的时间和精力，更有可能造成闭门造车的情况。因此，初创企业建立财务模型时，其实可以借鉴其他企业的财务模型，为企业自身提供有效的参考依据。

在互联网上有大量财务模型的模板，但是，不可直接复制粘贴、盲目使用，而是要根据企业性质做出选择。一般情况下，投资者希望看到的财务模型包括五个方面的内容，如图 4-14 所示。

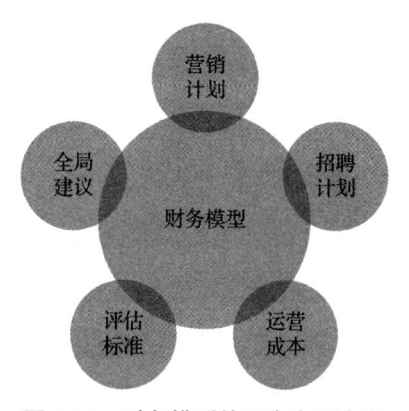

图 4-14　财务模型的五个方面内容

以上五项内容是企业在建立财务模型时必不可缺的因素，特别是在全局建议中，企业应当说明财务模型与未来真实数据可能会出现什么样的误差，从而让投资者注意到关键要素。

四、投资者的回报分析

在商业计划书中，投资者最关心的就是投资该公司的投资回报。具体而言，创业团队需要给投资者预测投资项目后的投资成本回收期有多长及投资回报率是多少。下面我们将介绍在商业计划书中如何计算这些参考数据。

1. 基准收益率

基准收益率是指投资方案的预期收益率，也就是对项目投资时间价格的估计，是投入最大资本所应达到的最低利润率水准，是评估投资方案在经济上是否合理的重要基础。

基准收益率的确定受费用来源、投入时间和成本、通胀水平和工程风险的影响，一般情况下，基准收益率的确定要符合下列要求。

基准收益率 > 投资的机会成本 > 投资费用率

因为项目融资有一定风险，所以必须考虑相应的风险贴补率。如果项目在投资阶段按不变的价格计量，便不必考虑通胀水平，但如果项目是按不同年份的平均物价来计量，则必须考虑通胀水平。在明确了所有影响因素的平均价值后可通过公式测算基准收益率，其公式如下：

$$i_c=(1+i_1)(1+i_2)(1+i_3)-1$$

其中，i_c 为基准收益率，i_1 为年资金费用率和机会成本的较高者，i_2 为年风险贴现率，i_3 为年通货膨胀率。

设定好基准收益后，就可以通过投资净现值的计算公式测算出投资净现值的具体金额。

2. 投资回报率

投资收益一般都是以投资回报率（ROI）来描述，而投资回报率则是指在投资活动中取得的经济价值，投资回报率的计算公式如下：

投资回报率 = 年均收益或平均利润率 / 投资总额 × 100%

投资回报率的计算比较简单，它具备一定即时性，通常是基于在某个特殊年份所计算出来的数值。

3. 内部投资报酬率

内部投资报酬率（IRR）也叫内含报酬率，反映的是内部投资人项目的现实收益率，其统计基本公式如下：

$$IRR = r_1 + [(r_2 - r_1)/(|b| + |c|)] \times |b|$$

其中，r_1 表示低贴现率，r_2 表示高贴现率，而 $|b|$ 表示低贴现率时财务净现值的绝对值，$|c|$ 则表示高贴现率时财务净现值的绝对值。

以上三个数据是分析投资者回报最常用的三个指标。商业计划书中财务计划的编写者需要对其有足够的了解并学会如何计算这三个数据。

第四节　融资需求

众所周知，商业计划书就是创业团队写给投资者看的。那么，创业团队耗费大量的人力、物力编写一份商业计划书给投资者，当然不仅只是为了向投资者展示创业团队的雄心壮志、远大抱负，根本目的是获得投资者的投资。公司获得投资就是获得公司未来生产经营所需要的资金，从而推动公司的发展，公司和投资者双方都能从中获利。因此，公司的融资需求也是商业计划书的重要组成部分。

一、融资计划的阐述

投资者的唯一目标就是营利。所以创业团队也需要在商业计划书中向投资者展示公司的融资需求，介绍投资者投资给公司的资金分别将用于哪些方面，增强投资者对该投资项目、创业团队的信心，从而提高了公司融资的成功概率。

创业团队要阐述公司的融资计划，第一步就是给投资者一个最终的计划融资总额，然后再详细介绍投资给公司的资金在未来具体将会落实到公司发展的哪些方面。这样能够展现给投资者一个直观、完整、具体的融资需求。实际上投资者可供选择的投资项目有很多，那些风险高的项目很容易被投资者放弃。

事实上，相比于对一个看重的项目进行整体投资，投资者更青睐于以分段投资的方式进行投资。针对此种情况，创业团队将公司的融资需求进行分段展示是十分必要的，可以让投资者充分了解不同部分的资金使用方式及使用效果。

投资者在了解公司的融资需求后，就会分析该公司的融资需求是否合理。如果创业团队对于融资资金的分配安排得十分科学，让投资者的每一笔钱都用在刀刃上，自然可以得到投资者的认可，从而同意对该公司进行投资。当然，假如投资者同意对一家公司进行投资，并不意味着投资者给公司的投资金额将会完完全全按照创业团队所给出的融资需求来，而是需要投资者对该公司进行估值，最后决定投资的多少。

二、预期公司的估值

在商业计划书中，对公司进行估值，指的是估算正在融资的公司在市场中的真实价值。随着资本方的不断进步，估值技术也发生了明显的改变，此前只有专业的金融技术人员才有能力对一家公司进行估值，如今许多投资者、金融公司的高管、创业者都有能力对公司进行估值。

在对企业进行估值时，创业者或公司要清楚是融资前先估值还是融资后估值，假如不能说明，投资者往往也会询问。为什么投资者需要先了解呢？这是因为融资前后公司的估值会有明显差异，投资者所占有的份额比例是不同的。

通俗来说，企业评估是评估企业值多少钱，投资者在投入资本之后，这个资本到底拥有多少股份取决于企业的估值。

对企业进行估值的方式有许多，常见的方式大致包括两类：相对估值法和绝对估值法。

1. 相对估值法

相对估值法是最常见的价值估算方法，而且计算起来也比较简单。相对估值法一般会涉及三个指数，它们分别为市盈率、市净率和企业价值倍数，计算方法如下：

$$市盈率 = 每股价格 / 每股收益$$

$$市净率 = 每股价格 / 每股净资产$$

$$企业价值倍数 = 企业价值 / 息税、折旧、摊销前利润$$

企业价值 = 公司股票总市值 + 有息债务价值 − 现金及短期投资成本

（1）市盈率。

平均市盈率体现了市场上对企业未来利润的预期，把企业平均市盈率与同行业内平均股票市盈率对比或与前一年度的平均市盈率对比，一旦企业的平均市盈率超过了同行业的平均水平，则表明企业未来利润可能会增加，市场前景将向好。一般来说，判断企业被高估还是低估，可以通过市盈率水平来确定，具体包括：0 ~ 13，即价值被低估；14 ~ 20，即正常水平；21 ~ 28，即价值被高估。

在得到公司的市盈率后，用公司的每股收益乘以公司的市盈率就可以得到预测公司的合理股价了。

使用市盈率进行评估适用于盈利比较稳定的企业，如零售、制药、农业等,但不太适合制造业、服务业等周期性较强的企业。

(2)市净率。

市净率反映了每股市值和各股净资产之间的比例。一般情形下,市净率较低的企业更值得长期投资。用预测出的企业的市净率乘上企业的每股净资产就可估算企业的股价。

利用股市净率来评估,适合于无形资产中对总收入、现金流量和价值创造等影响较大的企业,包括商业银行、房地产、投资理财企业等。

(3)企业价值倍数。

如果企业价值倍数比同行业、竞争者或历史水平更高,则表示企业估值较高;如果更低,则表示企业估值较低。企业价值倍数法适合于竞争激励和市场知名度都不高的企业。

2. 绝对估值法

绝对估值法是预计企业未来股息水平和未来的自由资金流,并由其结果计算得出企业每股证券的内部价格。常见的估价建模方式一般有资金流贴现价格模式评估法和期货价格模式评估法。

掌握了企业估值的常见方式后,部分创业者和企业可能会有困惑,什么样的估值才是合适的?提出该问题的创业者或企业此时往往陷入向投资者报价的困惑。

我们可从以下方面出发,来较为合理地给企业估值。

(1)增长潜力。

企业在各个阶段的发展要求是不同的,新创企业早期阶段估值应该更关注企业的发展,首先要清楚现阶段哪些资本可以保障企业的发展,这时资金的需求量会相对较小。在企业不同的发展阶段,对企业估值也应用不同的标准,在企业评估和考虑投资需求时要充分考虑这一点。

（2）给投资者多少股权。

对投资者来说，如果创业公司或者团队能够给予投资者的股权太少，那么投资者可能会放弃投资。通常情况下，给予投资者20%～30%的股权比较合适，这也是大多数投资者能够接受的股权比例。

（3）倒推合理估值。

根据给投资者的持股百分比倒推企业估值。假设给投资者20%的股份，计划融资50万元，则企业的合理估值为250万元。

（4）公司是否需要高估值。

很多时候，大家都期望企业价值能够被高估，因为一旦企业在创业初期就获得了超高估值，那么企业在下一次投资时就需要更高标准，因为高估值意味着企业高速发展。一旦企业做不到高速成长，那么在以后的发展中，企业将无法获得投资者的投资，甚至需要满足很多负面条件来完成一次低估值投资。这对企业的发展前景都是不好的，最后企业可能存在被兼并甚至倒闭的风险。所以对于企业来说，过高估计并不一定就好。

（5）不同行业估值不同。

各个产业存在不同的估值方法，相对于传统产业，高新技术或互联网产业的估值可能更高。传统行业公司的估值可能为各种资产的2～4倍，而互联网行业公司的估值可能为营业收入的5～10倍。

（6）考虑供求关系。

在供需关系中，如果供不应求，价格就会提高，这也适用于企业估值。假如企业所供应的商品和服务处在供不应求的阶段，则很可能会有更多的投资者对这种项目感兴趣，而投资者间的利益争夺也可以使价格更高，从而提升企业估值。

三、公司的股权结构

在本章的前半部分，我们提到了融资前的公司股权架构，并且讨论了采用哪些形式的股权架构有利于公司的长远发展，哪一些又会阻碍公司未来的进步。同样，在公司经历了融资之后，投资者将拿到公司的一部分股权，公司的股权架构也会因此发生巨大的变化。

让我们来看一看聚美优品的创始人陈欧早年在创立聚美优品之前的第一次创业经历。

陈欧的第一次创业经历是失败的。他在临近大学毕业时，用自己的电脑开始创业。陈欧第一次的创业内容是一款在线游戏平台。这个平台在陈欧的经营之下，很快就开始在年轻人中流行起来，每天吸引大量的游戏玩家。随着使用人数的不断增多，这个游戏平台发展得很快。

然而，在该游戏平台的业务蒸蒸日上之时，陈欧被斯坦福大学录取，他暂时放下对公司的管理，选择前往美国继续深造。于是，陈欧只能寻找职业经理人帮他处理公司的管理事务。为了能让职业经理人更好地处理公司事务，陈欧做了一个最终导致他失败的决定：将平台40%的股权让给该职业经理人。

陈欧在斯坦福学习期间，不断有投资者加入他的公司，陈欧的股权迅速下降，最后出让的股权超过了陈欧的持股数。陈欧就此失去了对企业的控制权，最后这个企业连名字都改了。

创业受挫的因素有很多，从陈欧这一经历中，我们可以看出他失败的主要原因就是股权分配不合理，在公司发展初期没有对公司的股权问题进行慎重考虑。他将大量的股份转让给了职业经理人和投资者，使职业经理人和投资者对公司的掌控力不断提高，从而导致自己失去了控制权。如果投资者掌握的股权太少，投资者可能无法得到满足；如果投资者获得的股权太多，公司则会有被投资者控制的风险。总之，出让给投资者股权比例的多少，需要创业团队慎重抉择。

优秀公司的价值专栏 4-4

阿里巴巴：提前预留股权

一、公司简介

阿里巴巴，全称阿里巴巴集团控股有限公司（以下简称阿里巴巴）。阿里巴巴成立于1999年，总部位于浙江省杭州市。2014年，阿里巴巴在美国纳斯达克上市；2019年11月26日，又在中国香港证券交易所上市。阿里巴巴及其关联公司涉及多项业务，涵盖了金融科技、云计算、线上购物、物流等多个板块，人们所熟知的淘宝、天猫、阿里旺旺、聚划算、菜鸟裹裹均是阿里巴巴的产业。2020年，在《财富》全球公司排行榜中，阿里巴巴排名第11位。

二、股权分配

阿里巴巴之所以能够获得如此巨大的成功，离不开其合理的股权分配计划。在发展的过程中，阿里巴巴会不断招新人，在创业过程中，同样也会有新的合伙人加入，形成新的经营管理模式。这时，新合伙人的股权问题就成为当务之急。因此，在阿里巴巴创立初期，出于这一方面的考虑，阿里巴巴给出的解决方法就是为新的合伙人预留出股份。

合伙人的加入代表着公司新鲜血液的注入，能够在一定程度上为公司的发展和经营带来新的方向和转变，所以，公司需要做好合伙人的股权变动或分配工作。

三、总结发展

在阿里巴巴建构和发展的过程中，股权分配始终有着清晰的规章和制度要求，所以，阿里巴巴能够对新合伙人的加入有合理的安排，这完全符合大公司在股权架构上的原则。中小公司的创业者则需要在前期就预先准备好充足的股权份额，这样才能够在后期招揽人才时拥有相对明显的优势。一方面，能够看出公司对人才的重视；另一方面，也能够看出公司有发展壮大的规划，公司的发展就会更上一层。相反，如果未能在前期预留出股权份额，而是将公司的全部股权划分完毕，就会影响新合伙人的合作意向。另外，如果从其他的股东手中收回股权，不仅费时费力，还会影响原来股东的既有权利，对公司造成负面影响。

从阿里巴巴的案例中我们可以看出，为了能够在未来的发展中招揽到更多的人才，或者是获得更大的发展空间，中小公司需要在前期的经营中预留出股权份额。

（资料来源：笔者根据多方资料整理而成）

四、资金运营计划

公司的资金运营计划就是向投资者讲述接下来团队将如何使用融资得到的资金，经过创业团队的合理规划，投资者的资金将被分配到合适的地方发挥作用，最后为公司和投资者赢得利润。通常情况下，在商业计划书中公司可以从资金的使用方案、资金的使用监督与投资的收益评估三个角度阐述资金运营计划，如图 4-15 所示。

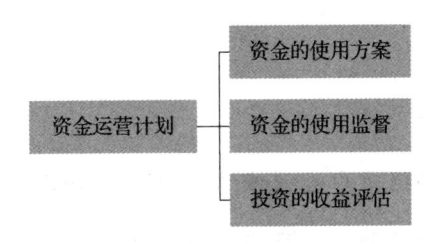

图 4-15 资金运营计划

1. 资金的使用方案

企业介绍资金运营的第一步就是说明将投资得来的钱运用到什么地方，如研发和生产产品的资金预算、进行市场推广的资金预算及固定资产的使用计划，这些内容同样也是投资者感兴趣的。

2. 资金的使用监督

虽然对资金的使用路径大概了解了，但是谁又敢保证一定会这样执行呢？因此，企业为了取得投资者的信任，可以将监督资金使用的方式列入商业计划书中，让投资者放心。

3. 投资的收益评估

企业做的每一步都是为了获得更好的发展，从而获得利益。因此，企业每一个计划步骤能够达到什么样的效果，对于企业和投资者来说都是十分重要的。企业可以将资金投入产品后能够获得多大市场、得到多少利润等问题做一个评估，以增强投资者投资的信心。

章末案例

京东：中国最大的自营电商的成长之路

一、企业简介

京东，全称为北京京东世纪贸易有限公司（以下简称京东）。京东成立于1998年，总部位于中国北京市，主要创始人为刘强东。2014年，京东在美国纳斯达克上市。京东的主体是一家电商企业，同时涉及金融、智能自动化业务。它是我国零售业的"头部企业"，2020年，京东入选全球数字经济排行榜第44位，《财富》全球500强第59位，是中国乃至世界范围内的知名企业。如今，京东的模式大致是：围绕给普通大众消费群体和第三方平台商户带来多、快、好、省的价格主张，以四大方面的核心优势，形成以京东自营商品为主、平台为辅的中国最大的自营电商商业格局。

二、创始人及其创业历程

说起刘强东，"草根出身，名校毕业"或许是他身上最明显的标签。1974年，刘强东出生于江苏省宿迁市。刘强东从小成绩出众，1992年，他以优异的成绩考入中国人民大学。在大学时他不再向家人要一分钱。那时的刘强东，经历过抄信、卖书到编程软件，不但生存无虞，还攒下了数十万元的创业资金。刘强东的初次创业其实是做餐饮，但以失败告终。后来，他又投向了多媒体这种新兴产业。

一开始，刘强东在中关村租个了柜台，卖些收录机之类的产品。刘强东很聪明，看到了光盘和刻录机的市场需求，抓住了这个商机，京东疯狂地"攻城略地"。创办京东的第二年，京东的年销售额就已达千万元了。在那时候,京东只有七名正式员工。2003年,京东开始了从一个柜台慢慢发展壮大为十几个柜台的规模,但在这第一年,"非典"来袭。恰好当时柜台的租约也已到期,于是刘强东便决定了不再续期,转战线上。在从2003年开始的四年里,刘强东都以办公室为家,白天办公室,晚上就睡在地板上。

靠着这样的拼命努力与产品口碑的逐渐形成,2006年,京东的销量已经突破了8000万元,但运营资金开始吃紧,京东融资史的帷幕也正式拉开。

三、融资历程

京东的首轮融资发生在2006年。当时的刘强东对投资、风险投资等可谓是一窍不通。

2006年,就在京东正为现金流问题而发愁之时,一家上市公司决定对京东投资500万元,占股40%,并马上打了200万元过桥投资,收取了10%的利率。等年底京东的销量超过了市场预计,再打300万元。没想到到了2006年年底,那家公司的股价却忽然一落千丈,不但300万元没戏了,连以前的200万元也要收回。这可急坏了刘强东,他找岳勇,岳勇向其推荐了今日资本。今日资本决定投资1000万美元,占总股40%——当时的京东还只是个有着30多人的企业。在拿到了1000万美元的投资后,京东开始建立自己的行业护城河和壁垒,并开始着手打造自己理想的商业模式——"前端用户体验,后端运营效率",将大量的资金用于打造属于京东自己的物流体系建设中。2007年,京东在用了1000万元的第一轮投资与下注物流业务后,终于尝到了可变生产成本下降、工作效率和体验提高的甜头。事实证明,刘强东的决策是正确的,正是因为京东拥有专属的物流体系,使商品配送的时间大大缩短,效率显著提高，极大提升了京东的电商竞争力。

不过，物流系统"烧钱"的速度也超乎了预期，很快，2008年，京东又缺钱了。今日资本也发现了京东飞速成长的潜质，于是今日资本的创始人徐新在第一时间见到了刘强东，说希望继续对京东进行第二轮投资。

经过了首轮融资的摸索，进入了京东的B轮融资，当时正值2008年国际金融危机，许多投资人对京东持观望态度，寻找新的投资人迫在眉睫。这个时候，京东融资的第二个关键人物就出现了——徐新的师父梁伯韬。刘强东与梁伯韬商谈后，梁伯韬立即选择以个人名字投入100万美元。有了梁先生的融资，京东的状况马上有了反转。这时，雄牛资本的创始人黄灌球和李绪福双双现身了。

最后，京东、雄牛资本、今日资本的三个股东谈妥了：由雄牛资本出资约1200万美元、今日资本出资约800万美元，再加上梁伯韬的投资约100万美元，B轮与京东总共投入了约2100万美元。拿到了第二轮融资的2100万美元，刘强东做出了公司的第二次战略部署：扩张京东的电商商品品类。

在第三轮融资中，京东通过平台全品类的扩张，吸引了国内外大量的知名投资机构。最先是2010年，老虎基金找到京东，估值2.5亿美元。随后京东也吸纳了好几家境内及国际资金巨鳄，高瓴资本的张磊和红杉资本的沈南鹏等也参与其中。2014年，京东成功上市，作为一家初创公司的早期融资史也就此结束。

在京东的融资过程中，在资本和投资人大量进入的同时，刘强东始终没有忘记保持对公司的掌控力。在C轮融资期间，刘强东对于公司的控制力问题更加谨慎。面对多家资本的进入，股份被稀释是无法避免的事情，但是刘强东要求资本必须出让投票权，以至于融资完成时，刘强东的投票权高达51.9%。在新公司挂牌之前，刘强东又和投资人签订了一项超级投票权的合同，从而建立了如今79%投票权绝对控制的基础。

四、总结发展

京东的发展历史对初创公司的创业团队具有宝贵的借鉴意义，也对团队编写商业计划书具有极高的参考价值。刘强东数次具有远见、顺应产业发展的英明决策为公司奠定了一个良好的商业模式和产业结构。与此同时，公司的股权结构合理，在进行多轮融资后，创始人对公司一直保持着极高的掌控力，保证了公司长时间地健康发展。

（资料来源：笔者根据多方资料整理而成）

本章小结

本章将优秀公司的价值分为四个方面：大牛团队、商业模式、财务计划及融资需求。这四者作为四个重要的参考标准，共同构成了一家公司的商业价值，也就是投资者眼中的投资价值。一家有价值的公司需要有优秀且全面的团队、成熟独特的商业模式、清晰科学的财务计划及合理的融资需求。如果通过商业计划书，创业团队成功地让投资者了解了公司在这四个方面的价值，那么让投资者心甘情愿地为公司投资就是自然而然的事情了。

第五章

成功说服投资人的法宝

一家企业的发展历程通常分为四个阶段：初创期、成长期、成熟期、衰退期。在不同阶段所面临的主要问题是不同的，所对应风险管理的核心内容也不同，对每一个阶段的风险进行正确的预测和科学的评估，并根据这些分析结果制定科学、可行性的措施，将会在最大程度上减少由于风险发生而导致的企业损失。在刚开始创立公司时，创始人需要根据市场环境充分考虑自身产品的优势及未来发展空间如何，并切实地按照所拥有的资金规模创立合适的企业规模。在衰退阶段可能需要考虑退出的问题，此时选择合适的退出方式从而及时止损，也是企业管理者所必备的技能。

做企业就是有风险，没有风险就不做企业了。在经营过程中，最重要的就是运作模式、商业模式的创新，只有创新才能形成最具有特色的核心竞争能力。

——万达集团创始人兼董事长　王健林

开篇案例

碧桂园

一、企业简介

碧桂园是我国最大的新型城镇化住宅开发商，总部位于广东省，2007年在中国香港联交所上市，2017年进入世界五百强的行列。碧桂园从2019年将机器人和现代农业作为重点发展的两个新业务。在2020年开展以房地产为主要业务的高科技产业版图，主要包括现代的农业、机器人的餐厅、碧优选等业务。在国家乡村振兴战略的指导之下，碧桂园使用先进的无人机技术提升了农业生产的效率及生产产品的质量，碧优选公司主要业务便是把安全实惠、好吃丰富的农产品直接从田间运送到城市中，将农村和城市通过商业连接起来。碧桂园一直按照工匠精神建造美观安全、经济适用的房子，将"希望社会因为我们的存在更加美好"作为自己运营的使命；对于公司员工的招聘则以德才兼备作为主要要求，按照能力进行择优录取，建立一家积极阳光并有强烈社会责任感的房地产企业。也许正是因为这种理念，碧桂园近几年的发展越来越好。

碧桂园一直坚持可持续发展的理念，并且在公司战略上结合可持续发展的理念，逐渐建立起完善的可持续发展的政策。碧桂园把房地产业务作为核心，然后使用金融化的方法把产业链上的各个业务进行整合强化，进而充分发挥资源整合的优势。通过全生命周期的产业链建造，将企业的价值充分释放，从而巩固在这个行业中的地位。它不仅是房地产的开发运营商，也是将智慧城市和绿色生态充分融入各产业链过程的建造者。

二、高周转模式分析

碧桂园对技术进行不断创新，招募很多科研人才，从开始研发到生产的各个阶段进行智能机器人的更新迭代。碧桂园运用现代先进的科技给住户提供更加舒适的体验，在一定程度上也促进了我国科技方面的进步。房地产行业普遍存在高周转的模式，这种模式使碧桂园在面对风险的同时，也为其带来了巨大的收益，可以用"快、多、省、好"四个字总结这个模式。碧桂园同时进行多个项目的开发建设，单个楼盘的销售额稳居第一；它的平均开盘日期是 5.2 个月，这种高周转、快销售的模式可以快速获得资金回笼、增加利润。

在碧桂园，员工也可以通过持股获得高周转带来的超额利润，这就达到了共同承担风险、获得利润的目的。这种跟投的方式也加强了员工极强的执行能力，提升了团队的凝聚力。碧桂园之所以可以在普遍高周转的房地产行业中脱颖而出，是因为它更加看重公司的人才储备，通过招纳人才进行科技创新。

随着碧桂园资金成本的上涨，其销售毛利逐年下降，如图 5-1 所示。项目越多、规模越大，碧桂园对于过程的控制则越困难。

虽然从 2018 年到 2021 年上半年碧桂园的资产负债率逐渐降低，但整体数据还是高于其他房地产行业，如图 5-2 所示。较高的负债率代表着较高的银行贷款利息和融资成本。所以对碧桂园来说，降低负债率是必要的，它也有很长的路需要继续走。

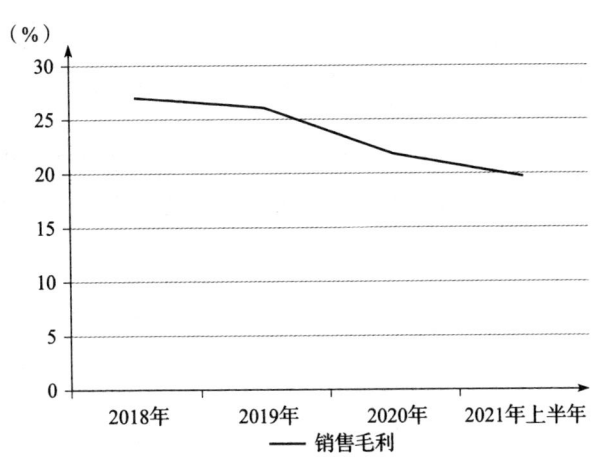

图 5-1 碧桂园的销售毛利

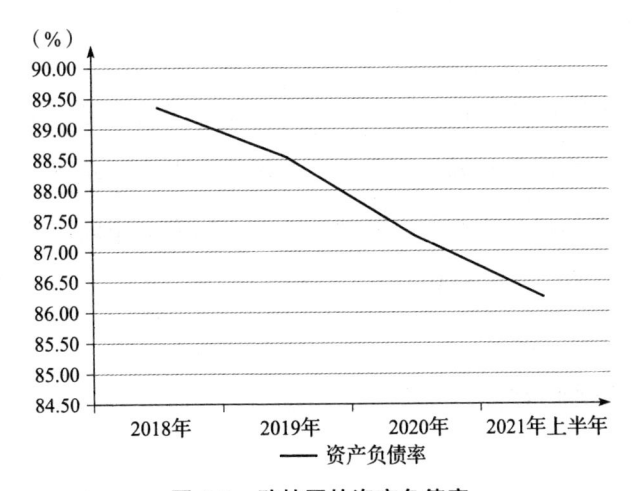

图 5-2 碧桂园的资产负债率

三、发展总结

总之，碧桂园目前主要面临的风险是由于高周转带来的资金问题。一个企业在经营过程中必然会出现种种风险，这些风险有主观风险，也有客观风险。当客观风险不可控时，企业就要在最大限度上减少主观决策的风险。一个初创企业在一开始就要确定所选择的发展领域，然后按照资金的实际情况确定合理的初始规模，不能刚开始就盲目追求大规模，否则很有可能因资金链出现问题而破产。碧桂园在经营过程中有很多值得学习的地方，如碧桂园对人才的重视，在真正意义上提升了员工的凝聚力，把企业和员工的前途连接到一起。即使许多企业明白这个道理，但是真正实现的则少之又少。

（资料来源：笔者根据多方资料整理而成）

第一节　风险投资的关注点

风险投资可以说是贯穿企业的整个发展过程，正确地把握风险情况并由此得出企业最核心的竞争力是其在同类产业中脱颖而出的关键。风险投资的关注点包括企业的风险状况、产业的发展空间、产品的优势及团队的核心力量，如图5-3所示。

一、企业的风险状况

企业风险，又称为经营风险，指的是因为未来的不确定性对企业经营目标产生的影响。它包括的范围比较广，不仅有在生产经营领域的风险，还有各种职能部门所产生的风险。对于一个企业而言，成本的不确定性、代价及收益的不确定性都是风险产生的原因。企业风险大致可以分为市场风险、信用风险、人事风险、政策风险等。在经营过程中，应该对其发展战略目标和业务实践过程中存在的风险因素和原因进行分析，避免风险发生的可能性，进而使公司健康发展，这就需要对企业的风险状况进行有效评估，了解企业存在哪些风险，又该怎么减少这些风险状况。

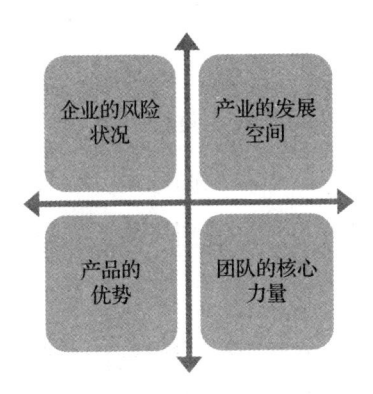

图 5-3　风险投资的关注点

1. 风险的评估

每个企业都是在一定的经营环境中生存的，它所面临的生存环境越有利，那么企业的风险就会越低，相反，则会面临高风险。随着消费者的需求越来越多，要求也会越来越高，企业所面临的竞争环境会越来越激烈，经营成本也会越来越高。企业内部的经营状况或者规章制度等也会造成企业风险，企业内部的基础设施越完善，它的优势越大，当风险发生时应对风险的能力越强。随着网络经济和知识经济的发展，一个企业拥有的技术、人才等逐渐变得越来越重要，这些都是企业应对风险的重要因素。

很多企业就是因为可以快速地了解到资源的配置以便于适应市场，或者将内部资源进行合理安排从而激发员工的干劲，在复杂多变的市场环境中可以良好地发展下去。企业对于一些不可抗力的风险也需要提前进行准备，根据各方面的信息采取防范措施。

2. 造成风险的可能因素

一般来说，影响企业风险的因素是客观存在的，人们只能尽量减少这种风险发生的可能性，但不能完全消除这种风险。风险的类型、性质等也会随着企业发展的不同阶段而逐渐变化，所以对于它的预测要及时地进行更新，不能用以前的风险预测结果分析现在企业应该采用什么措施，从而实现怎样的经营目标。说到风险，人们通常都会把它和损失联系到一起。然而，从另一方面说，风险和收益也是成正比的。风险本身最大的特点就是随机性，是偶然发生的结果，只能最大限度地预测风险。根据分析结果得出，风险越大，其所对应的回报收益率越大。所以，善于发现和分析风险、制定相应合理的风险措施，企业也可以在一定程度上实现收益大于亏损的结果。

3. 风险的衡量

经营杠杆通常被用来衡量企业的风险。一般来说，企业的经营杠杆越大，它所面临的风险也会越大；销售额越大，则企业的风险越大，经营杠杆也越大。当销售额在盈亏的边界值时，经营杠杆会趋向于无穷大。企业的风险状况在一定程度上取决于预测未来现金流的能力，如果可以较准确预测现金流，就可以在一定程度上减少风险。

二、产业的发展空间

产业发展是指一个产业从产生、成长到进化的过程，包括单个产业和产业总体的进化过程。发展过程包括产业结构的变化、调整和产业主导位置等的变化，它的本质是通过量的积累产生质的变化，可以分为相对增长和绝对增长。

1. 影响产业发展的因素

在产业发展的过程中，服务和产品的数量等都会发生变化。主导产业的选择是很重要的，主导产业会影响其他产业的发展，其中政策和市场、资本和劳动力、科学技术水平等因素都会影响主导产业的选择。影响产业发展的因素有需求与供给、创新、心理因素。此外，进入壁垒和退出壁垒、产业本身的竞争力等都会影响产业的发展。

产品的生产和需求的可持续性发展是要通过市场来进行的。一般来说，需求的增加可以促进产业的发展，需求的减少可以抑制产业的发展。随着需求的变化，产业的生产技术、产品的结构也会做出相应的变化。政府对于不同产业实行不同的政策也会影响产业的发展。政府采取产业政策通常是为了有利于公益事业，或者和公益事业关联性很大。通过政府的干预，一个产业的发展周期或者每个周期具体的时间会发生变化。

随着新兴产业的兴起，每个产业对于技术进步都会有一定的要求。一个产业技术进步越快，那么它的发展就会越稳定。生产技术高的产业生产成本低，同等质量的产品更易被消费者所购买。如果一个产业拥有很好的销量，那么这个产业就会有更多的时间和资源研发新的产品，这样便是一个良性的循环。

在市场条件好的条件下，许多产业都会有很好的发展前景。相反，在市场条件不好的条件下，会在一定程度上抑制产业的发展。

2. 产业的发展

一般来说，产业的发展可以分为四个过程：产业形成、产业成长、产业成熟、产业衰退。

（1）产业形成。

由于新技术和新业务的出现会使有同类性质的新企业出现，这些企业逐渐具有产业的基本形式特点。形成期的产业一般成本高、规模小，在新兴的产业中仅有一个或者少数几个企业，而且它们的产品没有建立起完整的供销系统，生产技术并不是很成熟，所以政府通常会采取对幼小企业的保护政策，给它们的技术、生产等方面提供一定的便利性。

（2）产业成长。

成长期是指在产业形成之后，产业的生产技术水平逐渐增加，随着生产力水平的提高，企业的数量逐渐扩大。这个时候，企业主要面对的问题是是否可以继续进入成熟期。在这个阶段，企业已经形成了独立的生产经营手段，生产规模会继续扩大，产业对本国经济的发展会有导向作用，所以也可以是先导产业。

（3）产业成熟。

进入成熟期的产业，其生产规模及技术水平，以及市场对其产品的需求逐渐稳定。

（4）产业衰退。

产业的衰退指的是产业逐步走向没落。处于这个时期的产业进步速度逐渐下降，大众对它的需求也逐渐萎靡。通常政府为了保护它们，会对它的技术进行更新，增加产业的技术含量以促其继续向前发展，或者将产业进行转移。

3. 扩大产业发展空间

当研究一个产业的发展空间时，可以重点分析它的产业定位及是否能真正形成产业集聚等，如制造业未来的发展应聚焦于高质量发展。与此同时，也要提高服务业的发展水平，将实体经济和数字经济进行结合。

扩大产业发展空间的另一种方式是增加投资的空间，未来每种产业的发展应该尽量避免同质化。此时政府规划的合理性就显得尤为重要，可以站在战略性的角度列出正负面清单，以使各个产业更好地扩大自己的发展空间。

三、产品的优势

产品指的是提供到市场的商品，被人们消费和使用，然后满足他们某种特定需求的东西，包括有形的物品、无形的服务等。产品的优势是指其他产品不可替代的优势，包括公司自身的核心技术，它决定着消费者购买产品的总价值量，合理地利用产品的优势可以使产品发挥出最大的价值。

产品的优势包括产品的外观、功能、技术和品牌优势，如图 5-4 所示。这些都是吸引消费者的因素，充分发挥产品的优势，可以扩大市场份额和提升产品在消费者心中的地位，形成自己独有的产品竞争力。

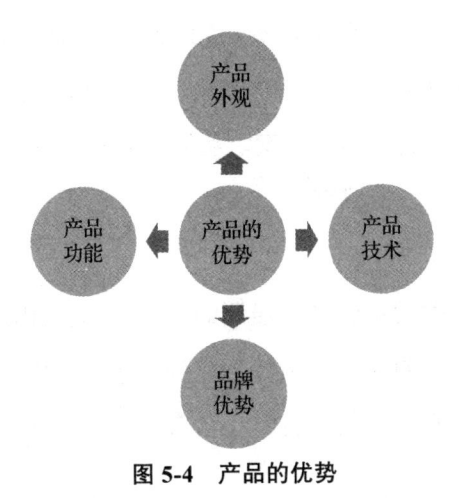

图 5-4　产品的优势

1. 产品外观

产品的外观包括图案、颜色、风格等，外观风格一般分为简约、复古、现代等。企业可以通过改变产品的外观包装进而提高消费者购买的兴趣。外观是消费者首先注意到的东西。对于消费者而言，外观是一款产品最直接的表达。所以优秀的设计师在对产品进行设计时要追求新颖，从而逐渐形成本产品在大众心目中一致的社会形象和感官形象。在产品功能越来越精细和趋同的时代，就应越突显出产品外观的优势。

2. 产品功能

产品功能指这个产品总体的效用和功效，也就是可以给消费者带来什么，在哪个方面的用途。虽然产品的外观是给消费者的首要印象，之后促使消费者选择这个产品，但可以让消费者最终确定购买的还是产品的功能。消费者购买一种产品实际上是购买这种产品的使用功能，当产品具有消费者想象不到的功能时，消费者会对这个产品的好感度迅速上升。

产品功能大方向可以分为审美功能和使用功能。审美功能是表达产品的价值方向和审美特征，使用功能便是它的实际使用价值。产品的功能是提升其竞争力的首要考虑因素。功能的多样化可以促进消费者购买，具体可以分为实用型、情感型和装饰型。

（1）实用型。

实用型也可以称为功能型，强调的是产品的使用功能。因为产品所具有的特殊功能，在制作时必须保证它的质量，才能使其在消费者需要的时候发挥作用，真正为人们日常生活服务。如果质量出现问题，会导致功能丧失。

（2）情感型。

即这种产品可以帮助人们疏导情绪，如气愤时的泄愤工具、缓解压力的小玩具。现代生活的压力越来越大，人们对这类功能性产品的需求也越来越大。

（3）装饰型。

家中常见的贴画、摆件、壁画等虽然不是必需品，但仍然很重要，最直观的优势便是外观好看。装饰型产品将外观和功能结合起来，外观的好坏和功能是直接联系起来的。装饰型的产品要满足消费者的需求，如果不能及时或者更好地满足消费者的需求，便不会有消费者愿意花钱购买。

3. 产品技术

产品外观与产品功能都依附于产品技术，产品技术决定这个产品能否被成功制造。目前很多公司都在申请属于自己的专利技术，这是占据市场的一个有利依据。当拥有专利技术时，其他公司无法再采用这种技术进行生产，有利于产生产品差异化。在市场竞争激烈的情况下，公司拥有一项属于自己的技术可以帮助其在竞争中脱颖而出，也能形成一定的进入壁垒，从而占有绝对优势地位。

4. 品牌优势

品牌优势也是产品特点中的一个重要方面，品牌的好坏在很大程度上可以决定这个产品的销售利润及未来的发展空间。有影响力的品牌可以深入人心。消费者在购买此类产品时不需要考虑其他因素，在一定时间内可以提高销售量，也可能会因为消费者之间的推荐提高客户的忠诚度，为企业日后推出其他产品打下基础。所以，品牌在提升产品优势过程中是很重要的。随着互联网的发展，新媒体的影响力越来越大，碎片化信息及网络宣传已经成为主要形式,消费者每天接触众多推荐产品,但这些产品的质量参差不齐。这个时候,品牌就显得尤为重要。一个好的品牌可以增加认知,赢得更多的客户。同时在新媒体的宣传之下使其在消费者心中留下深刻印象,增加潜在用户的数量。

成功说服投资人的法宝专栏 5-1

李宁品牌的竞争优势

一、企业简介

李宁是由李宁于1990年创立,目前成为中国与国际领先的运动品牌。2006年,李宁推出了"李宁弓"减震科技,这是我国国内第一个有关于运动鞋研发的科技平台;2009年,李宁的店铺数量达到8000多家;2012年,李宁成为CBA官方合作伙伴;2013年,李宁开启了校园篮球的新时代。经历了多年的探索,李宁已经从一开始仅仅制造运动服装,发展到了运动鞋、运动配件等业务模式。

李宁在一开始创立的时候非常重视本身的原创设计,并且长期致力于体育事业的发展。其在自身发展的同时也承担了很多企业的社会责任,如援建灾区、资助希望小学、关爱艾滋孤儿等,而且长期参与提高贫困地区体育教育事业的公益项目。在扩大自身资源的同时,李宁也利用这些资源为社会的美好建设尽自己的一份力。

李宁将"推动中国体育事业,让运动改变我们的生活"作为企业的经营理念。它不仅是一家运动品牌的公司,而且还是健康生活方式的传播者。正是因为一直以来所积累的企业文化自信,李宁才能更好地把握机遇。

二、品牌优势

1. 建立自主创新平台

李宁在2019年发布了自主创新科技——"李宁䨻"轻弹科技平台，使它同时具有"高效回弹"与"轻量化"的两大特性，对于专业运动员有很大的帮助。李宁的2020秋冬系列在巴黎蓬皮杜国家艺术文化中心展示，其把军装风格和功夫元素很好地互相融合。李宁的故宫概念店在2020年初开业，它本身就是和故宫文创合作的延续。李宁故宫的主题便是"臻美历史文物元素"和"李宁品牌文化基因"，同时也为消费者提供了全新的李宁价值体验。

2. 成为城市街头潮流文化的引领者

李宁的反伍"惟楚有材"一日限定店于2020年5月在长沙开业。李宁的反伍逐渐成为一个城市街头潮流文化的引领者，它的灵感来源于长沙本地的潮流文化和地域文化，以此打造出反伍"惟楚有材"的城市限定系列。

3. 将中国元素注入艺术

在敦煌雅丹魔鬼城开幕的李宁三十周年主题派对中，李宁将"三十而立，丝路探行"作为本次活动的主题。通过这次活动，李宁传承了品牌的中国文化，使品牌故事更有深意，从而在一定程度上引起了消费者的向往与追求。

李宁的"长安少年2020"系列，与大雁塔、西安古城等文化因素互相融合，从而实现了潮流与古都风韵的碰撞。李宁推出的"2021春夏数字秀"在抖音平台开播，其与新媒体艺术家陆扬共同打造的《运动的艺术》充分地展示了李宁在艺术领域和运动方面出色的掌控力。通过不同主题的线下互动，李宁给消费者提供了多种多样的购物体验。

4. 艺术家联名推出，强化运动精神

2020年12月，李宁与艺术家空山基共同打造了"运动的艺术"联名系列在全球进行首发。李宁这次所发布的"冥想机器人"来源于"机械姬"的经典形象，同时融入了瑜伽的经典动作，充分表达了对"运动的艺术"的探索精神。李宁的全球创业工作室也向消费者传达了一种勇于追求自我的精神。

三、发展总结

李宁通过多次对品牌的塑造，逐渐成为真正可以代表中国体育的运动品牌，旗下的其他产品品牌也同样具有特殊的意义，给我国消费者带来了激情的运动时尚体验，让消费者感到李宁不仅是一种生活产品，还是一种美好的生活体验。李宁积极进行科技创新和丰富企业的文化内涵，提升了大众对于其企业文化的强烈认同感，也为我国体育事业的发展贡献出了自己的力量。

（资料来源：笔者根据多方资料整理而成）

四、团队的核心力量

一个企业的团队可以由团队目标、团队人才、成员权限、表现定位、共同计划组成，根据他们的发展目标和方向的不同，可以分为以下几种具体类型，如图5-5所示。

多功能型团队是最受公司重视的。在这个团队中，成员们可以互补，信息快速传递，在观点的碰撞中可以形成最有利于公司的一个方案，成员之间的互补也使项目顺利进行。问题解决型团队一般是为提高工作效率进行方案解决，其工作核心是提高工作效率、增加产量、改善公司的工作环境等方面。共同目标型团队中成员的价值取向一般相同，理想信念一致，这种团队的凝聚力一般较强。自我管理型团队成员之间可以互相进行工作评估，对于工作分配、工作的节奏等自己进行安排。目前一些知名公司会采取这种团队管理模式，但在大多数企业中这种方式不一定可以带来积极的效果。

多功能型团队

问题解决型团队

共同目标型团队

自我管理型团队

图 5-5　团队的类型

1. 团队成员

一个完整的团队通常包含以下几种类型的成员：信息型、创新型、实干型、管理型、协调型、细节型、监督型、凝聚型，如表 5-1 所示。但这并不是说企业招纳人才时需要他们同时具备这些能力，只需要成员的优缺点相互互补、相互促进，使企业可以很好地运行、更好地实现发展目标就可以。但一个团队中如果能同时拥有这几种人才，企业的经营风险可以在很大程度上降低。

表 5-1　几种类型成员优缺点对比

类型	优点	缺点
信息型	可以有效地获取相关信息，善于人际交往，通过各种渠道精准收集需要的相关信息	信息的整合能力不是很强，常缺少一定的严谨态度

续表

类型	优点	缺点
创新型	有很多新奇的观念与想法，自身有很强的能力，创造力强	可能会盲目自信，合作能力弱，缺乏和其他伙伴的交流能力
实干型	积极工作，办事严谨、认真，及时完成相关任务，可以与管理人员较好地交流	缺乏创新能力，不善于思考和表达新奇的观点，动脑能力弱，需要管理人员安排具体任务
管理型	拥有强烈的责任感，自我约束能力强，可以很好地管理企业，具有长远的眼光	有些管理人员比较求稳，是风险中立者，规避冒险行为，可能因此错过许多机会；以企业利润和发展为目标，会忽略员工的想法，造成企业凝聚力差，企业文化认同度不高
协调型	同时协调多种工作，可以使工作效率最大化，还可以帮助管理者进行具体任务的安排与管理	缺乏创新能力；执行自己的任务时可能缺乏效率
细节型	注重细节，踏实认真，努力工作，可以发现一些微小问题	过度追求细节完美，会浪费一些不必要的时间；对某些事较认真，坚持自己的想法
监督型	有一定的批判能力，综合素质高，可以很好地协助管理者	可能只关注任务完成情况，对于员工不太重视，只是辅助管理者的角色
凝聚型	可以提升企业凝聚力，维护团队的协调能力，提升企业的认可度	可能在某些关键时刻缺乏原则性，偏离最初的目标

2. 团队的协作能力

一个团队中重要的是凝聚力，也就是通过团队合作增强彼此之间的情感，从而形成团队独有的一种精神。这种精神应该与企业精神一致或者趋向企业精神。通过团队协作不仅可以充分利用企业的资源、提高工作效率，也可以提升对企业文化的认同感，增加团队凝聚力。团队的氛围在很大程度上影响着团队工作的成果，团队中的每一个人都应以团队利益最大化为主，这样可以减少因维护自己的利益而造成各种信息不对称问题，影响资源共享，从而导致企业发展缓慢甚至是停止发展。

3. 团队的凝聚力

当一个团队成员的价值观统一、利益和信念追求一样，便会自然地互相依存、互相促进，紧紧凝聚到一起。

4. 团队的管理

一个团队的成员需要具备一定的学习能力，时刻保持学习的状态，关注行业的动态。人可以不是全能，但是要有一技之长。管理者对成员的管理需要人性化，建立的规章制度不能只关注目标的实现，还要关注团队的需求，使之更加有效率地工作。一个合理的规章制度应该是对员工有一定激励作用的，让员工感受到一种平等公正、互相尊重的工作氛围，让员工相信只要提出建议，高层就会及时关注并给出解决方法。只有这样，才可以提升工作效率。

> 成功说服投资人的法宝专栏 5-2

阿里巴巴团队

一、企业简介

阿里巴巴网络技术有限公司（以下简称阿里巴巴）是在杭州市建立的。随着互联网的发展，阿里巴巴经营的业务种类逐渐增多，而且还拥有关联公司的服务和业务，并且从这些业务中得到了商业生态系统的帮助。阿里巴巴于2014年在纽约的证券交易所正式上市；2019年入股中国国际金融股份有限公司和申通快递，同时确定了收购网易考拉；2020年春晚第一次联排的时候，宣布阿里巴巴成为春晚的独家电商合作伙伴。阿里巴巴旗下产品如图5-6所示。

图5-6 阿里巴巴旗下产品

二、独特的团队管理

1. 组织结构不断更新

阿里巴巴一直对它的组织结构进行更新，现在阿里巴巴已经形成了通过高德地图、自有电商平台、UC、企业微博等端口导流。阿里巴巴的团队之所以这么成功，主要有以下的几个原因：首先，团队的领导层具有很高的洞察力，他们看到了互联网的未来，并且确定可以带来巨大的财富，在他们的引导下，阿里巴巴一步步强大起来。其次，一个优秀的团队要有很强的创新能力，阿里巴巴企业文化的核心便是创新。最后，阿里巴巴还具有良好的企业文化，它一开始便实行合伙人的制度。在创业的初期，这种文化让大家都拥有极强的创业精神，也因为这种文化，之后会有许多优秀的人才加入阿里巴巴。

2. 分层次培训体系

阿里巴巴分别对初级、中级、高级的管理者采取不同层次的培训。一个团队的领头人必须拥有一个广阔的眼界，将每个人的利益进行合理分配，明确知道企业需要什么样的人才。一个中层的管理者必须拥有良好的沟通与表达能力，明确自己下达的命令对方可以听懂，与自己的理解不会出现偏差。完整的团队中人员的能力应该能互补。此外，阿里巴巴和供应商、用户、商家等建立起一定的信任程度。阿里巴巴的员工很难跳槽的主要原因是他们认为自己是阿里巴巴的主人，阿里巴巴是为自己做事情的，这种员工和企业共同生存的信任对一个企业显得非常重要。

3. 文化"三板斧"

阿里巴巴企业文化的"三板斧"主要分为上下两部分，其中"上三板斧"是指战略，也就是愿景、使命、价值观；"下三板斧"指的是战术，也就是组织、人才、KPI（关键绩效指标）。阿里巴巴不仅重视企业的文化价值体系，更注重对内部人员的培养模式。在阿里巴巴，员工的个人价值观必须和企业的价值观接近。

三、发展总结

阿里巴巴独特的人才结构和管理结构使其团队凝聚力和向心力很强，几乎所有的员工都在为企业更好的发展而努力，这点在每一年"双十一"的成交额和成交率上可以很好地体现出来。阿里巴巴的成功值得其他企业借鉴。

（资料来源：笔者根据多方资料整理而成）

第二节 企业不同时期的融资策略

企业的发展阶段一般来说分为四个时期，如图 5-7 所示。当然，并不是所有企业都会经历这四个时期，有些行业内的巨头企业需要经过很长的时间才会到达衰退期，也有一些小企业在初创期、成长期就被遏制了发展，到不了成熟期。因此，在每个时期采取相对应的、合适的融资策略对企业的生存和发展来说就显得尤为重要。

> 初创期 ▶ 成长期 ▶ 成熟期 ▶ 衰退期

图 5-7　企业发展的四个时期

一、初创期：做好风险控制

初创期是产品生命周期中的第一期，同时也可以称为导入期或者萌芽期。初创期时企业的规模效应还没有发挥，单位成本比较高，并且对企业的核心优势还没有很好掌握。由于管理制度的不完善，很有可能会出现管理和投资的失误。

如果企业没有充足的资金，以及让银行充分相信的贷款能力，那么他们的融资会比较困难，而且由于在初创期产品的发展并不是很成熟，没有产品优势为企业的资金进行引流，现金流量不稳定。这一阶段通常是企业最需要钱的时候，如果此时资金链断裂，那么对公司将是致命打击，公司可能会面临着破产。

现实中很多初创公司都是因为资源链和资金链的不连贯，导致无法按照正常程序研发产品，无法将产品投到市场中进行销售，进而会对整个公司的运转产生很大的影响，在没来得及盈利的情况下已经失败了。所以更需要合理分配资源，充分评估未来可能发生的风险。

1. 现金流管理

企业的生存、发展及快速成长都需要资金，资金在一个企业发展过程中起着极为重要的作用。初创期的企业投资必须采取更加有效的防范措施，不进行盲目投资、违法投资；对于股份的分配可以采取无股利分配，可以更好地维护股东在公司发展过程中的长远利益；加强运营资金的管理，对日常理财进行严格控制，逐渐完善资金运营管理的规章制度。

2. 自我认知

企业融资时需要对自己的发展状况和阶段有清醒的认知，进行科学地评估和预测。如果企业缺乏擅长定额管理等方面的人才，不能客观、充分地评估自己的财务能力，加之一部分投资者并没有充足的资金，企业通常会通过银行借贷等方式进行融资。如果企业的现金流不足，在后期经营不善的情况下很容易造成破产，并且欠下大量的债务，对投资者和创业者都是不利的。开始时可以根据自身能力创建一个小规模的企业，随着后期收益的增加再逐渐扩大规模，这样比一开始便建立与资金不符的规模更安全。企业对于未来的发展要有前瞻性规划，通过创业计划书的编撰来确定未来的经营方向和经营方式等详细内容。如果企业的财务部门和其他部门之间没有建立有效的业务交流，那么资金具体的使用方向和数额大小不明确，会影响后期融资策略的科学性，可能会导致资金的周转率低，从而增加财务上的风险。

3. 关注产品风险和盈利风险

一个企业的另一个核心便是产品优势，那么产品风险和盈利风险是投资者必须要关注的问题。通常来讲，企业所生产出来的产品需要有一定的销售市场，从而形成一个协作体系，为后期形成自己独特的商业模式打下基础。如果这个模式不合理便会带来风险，为此，需要打造一个渠道和平台，也需要根据产品制定合适的盈利模式以吸引大量的客户，在互联网经济迅速发展的当下，可以利用流量变现打造自己的盈利模式。

4. 关注法律风险

法律风险在企业初创期也是要关注的一部分，如股权的结构问题、经营业务是否合法、税务问题、知识产权问题、融资和对赌问题等。股权结构设立是否合理是企业发展的基础，有很多企业都是由于股权的不合理导致内部矛盾无法调节。一般来说，创业团队应该有企业的 2/3 以上的表决权或者股权。企业所经营的业务必须合法。随着对创新的鼓励，越来越多的创业项目逐渐产生，但是在经营过程中会由于各种各样的法律不合规而逐渐产生民事或刑事问题。一些行业需要经过审批和经营监管流程，尤其是医药行业、食品行业。政府对初创期的企业一般会有一些税收优惠的政策，从而促进更多企业的产生。企业在使用这些政策的同时，又要避免因为违规的操作增加经营的成本。在初创期企业对于劳动合同要进行规范操作，避免之后由于员工离职或者其他原因造成劳动纠纷。人事部门在招聘时也要注意应聘人员的责任感与能力等方面，尽量减少之后的纠纷。企业对于自己的知识产权的维护意识要高，如在初期选择了产品形象、字号等元素，就要及时申请商标、外观等的法律保护，否则可能后期会出现知识产权的纠纷。在申请和保护自身知识产权的同时也不要侵权，尊重其他公司的产权，对于企业的标志、宣传的文案等因素进行认真审核，避免造成侵权事件的发生。

二、成长期：展现企业优势

企业优势指的是自己独有的、有利于在竞争中获胜及企业发展和成长的各种因素，因此这种优势一般是内部存在且有利于经营发展和竞争获胜的资源，如管理层的远见卓识、科研力量的储备、企业文化的输出及凝聚、高质量的人才和完善的管理制度等，也可以是产品优势、成本优势、资本运营优势等，如图 5-8 所示。

图 5-8 企业优势

1. 产品优势

产品优势指在市场同类产品中提高产品的质量、改善产品的外观和增加产品的种类，形成企业自身产品的特色，如形状、颜色、材质等方面，从而更好地在市场中形成产品差异化，增加企业的竞争能力。对于新生产出的产品确定一定的销售市场，并且增加它们的侧翼产品。明确产品针对的销售人群，将市场进行细分，划分为不同层次的市场，可以针对不同的消费人群制定不同的销售方案及产品特色定位。在现有市场的基础之上，进入新的细分市场，更好地宣传自身产品的优点。企业可以通过做广告增大产品的差异性。当市场中存在多种同质产品时，使用广告宣传产品是一种性价比极高的选择，通过广告宣传自身产品区别于其他产品的地方，可以增加品牌在客户心目中的熟知度，进而扩大产品的销量。当这种推广达到一定程度时，客户也会向身边人推荐此产品，那么产品的优势将会被越来越多的人认可。

2. 成本优势

在供应链中加强各层级供应商之间的合作可以降低成本。合理地管理各链条关系也可以减少销售成本，企业和一个批发商进行长期合作，在产品运输过程中会出现规模经济，从而降低销售的费用。成本的减少体现在产品的价格上，这是客户可以更直观感受到的，也可以成为企业的一个优势。

3. 资本运营优势

资本运营优势是指以利润最大化为目标进行企业的价值管理，掌握企业运营的对象和本身的资本种类，从而最大程度上减少成本。

4. 销售服务优势

随着经济的快速发展，客户购买产品不再只是关注产品本身的性能，对于购买过程中各方面的需求也在逐渐增加。同种产品，如果销售环境好、服务热心，会提高客户的满意度，也会使客户对产品的好感度上升。企业可以通过将购物环境装修成客户感兴趣的类型、提供免费的停车场、在销售过程中服务态度好等，满足客户一定的心理需求。

5. 价格优势

适当降低价格也是企业的优势之一，可以吸引需求弹性大的消费者（即对价格变化敏感）。一般来说，同类产品价格越低，需求量会越大。当企业的生产技术得到提升，对应的生产成本也会降低，对于那种需要试用之后才会了解优点的产品，此时企业便可以适当降低自己的销售价格，从而吸引客户的购买。在使用之后依靠产品独特的功能维护老客户，并通过他们拓展新客户，从而更好地将产品的优势展现出来。

除了以上所分析的几种优势之外，企业还可以拓展其他的优势，把自己的优势展现给消费者，不仅可以展现外部的客观优势，还可以通过产品本身过硬的质量使其销量大幅增加，通过这种方式推动企业由成长期步入成熟期。

成功说服投资人的法宝专栏 5-3

西西弗书店

一、企业简介

西西弗书店于 1993 年在遵义诞生，它的总部在重庆市。它包括"不二生活"文创、西西弗书店等文化子品牌。截至 2021 年，全国已经有 70 多个城市建立了西西弗书店。西西弗书店始终将"参与构成本地精神生活"作为价值理念，将"引导推动大众精品阅读"当作自己的经营理念。它的业务可以大致分为文化创意产业、咖啡休闲产业、图书出版。

二、企业的优势

1. "书店+"模式

"书店+"模式是实体书店目前进行产品经营的主要方式。也就是说，以图书为基础，然后结合艺术品、文创产品、餐饮、相关的活动等业务，把阅读和生活结合到一起。在这里可以体验到多元化的文化生活及不同的文化属性。西西弗书店将图书作为一种文化的符号和象征，通过建立社群，使线上线下的阅读相结合，通过主题活动等方式使读者更有参与感。

2. 营造文化氛围

西西弗书店将商业和文化进行平衡，使之共同发展，它优雅的室内设计风格可以满足读者阅读、思考与放松的心理需求。它更像一个对所有人群开放的综合性、体验性的文化场所，可以通过这种方式使更多的人喜欢上阅读。

3. 注重消费者的阅读体验

西西弗书店更加偏向于提升消费者的阅读体验，借助于图书把书店营造为一种文化宣传的场所，将消费者的日常需求和阅读结合到一起。"矢量咖啡"给消费者提供了舒适的阅读环境，增强阅读的满足感和休闲感；"不二生活"把生活、文化与图连接起来，提供了舒适的阅读空间；"七十二阅听课"是为儿童设计的阅读空间，将0～12岁的儿童划分为三个不同的年龄层次，并且每一个年龄段的儿童都拥有自己的图书阅读区域。西西弗书店与传统的书店相比更加贴近普通人，所适合的人群也比较广。即使不读书的人也可以在西西弗书店有一个很好的体验。

4. 延伸艺术文化

西西弗书店的"不二生活"理念为"生活中一切皆有创意、都可阅读，艺术不仅是文化，更加是生活"。西西弗书店通过"不二生活"将书和艺术连接到一起，设计更加独特的文化创意产品，是对文化理念、文化生活的延伸，也是西西弗书店区别于传统书店的地方。西西弗书店还有其他优质、经典的创意产品，如手工袋子、咖啡杯、笔记本等，这些创意使西西弗书店在同行业中脱颖而出。

三、发展总结

西西弗书店从店内设计到人员的服务都可以让人眼前一亮。在网络化时代，普通大众也可以获取大量相关信息，并且越来越重视体验感，此时西西弗书店不仅可以满足人们对于知识的需求，还可以提供优质的服务，消费者在这里有强烈的归属感，这也是西西弗书店的优势所在。

（资料来源：笔者根据多方资料整理而成）

三、成熟期：优化股权配置

公司的股权结构决定公司的经营状况，从而影响投资决策和经营绩效，所以股权的合理配置对于一个公司来说是极其重要的。

在创业初期组成团队的常为相对较为熟悉的人，每个人在受教育程度、企业经营的经验、价值观等方面都是不同的，又由于人情关系，并没有很好地进行股权配置，而且后期随着经营的发展，股权的结构也会发生改变，因此产生了股权配置的问题。但在商业计划书中，为避股权配置问题的产生，应明确股权的分配对象，如图5-9所示。

图5-9 股权的分配对象

1. 配置不合理导致的问题

（1）管理层的矛盾分歧。

如果配置不合理，成员之间的利益分配没有符合预期，则在管理层中会产生矛盾。如果矛盾不可调节，可能会导致企业的破裂。即使此时企业的发展状况很好，也会由于内部利益分配不均而受阻。这样的例子在现实生活中并不是个例，所以在初期没有安排好股权配置的情况下，在企业的成熟期应该及时优化股权配置，尽最大的可能避免后期的股权纷争。通过制定合理的制度规定每一个创业者所需要负责的内容，如劳务、财务及管理等方面。此外，对每个人所做出的贡献还要进行评价，以便更加公正地重新进行股权配置。

（2）人员控制问题。

有的企业可能一开始的股权配置过于集中，内部人员的控制问题随着企业的扩大也会逐渐显现出来，因为这个时候董事会就等于形式，真正的决策权还是在一位或者少数几位大股东手中。即使他们本身具有各方面的知识和技能，但在决策过程中也可能因为自己的主观判断而造成决策失误。

2. 合理分配股权的必要性

创业团队本身的股权配置应该按照公平分配的原则，创业初期的股权配置可能是按照投入资金的多少进行分配的，但是在企业的发展过程中，可能有些股东对企业的贡献比其他人多，应该对他的股权进行重新分配，促使股权结构合理化，以便激励其他股东进行相应的贡献。

一个企业的股权也具有稀缺性的特点，所以应该合理规划和分配股权，使其发挥最大的效用。创业团队初期可能会同意平分股权，然而在之后的经营中，那些没有做出太多贡献的股东可能不太愿意再重新分配股权，而更加愿意选择初始的平分股权。但是动态的、不平等分配的股权可以更好地激励股东对企业做出贡献，从而起到示范带头作用，使员工也有动力为企业的发展做贡献，有利于提高企业整体的绩效。

3. 合理分配股权的意义

之所以在成熟期要重新考虑股权分配问题，是因为此时公司最主要的目标是长久地经营下去，而对不同层级的人进行不同的股权分配可以为公司留住如技术、管理等方面的人才。同时，还可以使用产权置换的形式，通过这种方式不仅可以促进股权的多元化发展，还可以在一定程度上促进产业链的延伸，从而使企业的发展更加稳定。创业公司在之后的发展过程中面临多轮投融资的可能性很大，因此在分配股权时需要考虑动态股权分配机制，从而实现股权的有退有进。

四、衰退期：审视商业模式

商业模式主要是指企业在市场中与供应商、用户及其他合作对象之间的关系，如他们之间资金流、物流、信息流的关系。其实不止企业与企业之间存在这种关系，企业与客户、部门之间也会存在这种关系。通俗来说，就是企业准备采取哪种方式获得盈利，如零食销售公司通过销售零食盈利，通信公司通过话费盈利。

商业模式一般是由企业的能力和资源、客户的价值、盈利方式构成。一个成功的商业模式要有可持续性，它的盈利并不是一时的。

1. 商业模式的审视

在一个成功的商业模式中，企业应该对自己从哪里赚钱、自身的服务和产品是哪方面吸引客户等问题有具体的认知。否则，即使能在短时间带来部分客户，在长期来看，这些客户对于企业的收入和利润等方面并没有太大帮助，还可能影响企业的发展。

2. 商业模式的调整

进入衰退期时，可能之前的商业模式并不适用于现在，那么就需要根据具体状况进行商业模式调整。一个商业模式需要给客户提供区别于其他同类商品和服务的价值，或者可以使客户花费同样的钱，但在自己企业中消费时获得优于其他企业的利润，也可以使消费者用最少的钱买到自己企业的商品。

企业可以通过完善的基础设施、对客户需求的极致照顾、很强的实践能力等增强自己产品的差异性，进而可以增加此行业的进入障碍，将自己所获得的利润保持在一个稳定的水平之上。企业进入衰退期的另外一种原因是本身的财务收支不平衡。在这种情况下就需要重新审视之前的营业方式及利润的来源等问题，从而制定出合适的解决方案。

随着互联网的快速发展，商业模式也需要及时进行创新。我国存在一个庞大的消费市场，很多的商品在市场上还没有达到饱和，消费者对它们的需求也越来越多。根据这些需求可以衍生出新的商业模式，在衰退期时如果之前的商业模式不再适用，企业又想继续经营，那么探索市场上新的商业模式是必要的。这一点也可以写入商业计划书。

3. 资源的整合

商业模式的价值不仅包含利润，还有为股东、员工所提供的价值，为最初的股东提供稳定、高水平的回报，对员工所做出的贡献补偿相对应的价值，提供更好的发展空间，使企业和员工共同进步与发展，通过这种方式可以使企业从内部到外部稳定发展，将资源进行重新整合。

并不是说商业模式越好对企业越有利，创业者需要对所制定的商业模式有一定的控制力，充分利用互联网的优势，获取大量相关信息，利用现代的科技为客户提供更加周到、贴心的服务；用在发展期所积累的人脉资源构建一定稳固的价值网，如将员工、高管、供应商连接起来的价值链等。这些链条在前期可能已经稳固或者正在发展，那么在衰退期需要做到的就是继续巩固这些价值链，从而形成一条价值网。在这条网络中，企业不仅只和一家合作商进行货物供给或销售，这些合作商也可能相互认识。通过资源的整合形成一个便利、可靠的系统，相比之前可以更好地适应环境变化，对于衰退期的企业来说也是一种稳定的保障。

此时商业模式一定要时刻遵守以客户为中心的原则，以利益最大化为目标，把企业放到第二位，第一位考虑的则是客户需求，提升他们的购物体验，把更多的重点放到客户的价值创造中，并根据情况的变化及时进行策略调整，以便于更好适应多变复杂的市场环境。

值得一提的是，网络时代的商业模式调整需要充分利用网络的优点，脱离网络的话，企业很可能错失很多机会。

第三节　风险说明与退出机制

任何一家企业的经营都会存在一定风险，在商业计划书中我们需要对风险进行一定的说明和预测，并给出相应的处理方案。同时，由于创业公司在发展过程中总会遇到核心人员的波动，所以一份优秀的商业计划书中也需要提到企业的退出机制，以帮助投资者及时地做好规划。

一、风险预测与处理技巧

风险预测指的是在项目进行之前对项目可能发生的异常行为进行预

测并制定相关的方案，从而预防事故的发生或者减少因风险的发生产生的损失。防范风险最重要的一步就是风险预测，正确地进行风险预测可以很好地规避风险，对于因为随机、不确定性造成的破坏等损失进行预测。风险大致分为市场风险、经营风险、行业风险、技术风险等类型。按照风险的性质进行种类划分时，可以采用层次分析方法进行风险的预测。在预测风险之前需要准确地识别风险的类型，才能最大限度地减少风险造成的危害。通过科学的方法进行风险的衡量是风险预测的本质。

风险一旦发生，必然会给企业带来各种各样的损失。当这些损失同时出现时，常常会先对损失规模大、强度大的情况优先制定方案，以便最大限度地减少风险发生后造成的损失。

风险预测流程大致可以按照以下的步骤进行：风险识别、风险估计、风险评价、风险对策，如图 5-10 所示。

风险识别 ➡ 风险估计 ➡ 风险评价 ➡ 风险对策

图 5-10　风险预测流程

使用风险综合评价法、专家调查法、风险概率分析法、蒙特卡洛模拟方法中的一种，可以通过损失程度和损失的期望值进行风险评估。这时损失发生的概率可以分为空间性和时间性。再使用蒙特卡洛模拟或者概率树进行数据统计，通过调查风险的相关因素，根据相关专家的意见按照一定的步骤进行正确的风险分析。

1. 风险识别

先进行风险识别，然后对于所投资的项目清单进行整理，对这个清单中的每一个项目可能面临的风险进行归纳分析，在风险调查表中进行记录，并且建立起风险评价的矩阵、风险函数。

2. 风险估计

运用相关软件科学地分析每项风险的权重。在确定权重之后，具体分析每个风险可能发生的概率，通过设定一定的尺度将风险进行分类。

3. 风险评价

运用数据模型或者相关软件进行数据分析和预测，准确计算每种风险的等级。通常分为五个风险等级，即微小、较小、一般、较大、重大风险。

4. 风险对策

将每一项风险的等级进行整理加和，分析整个企业或者某一个项目的整体风险，按照合理的方法对项目整体或者其中单个因素的原因进行分析，并采取相关措施。在此，对企业提出几点可行性的建议。

（1）健全风险机制，尽量提高决策的正确性。

对于风险的发生，企业要有一定的预警制度，设定一个合理的临界值，当风险值在这个临界值之内，则可以判断为安全状态；当风险值在这个临界值之上或者左右很小的领域中，可以认为是风险发生的边界值，此时就要警惕风险的发生；当风险值超过了这个临界值，那么风险的发生已经对企业造成了不利的影响，此时企业就要立即发出警报，并且根据之前制定的方案进行挽救，及时采取新的措施，以便减少损失的程度。企业决策通常是由高管做出的，个人的阅历、能力等方面此时就显得尤为重要。领导的能力是企业发展的核心，所以领导的风险意识一定要强，应顺应市场的发展，根据对风险的预测结果确定企业的发展方向，优化公司的人员结构，减少决策风险。

（2）充分收集和分析信息。

风险本身具有的不确定性会导致管理层对下层行为所做出的决策是不及时的，只是建立在对之前信息的分析结果之上。企业如果可以通过更多有效的方式及时获得更新的信息，并且根据这些信息制定未来发展的相关策略，就会减少因为一直使用旧数据制定决策而产生的损失。企业拥有完全信息时所面临的不确定性是最小的，即使现实生活中获得完全信息是不可能实现的，但随着信息量的增加，不确定性会逐渐减小，不确定性的决策也会变成确定性的策略。使用互联网及时获得相关的信息，并且进行数据的处理和分析，从而得到对制定决策有用的信息，那么会在很大程度上减少风险发生的可能性，或者即使风险发生，也可以在很大程度上减少它所带来的损失。

（3）在企业内部建立完善的制度。

企业内部应该有严格的管理制度，对管理层和员工的培训也是必不可少的，应增强他们的责任意识和法律意识，提升企业的凝聚力，从而在内部减少风险发生的可能性。内部风险措施可以减轻企业的风险损失，可以让企业将更多的精力放在外部风险之中，而且合理、完善的企业内部机制可以提升各方面的工作效率，使企业更快实现发展目标。

（4）建立合理的财务和资金管理体系。

一个企业发展的基础便是企业的资金，现代的集中资金管理方式更加适合跨度大的企业。通过集中的资金管理，可以减少由于分散交接产生的风险。对于资金管理部门的各方面权力和职责，企业要有一定的规章制度来确保可以正常实施，否则可能会由于人员复杂的关系增加资金使用的风险，从而给企业造成更加严重的后果。

二、退出机制

风险投资的退出机制指的是当被投资企业发展到了相对成熟的阶段或者进入了瓶颈期，投资的机构将他们所有的被投企业股权进行变现的方式。将股权变现的资金进行再投资，可以增加资金的流动效率，实现良性循环。我国的风险投资机制主要分为上市、并购、清算三种类型，如图 5-11 所示。

图 5-11　我国的风险投资机制

风险投资的目标是追求高回报，这种高回报取决于在"投资→回收→再投资"的循环中得到价值增值。所以资本高度的周期性流动在一定程度上决定了风险投资的存在。投资者只有了解了资本流动的出口，才会将资金用在企业上。风险投资来源的扩大在一定程度上取决于流畅的风险退出机制，退出机制是风险资本循环流动的中心；风险投资活动和创业活动可以将有效的退出机制作为其准则和标准，投资者可以通过这个机制把在市场上得到的资产增值作为预测市场的依据。

1. 上市

公开上市指的是投资的股份在资本市场上首次面对公众进行发行，从而获得资本回收和资金增值。公司上市的时间和公司现在的发展状况有关。很多企业为了获得回报，使创业公司在短期内快速发展，进而为其上市做准备条件，如图 5-12 所示。

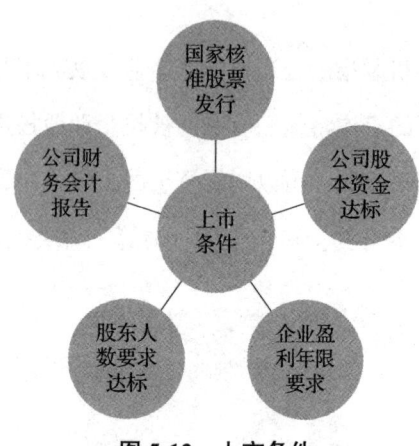

图 5-12 上市条件

首次公开募股（IPO）指的是风险企业挂牌上市且首次面向公众发行股票从而募集资金的行为。创始人可以通过 IPO 上市在投资退出时重新获得企业的控制权，从而保证了公司的独立性，并且它的投资回报率也是最高的，因此可以说它是风险投资企业最为理想的退出方式。通过 IPO 上市的主要途径包括境内 A 股主板上市、创业板上市、科创板上市、境内 B 股上市、境外间接上市和境外直接上市。

随着我国互联网行业的迅速发展，电商公司极具发展潜力，相对于并购，电商企业更加适合以 IPO 的方式退出。由于电商行业更新的速度较快，在获得高收益的同时也需要承担风险，所以他们在采取行动之前要做充分的准备，在投资过程中抓住恰当的时机，在合适时间退出可以获得非常可观的资本溢价。

2. 并购

企业的并购退出方式包括收购和兼并两种。兼并指的是两个及两个以上的企业重新合成一家企业的行为，在竞争中占有优势地位的企业会把另一家企业的全部财产购买。收购指的是一家企业通过公开收购另一家企业固定数量的股份得到这家企业的经营权和控制权的行为。即本质是收购股权，通过并购收购方获得控制权。一部分不符合 IPO 上市条件的企业通常会选择以并购的方式进行退出，如图 5-13 所示。

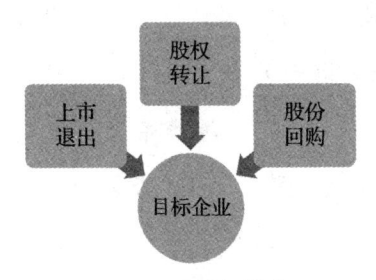

图 5-13　股权转让

IPO 带来的投资收益虽然大于并购，但是当股票需要一定的时间升值和 IPO 申请条件严格的情况下，并购可以不受公开上市所需要的发行条件限制，而且资金也可以更有效地从被投资企业中退出，相对来说更加灵活、简单、稳定。在同行业之间进行并购可以形成一定的规模经济，从而提升企业的经营效率和产出的能力。

成功说服投资人的法宝专栏 5-4

百度收购 YY 直播

一、企业简介

百度是全球最大的中文搜索引擎，由徐勇、李彦宏于 2000 年 1 月在北京中关村创立，并且 2005 年在纳斯达克上市。百度将"让人们最平等、便捷地获取信息，找到所求"作为自己的使命，"以用户为导向"为理念，致力于向用户提供"简单、可依赖"的互联网服务和搜索产品。2009年，百度推出全新的"框计算"技术概念，在这个理论上帮助更多的第三方平台利用互联网进行创新，对于我国互联网的发展贡献了自己的一份力量；2011年，百度建立了百度基金会，在践行社会公益活动方面更加规范化；2013年，百度应用和阿里集团的支付宝智能客服系统进行合作。

YY直播是将科技、音乐、游戏、户外等内容集中到一起的全民娱乐直播平台，是在YY语音的平台之上建立的。YY直播有固定的粉丝参与演唱、说书、聊天、DJ、游戏等表演形式，平台自己也出了几档节目，如《九宫举》《世界百大DJ秀》等。2008年，YY语音主要是游戏的实时联系软件，之后玩家会在上面自行表演节目；2010年，YY直播开始商业化；2013年，《快乐男声》与YY直播进行合作，这次合作是国内首次互联网与选秀节目的结合；随着用户的需求越来越多，2016年YY直播推出了移动端版本。

二、并购

2020年11月，百度和YY直播签约了最终协议，YY直播将会以36亿美元被全资收购，并且在2021年上半年全面进行交割，此次收购YY直播的团队及品牌均被保留。

视频和直播是百度近几年的重点业务。百度自从2018年便开始经营短视频的业务，但2019年百度退出了Vlog计划，把好看视频和爱奇艺进行连接，因此百度在视频领域的地位逐渐提升。2020年百度又重新进入直播领域，所以百度对YY直播进行收购并不是一时兴起。由于流量在直播领域中是极为重要的，按照北京贵士信息科技有限公司的统计数据，百度的搜索引擎几乎占据了国内高达73%的份额。随着互联网的发展，移动网络搜索逐渐变得更加重要，而百度在此方面所占据的份额达

86.54%。

1. YY 直播能给百度带来最佳变现途径

YY 直播拥有的较强变现能力对百度来说是一个优势，百度巨大的流量可以找到最好的变现途径。

2. 百度的搜索离不开直播

随着互联网经济的发展，直播逐渐成为热门。以快手与抖音为首的短视频平台的兴起，将更多直播平台的用户吸引到短视频上，而且也增加了自有直播平台的用户量。百度要做的是把文字、图片、视频作为直播的主要内容，根据这个原则安排自己的直播内容。YY 直播拥有成熟的直播团队、经验丰富的主播，"搜索+直播"可以给双方带来更好的收益。

3. YY 直播还可以提高百度的变现效率

百度近几年一直在探索新的营业模式，直播本身具有电商、知识付费、营销、教育等变现模式，百度在服务和内容生态中借助直播培育新的方式可以补充娱乐类型的直播现金流。

三、发展总结

百度收购 YY 直播在理论上可以实现 1+1>2 的效果。收购 YY 直播可以扩大百度在直播领域的布局和百度的业务范围，让百度拥有更好的营业收入结构。由于百度的营收内容是搜索，收购 YY 直播之后可以"搜索+直播"同时进行，使营收的内容更加多样。

（资料来源：笔者根据多方资料整理而成）

3. 清算

清算指的是私募股权投资基金通过对被投资企业进行解散或者破产

清算，进而达到退出目的的一种方式。清算退出可以分为解散清算退出和破产清算退出两种方式。一般来说，清算项目包括银行存款信息、企业应收账款、企业固定资产、企业预收账款、企业应付账款及清算净损益六个方面。

企业采取清算是迫不得已而为之的行为，当企业经营失败或者其他因素导致退出的其他方式不适用时才会选择清算。相比其他的退出方式，清算是最差的一种。当不得已选择清算时，这种方式便是减少企业损失的唯一选择。使用清算退出市场并不会给企业带来较大的收益，只是会在一定程度上减少亏损，并收回企业的一定资本，也会对投资的对象产生负面影响。但在风险投资不得不中途退出时进行清算也是止损的一种方式。

表 5-2 为上市、并购、清算的优缺点对比。

表 5-2 上市、并购、清算的优缺点对比

退出路径	优点	缺点
上市	收益率高；提高企业的社会形象和知名度；企业经营更加标准化；注册制在一定程度上可以减少上市的时间消耗，提高效率	上市的难度大、成本高、门槛高，需要大量的准备工作和调查；已经上市的企业面临着信息披露的问题
并购	成本低；容易操作；灵活性强；受经济周期的影响较小；在创业的任何阶段都可以采用；投资者可快速回收资金，实现迅速退出；会出现规模经济；全过程可控，法律法规的限制比较少	不利于确立企业的品牌；受到行业、管理层、资金等多种因素的影响；收购方是有限的，其收益空间没有 IPO 大；在评估价值时可能会被低估；产权不明确，没有自主权
清算	及时收回资金和停止企业的亏损	破产清算的法律流程比较复杂，所消耗的时间成本相比来说比较高

章末案例

安踏企业解析

一、企业简介

安踏在我国的体育用品方面是处于比较领先的企业，它主要进行开发、设计、销售和制造安踏品牌的用品，如运动服、运动鞋及相关的配饰。安踏的定位是大众的专业体育用品品牌，始终把为消费者提供性价比最高的专业体育用品作为目标。

安踏于1991年在福建成立；安踏品牌于1997年被创立；2000年，安踏采用和体育明星孔令辉合作的方式，并在央视投放广告，这使安踏的销售利润大大增加。

2007年，安踏在中国香港交易所上市；2009年，安踏收购了意大利时尚品牌斐乐的运营权，并开始拓展到高端市场，渐渐地占据了我国各种高端百货商场的渠道，这是安踏开始实行多品牌经营战略、建设经营多品牌集团的开始，从此安踏在中高端市场都有相应的产品。安踏并不是一味地追求打造"高大上"的品牌，而是更加看重普通大众的需求，这也是它的一个优势。

2013年，安踏进行了销售转型，开始重视自身品牌的建设，而不是单纯地追求销售量；2015年，安踏把英国品牌Sprandi收购，打开了健步鞋的市场；2017年，安踏被评为"中国最具价值企业"；2018年，安踏首次和职业的足球俱乐部进行合作，成为其运动装备的供应商；2020年，安踏在世界五百强中排名前一百。

二、发展历程

安踏现在主要的商业模式是自营零售和批发两种方式，以斐乐为代表的其他收购品牌一般采用自营零售的方式，而安踏的主品牌则采用批发的模式进行销售。所以每个品牌之间的管理会比较独立、互不影响，也有最适合自己的组织结构。安踏的主品牌在我国市场中采用批发模式已经超过了20年，这种模式之下，拥有当地购物资源及强大的资源网分销商可以很好地满足此区域消费者的需求，让企业更加精准地推测出消费者的喜好并结合当地的文化促进产品的销售，可以更好地促使安踏业务的发展。

但是，随着互联网的迅速发展，消费者的需求不断变化。在这种情况下，安踏则要更加主动积极地进行转型，以便更好地应对各种不确定性的变化，持续实现高质量的发展。因此，在这种形势下，安踏由传统的批发销售模式开始转变成面对消费者直接零售的业务模式。安踏旗下的斐乐品牌业务本来就以零售为主，在之前的业务中已经积累了丰富的直销经验，在商品、零售、物流、财务等方面建立起了比较稳定的关系网。

安踏的多元化品牌锁定了不同类型的客户，这种多元化的发展也在一定程度上给安踏带来了一定的利润，如图5-14所示。

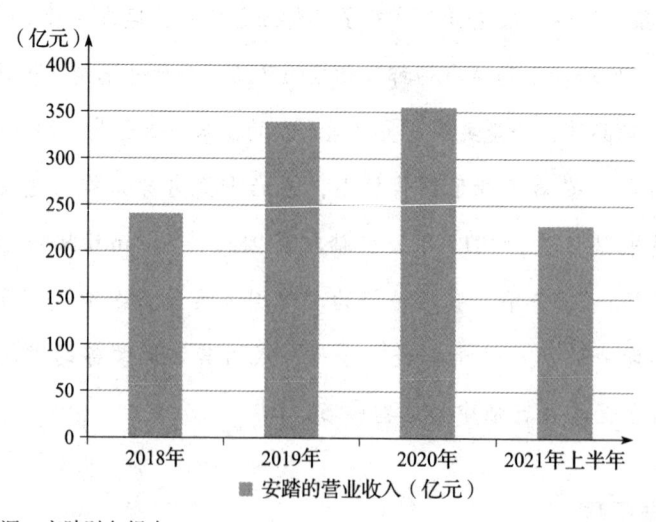

数据来源：安踏财务报表。

图5-14 安踏的营业收入

从一开始的草根品牌逐渐变为我国连续销量最高的企业，安踏采用了"单聚焦、多品牌、全渠道"的模式。一个公司的战略通常有三种方式，安踏更加偏向考虑品类这个维度，一开始便聚焦于运动鞋和运动服，主要的销售人群便是运动群体，再加上它的多品牌模式，在不同的运动场景中都会有相对应的运动服饰。所以相对于其他的企业来说，安踏具有一定的差异性优势。

三、商业模式

1. 根据消费者的偏好进行精准的定位

2009年，安踏对斐乐进行了收购。之后，斐乐一直是以高端的运动产品出现到大众的视野中，主要针对25岁以上的高端群体，并且通过创新不同的系列为这些消费者带来差异性和具有自己特色的产品，满足他们一定的心理需求。

2. 企业内部管理严格

安踏对于公司内部的管理也非常严格，它及时优化经营模式，积极引进相关方面的设计人才及管理人才，通过国内外的人才结合形成了具有强烈竞争力的团队，逐渐在大众的视野中形成了统一的品牌形象。

3. 产品差异化定位

安踏成功的经验便是对于产品要进行差异化的定位，本身安踏定位于中低端市场，而斐乐为中高端市场，所以两者之间就有一定的互补关系。斐乐的成功运营弥补了安踏在高端市场中的空白。安踏和斐乐各自都具有自己独特的优势，如安踏主要是在于自身团队的管理能力和高效的执行能力，而收购斐乐之前，斐乐在国际市场上就具有一定的影响力，所以它们进行结合既拥有了高效执行力，也拥有了市场号召力，斐乐可以利用安踏的运营能力扩大在国内市场的销售。斐乐通过对消费者进行精准定位，为不同类型的消费群体提供均可满足他们需求的产品，使品牌定位和形象深入人心。

四、发展中需要考虑的问题

由于安踏主要进行中低端产品的销售，中高端的产品则是通过并购进行，但是海外的这些品牌与本土的安踏品牌本身就有一定的差别，如市场营销战略、产品宣传的方式等，这就必然导致并购之后需要一定时间进行磨合。本来安踏的本土化产品的生产和销售会消耗一定的资金流和管理成本，在通过并购实行企业扩张的同时，安踏也要承担企业资源过度分散的风险损失。

对于收购的产品如何与国内同类的产品进行竞争、怎样创造自己独有的差异化优势等方面都在考验安踏的实力。频繁地收购国外成熟品牌对于安踏的财务也造成了很大的冲击，使安踏更加重视企业的财务风险。

虽然安踏目前已经拥有了高速稳定增长的生产规模、优秀的明星代言资源，整个市场结构相对来说已经健全了，但是对于未来的发展，有些风险安踏也是不得不进行考虑的。

1. 满足深层次产品需求

由于互联网的迅速发展，消费者对特定产品的要求会更高，企业需要满足消费者更深层次的需求，所以研发创新就显得尤为重要。

2. 竞争对手的加入

其他品牌开始逐渐进军三线以下的城市，如耐克和阿迪达斯。阿迪达斯本来的定位是上海，以及一些其他发展较好的城市。但是经济形势越来越好，他们也会继续扩展到新兴城市，也就是二、三线城市，这对安踏来说也是一个很大冲击。

五、发展总结

一个企业从初创期到最后的衰败，风险是贯穿其中的。所以，在一开始的创业中就要明确自己产品的差异化优势，寻找一个有更广阔发展空间的产业，并根据自己的实际资金情况进行融资。随着企业的继续发展，将自身的优势最大程度地发挥出来，建立深入人心的品牌，增强团队的凝聚力，使员工把自己的前途和企业的命运真正地连接到一起，这也是竞争优势的一个表现。如果发现业绩逐渐下滑，就需要根据市场环境及时进行商业模式转变，以便于更好地发展。在每一个发展阶段都有这个阶段独有的任务，但是都需要进行科学的风险预测，并制定具有可行性的方案。

（资料来源：笔者根据多方资料整理而成）

本章小结

想要成功说服投资者为企业注资，就需要时刻关注企业运营中所存在的风险。在企业成长的不同阶段，创业者和创业团队也需要制定相应的融资策略，尽量将企业风险固定在可以控制的范围之内。无论如何，创始人都应该记住企业风险管理对企业的意义是十分重要的。另外，风险总是与机遇并存，有风险就会有机遇，管理好企业风险能够帮助创业者更好地抓住风险中隐藏着的机遇，从而使企业稳定地发展下去。

第六章

价值共创

投资者投资一家初创公司，这本身就是一个双方都能因此受益的双赢局面：从投资者角度来看，投资一个很好的项目能够获得可观的收益；而从初创公司角度来看，投资者投入的资金能让公司得到了更好、更快的发展。因此，投资者和创业者如何进行价值共创，成为新时代每一个初创公司需要思考的重要命题。本章将从投资者的价值视角、深层次的价值发掘、公司治理与企业管理三个维度进行剖析。

投资者跟创业者的角色其实是相似的,都是在帮助企业更好地成长。

——携程联合创始人、红杉资本创始人　沈南鹏

开篇案例

小鹏汽车：令人叹为观止的融资超能力

一、公司简介

小鹏汽车创建于 2014 年，公司总部设在中国广州市，是广州市橙行智动车辆科技股份集团公司旗下的网络电动汽车第一品牌，致力于应用新的技术、工艺及商业模式，打造新时代年轻人喜爱的电动汽车品牌。小鹏汽车拥有中低速的自主行驶跟随、自主泊车和远程召唤等技术，其车型特征是支持第三类的自主行驶技术和互联网应用。

二、创始人何小鹏

1977 年，何小鹏出生在中国湖北省黄石市的一个普通家庭里。在高考填报志愿时，他唯一的目标就是去省外上学，尤其是北上广这样的发达城市。最终他被位于广州的华南理工大学录取了。大学期间，何小鹏一边帮父亲卖豆浆，一边去电脑城工作。出身普通的何小鹏很早就知道财富的重要性，为此毕业后的前十年"财富自由"就是他奋斗的主题。

时光来到了 2004 年，27 岁的何小鹏脱离亚信创业工作，拉上同学梁捷一道成立了 UC 优视；2014 年，UC 优视以 43.5 亿美元的价格交给了阿里巴巴。这场让何小鹏声名鹊起的"中国互联网史上最大的并购案"，不仅让何小鹏获得"超级产品经理的荣誉"，更使他在一夜之间实现了财富自由。

何小鹏用十年心血换来财务自由后，又迅速进入了人生中重要的学习阶段。随后，何小鹏进入阿里巴巴，成为阿里巴巴移动事业群经理、阿里巴巴游戏公司总裁、土豆总经理。很多人都认为何小鹏将会安心地做一个富豪，没想到何小鹏又开始谋划在新能源汽车领域的再创业，并投资了当时还叫"橙行智动"的小鹏车。后来，何小鹏离开了阿里巴巴，出任小鹏汽车行业总裁，专注于电动汽车产品。

2017年10月，小鹏汽车成功地将第一批量产 SUV 车型下线，作为中国互联网制造汽车行业的首款量产车型，其实现了开发、制造、营销、售后服务的全面布局。2020年8月，小鹏汽车赴美上市后，其股价一度超越了百度，而何小鹏的身价也因此大涨，所持小鹏汽车的股票价值42亿元，进入了世界汽车行业的顶尖富豪行列。

三、融资历史

彼时，UC浏览器的成功为何小鹏积攒了大量的人脉和财富，决定投身智能汽车时，如何将这些资源引流到新项目上，是何小鹏急需解决的问题。他的答案是，先自己做。何小鹏的朋友们看到他敢做，便纷纷出资出力支持小鹏汽车的发展。何小鹏说："如果我没有全力以赴，每天朝九晚五，把自己的钱拿去理财，那别人怎么会相信我？"

2015年，李小鹏开始了他的融资生涯：2015年4月27日，天使轮融资，投入数千万元，融资方为微光青岛创投公司、紫牛基金等；2016年3月，Pre-A轮融资，投入4200万美元，融资方为雷军、俞永福、李学凌、傅盛、腾讯视频集团前高管吴霄光、经纬青岛创投公司和张颖；2017年6月12日，A轮融资，投入22亿元，融资方为中国优车产业基金、大钲融资；2018年1月29日，B轮融资，投入22亿元，投资方为阿里巴巴、富士康集团和IDG融资、云锋、中金公司等；2018年8月2日，B+轮投资，融资40亿元，投资方由春华资金、晨兴融资和何小鹏等人联合领投，为高瓴融资、K11、钟鼎创投等顶级投资人的首次投融资；2019年11月13日，C轮融资，投入4亿美元，投资方为小米集团、何小鹏、经纬中国、晨兴融资。

小鹏汽车成立至今已至少完成10轮融资。小鹏汽车背后不乏知名资本支持，其中除了我们熟知的高瓴资本、红杉资本以外，还有IDG资本、五源资本、GGV纪源资本等许多知名VC/PE。看到这些，不禁感叹：小鹏汽车在融资方面简直具有超能力。其背后的原因主要有两点：一是懂得借势而为。作为小鹏汽车的主要投资者之一，红杉资本全球执行合伙人沈南鹏曾公开认为："我国的智能电动汽车市场前景广阔，并蕴含着极大的发展潜力。何小鹏先生作为一个有着大量经验的连续创始人，为小鹏汽车公司建立了一个强有力的团队，不但在电动汽车出行领域实现了业内领先地位，同时在智慧驾驶方面也实现了前瞻布局。"其实这不仅是红杉资本投资的原因，更是其他众多投资公司携带资本入场的主要原因。这就是借势而为，当智能汽车成为时代商业新风口时，何小鹏的进入和他长久在商业市场中积累的信誉，使小鹏汽车成为融资界的香饽饽。二是产品优势。尽管新造车运动轰轰烈烈，玩家各有来头，小鹏汽车依然有其在智能汽车赛道上的独特优势。在自主驾车技术走向主流市场以前，小鹏汽车就把自己定位为业内唯一的一家独立研发全栈式自主行车技术，并在量产车型上使用该软件的车型企业。而现在，小鹏汽车自研的自主行车辅助操作系统XPILOT3.0不仅已经量产落地，并且遥遥领先于目前市面所售的汽车自主驾驶水平。

四、两次上市

随着智能汽车犹如雨后春笋般遍地生长起来，何小鹏敏锐地发现在智能汽车赛道上将遇见更多强劲的对手及面对更加激烈的市场竞争。何小鹏又有了大动作——两次赴港上市。

何小鹏两次赴港上市，是出于两点资本布局的考虑。

1. 国际化竞争

众所周知，当一个商业赛道不断涌进"大牛"的时候，不止资本要重新洗牌，更意味着史上最严酷的商业局面——巨头与巨头、大型与中型企业之间的真正绞杀。

而在此等绞杀中能幸存下来的，要么是资金雄厚的巨头，要么是专业水平过硬的企业。总而言之，在这样的赛道上突袭，单靠墨守成规很难不被淘汰出局。在此关键时刻，何小鹏让小鹏汽车两次在中国香港上市就是在为小鹏汽车国际化竞争提供了更有力的资金保障。

2. 完善自身的生态系统

"2023年将会形成一个关于智能汽车的转折点，拐点的来源是自动辅助驾驶。到时候，大部分人会觉得如果买车不买带高等级的自动辅助驾驶的汽车，还不如不买。到2025年，中国一线城市的智能汽车+电动汽车的新车占比将会是60%。"在一次采访中，何小鹏如是说。按照规划，小鹏汽车此次成功赴香港上市后，将把投资所得款项中约45%（约67.5亿港元）的资金投入丰富产品组合与开发新技术上；约35%（约52.5亿港元）的资金投入增加品牌知名度、促进服务拓展上；10%的资金将用来增加生产能力、更新生产设备、研究生产技术；另外的10%为企业的流动资金。用高品质的产品体验及良好的服务体系应对即将到来的严酷市场考验，才是小鹏汽车想要发展的关键所在。

五、发展总结

小鹏汽车符合时代趋势、自身产品过硬的特点与投资人寻找一家前景广阔的互联网电动车车企的思路不谋而合。再加上何小鹏在上市前的拼劲也打动了无数投资人，小鹏汽车才能拥有一支如此雄厚的融资队伍。

（资料来源：笔者根据多方资料整理而成）

第一节　投资者的价值视角

投资者在看一个项目时，所坚持的思维逻辑是：理解→判断→方案。

首先，投资者要明白创业者做的事情，要准确和无偏差地了解项目；然后，还要判定对这个项目能否投资；最后，在判定完后还得看方案对不对。当投资模式还不能进行验证的时候，企业创始人要用逻辑去说服投资者创业项目是合理的，是能够实现的。

一、基本投资思路

投资者欣赏怎样的管理团队或创始人？每位投资者的回答往往是不同的，但有几个共同点是所有投资者都看重的。

1. 激情、理想和使命

创业者一定要有伟大志向、有热情，不管面临什么样的困难都能够坚持。

2. 抗挫折的能力和积极乐观的心态

创业者一定要具有卓越的心理素质，以及非凡的自我调节能力，在应对一切挑战时都有积极乐观的态度，即使遇到挫折时也能坦然应对并主动寻求对策。

3. 开放的心态和团队合作能力

创业者必须要谦逊、诚恳、慷慨，要有开放的心态。创业者可以不是全才，但应该明白怎样的人才是企业所需要的，了解他们身在何处，并将他们吸引过来，让这些才华横溢的优秀人才在心情愉快的环境中互相学习与合作。

4. 极强的学习能力和解决问题的能力

创业的过程也是持续的学习和解决问题的过程，良好的学习能力和强大的解决能力是创业成功与否的关键。

二、投资诉求和周期

在市场中供给方如果想把产品卖出去，就必须知道需求方的诉求，即他们想要的是什么，这是一个非常简单的规则，因为需求者只会为他们想要的产品消费。这个道理也适用于企业融资。作为融资方想要获取投资者的支持，就必须首先清楚投资者的投资诉求。此时可以从三个问题开始，来一步步了解投资者的诉求和周期。

1. 投资者希望得到的是什么

投资者投出一笔资金，得到的是享有一个企业一部分收益的权利。收益有两个来源，一是企业盈利的分红，二是企业估值提升带来的股权价格的提高，最终通过一定的退出途径变现。创业企业的分红往往微不足道，但估值的提升则有可能是巨大的，因此投资者投一个项目，要的就是股权市场价格提高的可能性，提高的空间越大越好。

2. 投资者投的是什么

投资者的投资目标是什么呢？如图 6-1 所示。

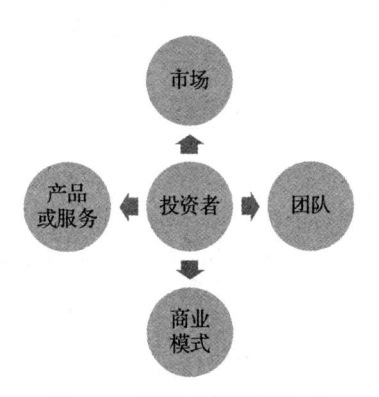

图 6-1 投资者的投资目标

（1）市场。

其实投资者关心的是这个创业企业能不能长大。如果市场规模很小，意味着一个企业很快就会遇到天花板，业绩增长有限，则给资本市场的想象空间有限，投资者获利的空间也有限。假如某个行业现有的市场空间不大或者还处于市场培育阶段，但如能表明该行业有很高的增速，能形成一个巨大的市场，也是一个可以让投资者接受的因素。

（2）团队。

投资者更想知道的是做事的这群人行不行。技术掌握在人的手里，市场是人开拓的，服务是人做的，钱要投向靠谱的人。投资者对创业的这群人有信心才愿意投资。需要注意的是，创业者应该以团队的形式展现在投资者面前的。当下的市场环境讲的是分工合作，一个人再强大也难以凭单打独斗获胜。好的团队一般应有一个核心的领军人物，振臂一呼群起响应，团队成员的互补性强，具备相关领域的知识和经验，如有成功创业的经验就更好了。

（3）商业模式。

投资者愿意看到的商业模式是简单的、容易变现的，如能树立一定的竞争壁垒，自己能迅速复制推广而对手难以模仿则更佳。投资者最喜欢的则是能在某一市场上形成垄断的商业模式。

（4）产品或服务。

投资者想知道的是会不会有人买创业企业的产品或服务，客户在什么情况下愿意买。所谓价值即有用、好用，有价值的东西客户才愿意买单，企业才有生存的空间。现存问题使客户越"痛"，客户越希望解决，付费的意愿越强烈。创业者如能抓住客户的刚需，那么在一开始就能牢牢吸引投资者的兴趣。

3. 投资周期是什么

如图 6-2 所示，投资周期主要分为五层。

（1）经济周期。

经济周期指由经济增长率代表的国家或世界发展周期。这个周期主要由劳动生产率等其他内外部因素共同决定，既包含短期的经济波动，也包含长期（以 10 年为单位）的经济周期。

```
经济周期
  ↓
政府调节周期
  ↓
企业周期
  ↓
投资者的心理周期
  ↓
其他特殊周期
```

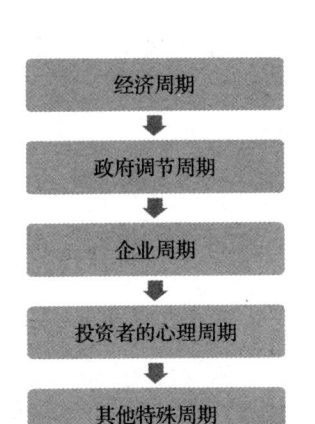

图 6-2 投资周期的五大层级

（2）政府调节周期。

政府倾向于逆周期调节经济，过热时降温，萧条时加入活力。政府（主要是财政）在这个周期中扮演主要决策方来调整通胀和就业。

（3）企业周期。

企业周期的波动虽然相较于经济周期波动较大，但与经济周期并不是强关联的关系，如企业周期会根据企业产品的不同（产品需求弹性大小）、企业财务杠杆情况等对经济周期波动产生程度不同的反应。

（4）投资者的心理周期。

投资者的行动、情绪、心态都会由于上述周期的改变而形成一定的周期性变动。

（5）其他特殊周期。

除上述周期之外，还有若干特定周期，如地产周期、信贷周期、不良债权资产周期等。信贷周期往往是当中最关键、影响范围最广的周期，又叫资产市场周期。信贷周期往往会因为市场经济循环的兴盛和衰落，而不断将信用市场扩大或缩小，同时也往往会加大宏观经济循环的波动性。信用窗口作为市场的命门，从窗口开启到关闭，很可能仅在一刹那。

而当信用期限降至最低点时，由于风险规避意识的提升，只有一小部分人愿意提供资金。

三、投资特点

如图 6-3 所示，作为一个成熟的投资者，其将有以下五大投资特点。

保护本金　选对领域　集中投资　具有耐心　专注投资

图 6-3　投资者具有的五大投资特点

1. 保护本金

这是目前大部分投资者最重视的投资习惯。在股票市场上，赔钱是最容易的事。保护自己的本金，并不是投资时候只想着保本，因为市场情况谁也无法完全准确地预测。所以，优秀的投资者在投资的时候，只投资高概率的事件。

2. 选对领域

投资者只投资高概率事件，那么高概率事件在哪？就在自己熟悉的领域，许多投资大师都坚持亲自调查研究想要投资的项目，因为在熟悉的领域中，他们可以更专业、更直观地看出该项目的优劣势和成长空间的大小。

3. 集中投资

当遇到好的投资目标时就应该集中资金。投资者在遇到好的投资机会的时候，只会恨自己钱少。

4. 具有耐心

顶级投资者的投资可谓是"静如处子，动如脱兔"。谁也说不清楚机会在什么时候能来，但没有机会的时候就是耐心等待。有些投资者喜欢高频交易，可以经常买进或卖出，可是在好时机出现的时候，却又左顾右盼，犹豫不决，从而错失良机。

5. 专注投资

要专注于投资，不可一心二用。

四、商业模式要清晰

去融资的时候，首先要想清楚企业的商业模式是什么，想清楚企业要钱来干什么再去融资。很多时候融不到资的原因是企业根本没有想清楚要做什么。投资者未必是你的业务专家，但一定是看项目的专家。他们每天要看很多项目，他们有专业的分析模型，他们会用非常清晰的标准来衡量项目。他们未必知道什么公司能做成，但是知道什么样的公司做不成。所以当你的商业模式不清晰或者有硬伤的时候，他们就会拒绝投资。

五、创业者是否真的缺钱

企业必须要把自己所有可以投资的钱都投完了，再去融资。道理很简单，投资者会想，这些资金他自己能解决吗？如果能解决他自己不愿意解决，却跑到我这里来融资，为什么？对于投资者而言，如果企业没有尽自己的全力，他很难对你投资。一是企业必须把目前可以做的事情做到极致，把所有的资源都发挥了，投资者的钱才可能投给你。二是在钱成为唯一的瓶颈时再融资。很多挖空心思融资的创业者其实现在需要的不是钱，与其跑出去融资，不断回答投资者一个又一个的质疑，不如先把不需要用钱解决那些问题先解决了。

价值共创专栏 6-1

美团：靠融资获取最终胜利

一、公司简介

美团，全名为北京三快在线科技有限公司（以下简称美团），创立于2011年，至今已有十余年的历史。

美团主要有三大类业务。第一大业务是餐厅外卖业务，一边给消费者介绍餐厅的服务信息，另一边则提供物流业务。通过这两类业务，美团分别向商户收取租金抽成、线下销售服务成本费用，向消费者收取外卖配送费。美团的第二个大业务则为到店、酒店和旅行业务，主要收入来自商户通过在美团外卖网络平台上售卖的代金券、优惠券、订票和预订票提供的租金，加上线下销售服务成本费用。美团的第三大业务属于新业务，包括ERP系统、网约车、充电宝、共享单车、共享电动车等。其中，佣金在美团的收入结构中一直占据超过80%的比重。

二、融资历史

2010年3月，美团得到了天使投资人王江的种子融资。

2010年8月，美团得到了红杉投资1200万美元的A轮融资。

2011年7月，美团获得了阿里巴巴与红杉投资5000万美元的B轮融资。

2014年，团购网站的竞争日趋白热化。美团的创始人王兴做出了几个重大决策：一是出让部分企业的话语权和控制力；二是接受了由泛大西洋公司的领投，以及红杉投资、阿里巴巴等跟投的近三亿元投资。2015年，美团又获得了7亿美元的D轮融资。此时王兴的持股比例下降至不足10%。但是，美团却从中获得了不计其数的好处。

1. 强大的信任背书

投资人的持续进入，为美团提供了有力的信心背书。腾讯公司与美团之间的深度合作自不必说，美团还得到了不少外国投资商的关注，表明美团以餐饮为中心的盈利模式和发展趋势，正被海外投资商逐渐了解和接受。对比于其他的团购网站，由于美团拥有比较强势的投资者背书，所以其在市场竞争中取胜也更容易一些。

2. 腾讯的资源倾斜

美团第一大股东腾讯公司给美团业绩的稳定增长带来了重要的保障。美团与腾讯公司的深度绑定关系，使美团所得到的不仅是来源于微信、QQ等的巨大用户流量，还有腾讯公司自带对美团的赋能。

人们在美团外卖上点外卖，也可以让微信朋友一起拼单。美团外卖与微信相互融合，无疑能够形成与日常生活中各种情景的联系。

三、发展总结

美团的融资经历告诉我们：企业需要融资，所以大多数情况下企业融资都需要创始人牺牲一部分自身的利益，吃一点小亏。但只要不是致命的问题，局面都是可以扭转的。创始人、股东也好，投资人也罢，最终都是想让公司健康发展，如果齐心协力，最后一定是多方共赢的局面。

(资料来源：笔者根据多方资料整理而成)

第二节 深层次的价值挖掘

商业计划书不仅只是拿给投资者看的，除了吸引投资者进行投资之外，商业计划书的深层次价值还有三点，分别是出售业务、提升业绩及上市募股。

一、出售业务，双赢局面

在一定的情况下，企业可以出售一部分业务给其他企业，这样不仅为自己的企业减轻了负担，也为其他企业赢得了发展机遇，达到双赢。在出售业务时，一定要说明出售的原因，并强调该项业务所拥有的机遇。此外，合作伙伴的选择也是非常重要的，一定要做好尽职调查。

1. 出售业务的理由

企业出售业务给其他企业，一定要说明原因，让对方能够信服，从而接手业务。那么，在出售时，可以给对方什么样的理由来让其接盘呢？如图6-4所示。

```
建立一个双方共赢的机会
推动合作更加深入
促进企业飞速发展
```

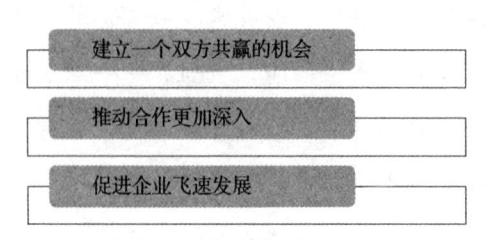

图6-4 企业出售业务的理由

（1）建立一个双方共赢的机会。

在向对方说明原因时，可以这样说：由于业务规模的扩大，现有人手已经不能满足扩展业务的需要，为了缓解压力，我公司决定出售部分业务，缓解压力。对于你们而言，也是一个扩展业务的好机会，能够帮助你们提升业绩、扩大企业规模。对于双方而言，可以获得双赢的效果。

（2）推动合作更加深入。

对于你的企业而言，合作伙伴与其他企业相比更能赢得信任。由于长久以来的合作，彼此对于双方的业务模式及发展状况都比较熟悉，更加容易沟通。把业务出售给合作伙伴，也是进行深入合作的开始，能够使双方都获得发展。

（3）促进企业飞速发展。

有些企业很注重业务的大而全，把业务范围不断地扩大，但是随着公司的发展，业务过多也给企业带来了不利影响。企业无法专注于优势业务的发展，久而久之，就会失去企业所独有的业务，并最终失去市场竞争力。

2. 未来的预期

向对方出售业务时，还需要把业务的预测信息提供给对方，使对方能够对业务内容进行更加准确的把握。首先需要做的是对出售的业务进行预测。业务预测是借助历史资料数据、业务信息等资料对业务的未来发展进行科学的分析及评估。一般来说，业务预测分为以下几步：确定预测目标、明确预测指标、收集业务预测需要用到的资料、明确预测的方法及模型、得出预测结果。

一般情况下，业务预测的方法主要包括三种类型。

（1）数学模型预测法。

该方法是借助业务发展的不同影响因素，也就是社会经济的一些指标进行多元化的回归预测，经常被应用于存在很多历史数据的传统业务预测中。

（2）市场分析预测法。

该方法包括市场调查、行业市场容量分析预测法两种。在市场调查中，主要采用抽样调查、典型调查及重点调查的方式。市场调查主要应用在分析市场容量大小、不同市场业务规模的预测等方面。

行业市场容量分析预测法就是根据行业市场的容量预测、业务市场占有率评估来预测业务的发展趋势，主要适用于对新业务领域的预测。

（3）专家预测法。

该方法主要包括德尔菲法及主观概率加权平均法。德尔菲法是通过业务方面的专家对业务趋势进行预测，专家预测的优点在于专家对于业务是非常熟悉的，他们能够科学地对业务进行预测。主观概率加权平均法也是通过专家判断，对未来不确定的业务发展情况进行预测。

3. 合适的买家

出售业务并不是随便找个买家把业务出售出去就可以了，合适的买家才会把业务发展得更好，对于你的公司而言，也是非常有利的。那么，企业在出售业务时，哪些买家才是最合适的呢？

（1）有实力接手业务的买家。

我们都知道，出售业务并不是免费的，甚至可能标出极高的价格，因此，只有有实力的买家才能承受昂贵的价格。如果企业选择的买家没有实力，并且无法接受接手业务的价格，双方再进行协商也是非常麻烦的。

在选择买家之前，一定要了解一下买家是否真正具有实力。此外，企业出售业务也是为了让业务得到更好的发展。如果买家接盘之后，无法运营该业务，业务的发展状况也逐渐出现危机，对于企业而言，也是不愿意看到的，毕竟出售业务也是一种与买家之间的合作，彼此都希望合作顺利。

（2）与自身企业经营范围相类似的买家。

找买家还需要找和企业经营范围相类似的买家。因为如果双方的行业相差很大，接手业务对于买家而言没有任何收益，买家是不会接手的。例如，你的企业所经营的是食品行业，却要找经营石油业的买家，虽然不能说没有成功的可能，但是成功的概率非常小。

（3）基金组织也是非常合适的买家。

有的企业在出售业务时只找相对应的企业，却忽略了基金组织的存在。基金组织最擅长的就是投资，如果你的企业出售的业务能够给他们带来丰厚的回报，他们也是非常乐意接手的。基金组织还有一个优势，就是资金充足，他们的主要目的就是把资金投资在有潜力的项目上。因此，企业在寻找买家时也要关注基金组织。

4. 尽职调查

尽职调查是选择合作伙伴的方式之一，也是经常被使用的方式。做尽职调查的目的就是判断合作伙伴的资质。在做尽职调查时，需要对合作伙伴的资产及负债情况、经营状况、财务状况、法律关系、潜在风险等方面进行调查。在尽职调查过程中，会涉及合作伙伴的各个方面，内容比较复杂，因此，需要企业的工作人员具有过硬的专业技能。通常情况下，我们可以把尽职调查的内容划分为三大部分，如图6-5所示。

（1）战略。

做该项调查是为了评估合作伙伴是否具有潜力，未来的价值如何。战略尽职调查主要分析的是外部环境及内部环境。对外部环境的分析主要是对市场、客户及竞争对手的评估。

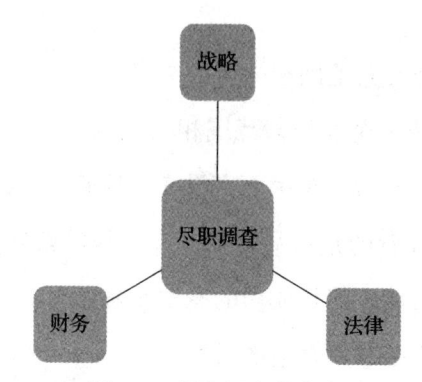

图 6-5 尽职调查的内容

（2）财务。

该项调查是企业专门的财务及会计对合作伙伴财务状况的调查。它所使用的方法主要包括对历史财务数据的整理分析、对合作伙伴企业高管的专访、财务文件的查看等，然后形成关于合作伙伴财务状况的书面报告。开展该项调查最主要的目的就是帮助企业消除对合作伙伴财务上的疑虑，以使企业对合作伙伴有一个更加深入的了解。财务尽职调查最重要的作用就是明确合作伙伴的财务状况，从而规避一些风险、对合作伙伴的营利能力及现金流进行分析及了解合作伙伴的资产及负债情况，为后期的商业决策提供依据。

（3）法律。

该项调查最主要的作用就是全面了解合作伙伴的法务状况，从企业的资质、资产情况、劳动关系等方面规避法律风险；对合作伙伴的法律问题及解决能力进行分析，了解是否存在隐形的法律风险；全面了解合作伙伴的负债情况、纳税情况，从法律角度来评估合作伙伴是否合适。在法律尽职调查中，一定要注意对企业的基本情况、知识产权情况、融资及担保情况、不动产、客户等方面进行详细了解。

二、提升业绩，规划思路

商业计划书还能帮助企业提升业绩，提供项目思路及规划。具体来说，就是全面把握战略方向，把计划中的战略转化成能够实现的内容；在业绩管理方面，让每个员工都能朝一个方向努力工作；在业绩评估方面，关键是提供可度量的目标；对工作进行协调及控制，从而把握目标的完成情况；提供沟通方案，为员工赋能。

1. 实施战略管理

战略管理就是企业在明确了战略目标之后，为了保证战略目标实施的进度，并真正落实到工作中来，对战略目标进行的一种动态管理的过程。通常情况下，战略管理有四个关键要素，如图 6-6 所示。

四要素			
战略分析	战略选择	战略实施	战略评价及调整

图 6-6 战略管理的四个关键要素

（1）战略分析。

首先，明确企业的任务及目标，为企业制定下一步的战略及评估提供科学依据；其次，对外部环境进行分析，企业所处的外部环境包括宏观环境和微观环境，通过了解这些外部环境，了解企业周围是否存在发展机遇；最后，对内部环境进行分析。在进行战略分析时还要考虑到企业具有哪些资源和战略能力、内部团队整体的工作能力等。

（2）战略选择。

在制定企业的战略时不会只制定一种战略，而是制定多种战略，从而能够使企业在发展的过程中有更多的选择。

制定了多种战略方案之后，就要开始对这些战略方案进行评估了。通常情况下，我们可以采用两个标准对战略方案进行评估：一种是战略能否使企业发挥出最大的优势，规避劣势；另一种是企业利益相关者能否认可该战略方案。

最后选择一个合适的战略作为企业的最终战略方案。在选择时可以根据企业的目标来选择，也可以请专业人士帮助选择。

（3）战略实施。

战略实施就是把战略落实到行动上。在实施战略的过程中，需要注意的问题有：怎样实现企业各部门资源的优化配置；为了实现企业的战略目标，还需要哪些外部力量的支持；为了保证战略目标的落实，还需要企业进行哪些方面的调整等。

（4）战略评价及调整。

在实施战略的过程中，我们也许会发现，该战略无法带动企业的发展，已经偏离了企业的发展方向。这时，我们就需要及时调整战略，以免影响企业目标的实现。对战略实施的每个阶段都需要进行评价，然后决定是否要调整方案。

在战略管理中，制定战略是实现企业目标的第一步，而把战略转化为能够实现的内容也是非常关键的一步，战略实施的高效性才能保证企业顺利实现战略目标。在实施战略的过程中，一定要重视在每个阶段的战略评价，及时调整战略，这也是战略得到实现的关键。

2. 加强业绩管理

近年来，业绩管理越来越受到企业的重视，做好业绩管理，才能使每一位员工都朝一个方向努力，进而使企业更加优秀。企业进行业绩管理的主要目的就是通过对员工绩效的考评，激励及肯定他们，找出他们的不足之处，及时采取措施改善，从而提升员工的个人能力，也提升企业在市场中的竞争力。

对于企业而言，业绩管理具有的作用如下所述。

（1）确保企业的目标能够顺利实现。

业绩管理的主要目的就是实现企业的目标，企业制订的业绩计划、业绩标准等都是在企业目标的基础上进行的。

（2）提高企业的管理效率。

在业绩管理中，企业对管理方向进行了明确规定，并且还制定了科学的管理标准，目标精确到每位员工。通过科学的管理方法，为员工制定了统一的业绩标准，从而大大提升了管理效率。

（3）完善人力资源管理体系。

在人力资源管理体系中加入业绩管理，使其各个部分之间互相推进和优化，让整个体系之间更加完善。企业对员工的激励主要是围绕业绩进行的，业绩也是督促员工进步的一种有利方式。秉承客观、公平原则的业绩管理使每位员工都有了努力的方向，从而建立起一种良好的竞争激励机制。高效的业绩管理还能提升企业在市场中的竞争力，提升企业的整体业绩。

3. 精确评估业绩

要想进行业绩评估，建立能够度量的指标是非常关键的，也就是关键业绩指标的建立，该指标能够衡量业绩。这种业绩指标来源于企业的战略目标，围绕企业的战略目标而展开。因此，业绩指标的度量内容是由企业的战略目标所决定的。如果业绩指标与企业的战略目标有严重偏差，就会影响业绩的评估。

企业中每个职位都有不同的工作内容，而业绩指标作为一个能够度量的目标是可以对每个员工的业绩进行衡量的，对企业的战略目标也起到了衡量的作用。业绩指标是通过把战略目标分解得来的，因此它能够推动企业战略目标在每个部门的执行和落实。

4. 协调和控制

在目标管理工作中，还需要注意对目标进行协调和控制，这样才能准确把握目标的完成情况。很多企业中都存在目标无法实现的问题，其中一个关键的原因就是目标冲突，也就是部门之间的目标不协调。因此，企业想要实现目标，就必须对目标进行协调管理，控制冲突目标。企业确定各级的工作目标后，逐一向每位员工分配，对目标进行协调和控制之后，才能自上而下保证目标的实现。

5. 强化沟通渠道

企业中的项目能否顺利完成也和一个较为完善的项目计划方案有很大关系。但是，在没有执行的项目计划中也会存在我们不能及时发现的问题，如果解决计划外出现的状况，就需要公司提供一个沟通方案，让团队的沟通更加顺畅。

下面列举一个公司采购部门沟通方案的部分内容供大家参考，主要流程如图 6-7 所示。

采购前的沟通 → 签订采购合同时的沟通 → 制订采购计划时的沟通

图 6-7 沟通方案的流程举例

（1）采购前的沟通。

在购买之前，工作人员必须熟悉所购买项目的主要产品型号、硬件设备、采购计划、购买的资金来源，以及关于项目发展的一些基本状况。企业还需要了解关于采购人的一些情况，如采购人隶属的部门、收入来源、企业对采购预算给予的资金支持等。

（2）签订采购合同时的沟通。

这主要涉及签署购买合同各方的姓名、有关事宜、购买的项目明细、完成购买项目的时间和条件、各方要履行的责任与义务、违约责任后的解决方式等。关于采购项目的具体要求、资金来源等方面，企业也需要在签订合同之前与采购人进行详细的沟通。

（3）制订采购计划时的沟通。

在制订采购计划时，企业需要针对以下方面和采购人员进行沟通：采购人的资金情况、在采购项目中所需要用到的具体资料、采购时所需要的技术人员等。

三、上市募股，拼尽全力

商务计划书决定了企业是否成功融资，其主要的目的是为了给企业提供尽可能多的资金投资，以便扩充企业的规模，使企业成功上市。商业计划书中往往有投资者最感兴趣的具体内容，包括企业的发展历史、精英团队等，而这是企业吸引投资者投资的关键。所以，一份优秀的商业计划书往往是企业上市前募投的敲门砖。

1. 上市的原因

上市对企业而言有着许多优势，如图 6-8 所示。

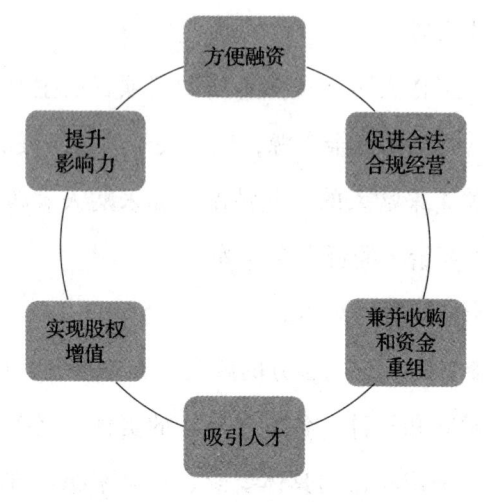

图 6-8　上市对于企业的优势

（1）方便融资。

企业在 IPO 挂牌后，能够第一次公开发行股票筹资，这会让企业得到大量的发展资本；企业资本充实之后，将能够使财务结构实现优化，进而让企业在未来能够实现规模更大的发债资金。另外，IPO 发行还能够补充中小企业的资本金，进而缓解中小企业的现金流压迫。对毛利小、费用在固定成本费用中占有比例较大的中小企业来说，IPO 发行尤其有益。

（2）促进合法合规经营。

企业实现 IPO 发行的过程，也是企业确定发展方向、完善企业管理制度、进行规范运营管理的过程。企业挂牌后，会面临退市风险和被兼并的风险，上述风险可以促使企业的管理层更加规范企业的管理，使企业可以在规定区域内规范运营。此外，企业还能够完善内部的激励机制，为企业留住核心管理人才及优秀的员工，这些人才能够保证企业长久稳定地发展。

（3）兼并收购和资金重组。

企业在上市后，可以使用非现金的股权形式实现兼并收购和资本结构的重组，这样就可以给企业增加并购机遇，进而让企业得到更大的发展。

（4）吸引人才。

企业完成上市后可以吸纳更多优质的人力资源，可以扩充企业的人员规模，提高人员素质的管理水平。企业的股权激励机制对高层次人员有着巨大的吸引力，让企业可以招募到更多的骨干力量。

（5）实现股权增值。

一旦企业可以实现IPO发行，将能够拓宽投资的途径，获取足够的资本，支持企业进一步扩张规模。规模的扩张证明了企业的长期发展能力，也增加了企业在行业内的领导地位，从而实现了企业股权的增值。

（6）提升影响力。

IPO挂牌以后，企业的影响力将得到提升。一般情况下，合作中的上市公司更具有优越性，其影响力也较大。

2. 商业路演

一位知名的投资者曾说过："企业离获得成功只差一次精彩的商业路演。"那么，究竟怎样的商业路演才是最成功的呢？通过对优秀的商业路演活动进行调研和总结，其通常分为如下几个方面，如图6-9所示。

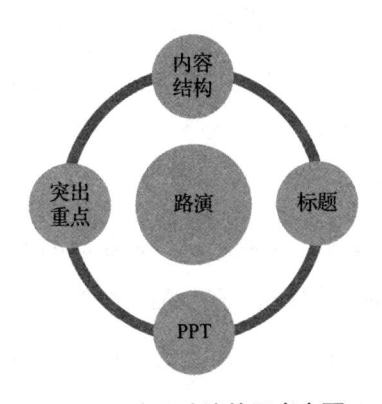

图6-9 商业路演的四大方面

（1）内容结构。

企业在进行路演活动时，一般会根据企业的投资项目展开一场讲座。在演讲时，必须要有自己的讲话结构，而且最好精心筹备。

（2）标题。

企业在开展路演时，必须先为自身的路演确立一段题词。题词是对整体表演内涵的归纳总结，也是企业成功引起投资者重视的关键。在广告标题中，投资者必须能够看出利益所在，而这些都是吸引投资者的关键因素。

（3）PPT。

PPT是在商业路演上将你的项目介绍给投资者的一种工具。PPT的总篇幅限制在10页以内最好，要在PPT中列出最关键的信息。

（4）突出重点。

演讲人一定要清楚路演的重要部分，对重要内容详尽讲解，其他部分可以简单总结，让投资者理解即可。重点突出的部分通常是需要被投资者着重去理解的，而这些内容又应该是公司的优点和特色所在。

3. 合适的商业计划书

合适的商业计划书才是企业顺利上市的敲门砖，那么，正确的商业计划书又是怎样的呢？一般而言，优秀的商业计划书必须包含以下六大基本要素，如图6-10所示。

（1）产品详细介绍。

在撰写商业计划书时，必须介绍与企业商品或业务有关的内容。除此以外，也要列出企业根据商品开展的市场研究。在阐述企业的商品时，必须说明商品所在的发展阶段、商品的特性、市场营销战略、商品所面对的顾客、商品的成本及其价值等。

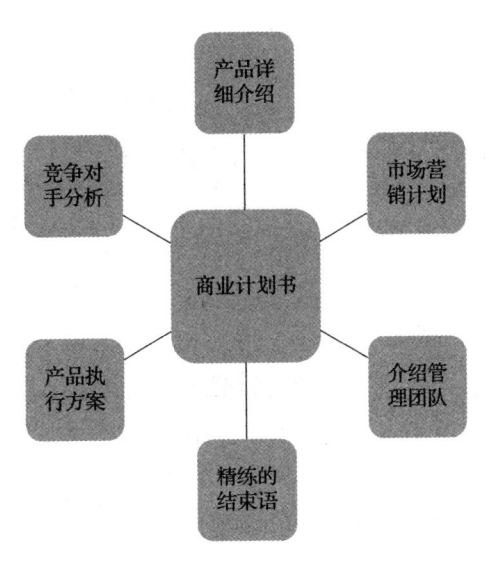

图 6-10　商业计划书的六要素

（2）市场营销计划。

在商业计划书中，需要向投资者提出企业对目标市场所做的深入分析及了解，还需要具体分析企业经济、社会、人文、心理等各种因素，对客户选择商品是否有影响，以及这些因素对客户的选择有什么样的影响。商业计划书中还必须对营销计划加以分析，因为营销计划主要涉及企业想要营销商品的广告、场地、宣传活动等，要对各项活动的计划内容及其收益做出明确的规划。另外，在商业计划书中还应该简单阐述市场营销策略、在营销中的细节问题怎样解决等。

（3）介绍管理团队。

商业计划书还必须对企业的管理团队做出简要说明，团队中每个人的岗位职责，以及团队成员个人的特长、技能、优点，对企业发展做出了什么贡献等。另外，还必须明确为管理团队所制定的战略目标和团队结构图。一个企业得以长久稳健发展的关键原因就在于具有一个良好的管理团队。

（4）精练的结束语。

在商业计划书的结束语中，企业应该披露让投资者感兴趣的信息，这样企业才会给投资者带来更深入的印象。而许多投资者首先会看到商业计划书中的最后部分，希望得到有价值的信息，如企业的基本状况、潜力及其局限性等。

（5）产品执行方案。

一份优秀的商业计划书中还应该包含如下内容：企业通过怎样的手法将商品推向市场；产品的生产线是如何设计的；产品中的原材料是怎样供应的；产品和设备的生产成本是什么等。这些问题都必须从商业计划书中反映出来。

（6）竞争对手分析。

在商业计划书中，往往需要对竞争对手的基本状况进行深入分析。竞争者的产品究竟有什么优点和劣势，以及竞争者的营业额、利润率、产品来源、市场占有率等，都是必须分析的因素。

价值共创专栏 6-2

华为：绩效管理的巨大力量

一、公司简介

华为，全名华为技术有限公司（以下简称华为），创建于1987年，总部设在广东省深圳市龙岗区。华为是全球领军的信息技术和通信科技（ICT）方案提供商，着力于ICT应用领域，秉持稳定运营、持久技术创新、开放式协作，在中国电信网络运营商、中小企业、终端用户和云计算等应用领域架构了端到端的方案资源优势，为电信运营商客户和中小企业客户服务，并致力于促进未来信息技术的发展。2020年，华为排名《财富》全球500强第315位。华为的软件产品与方案已广泛应用于全世界170余个发展中国家，并服务于全球互联网运营商前50强中的45家公司，是享誉世界的电子设备制造商。

二、绩效管理

1. 分层考核，各尽其用

华为的业绩管理工作是严格分层、分级考评的：中基层员工以长期业绩考核为先，特别重视在本职位上短期业绩目标的实现；中高级主管兼顾长期业绩目标的落实和公司经营计划的高效贯彻，特别重视队伍管理、领导团队者的培训和经营运作；中高层主管更重视公司长远、长期综合业绩目标的实现及对公司长远效益的贡献，注重管理队伍建设和领导干部后备队伍建设，以不断提升领导者的素养，促进公司的可持久健康发展。华为采取以短年度绩效和长期目标绩效有机地结合，上岗述职和离任"快照"有机地结合的考评方法。

2. 强制分布，拉开差距

强制分布遵循了概率统计的基本原理，具备一定的科学性；而强制分布既重视绝对性，也重视相对性。如对管理人员的考评结果除与绩效目标进行对比以外，还必须与团队的其他成员进行比较，通过这样不断地调动团队活力，整个团队的绩效就能进一步提高。而强制分布也可以更好地帮助管理人员更加仔细、严谨地看待绩效管理，还有利于拉开差异，多劳多得，淘汰不合格和落后的人员，激励团队活力，增强团队的危机意识。

3. 华为绩效考核的四个循环

华为特别关注人员目标设定、业绩指导、绩效评价、业绩反馈四大循环工作。绩效管理体系最终目的是使团队人员不断改进，以激励团队活力，提高团队业绩，达成企业的总体目标。华为把四大循环都做得特别彻底的一个关键表现，便是持续地对公司目标进行评估和反馈等。对公司的总体目标持续地评价和反馈也是一项关键的特征，这有助于调动员工和团队之间的活力。

三、发展总结

众所周知，华为的执行力非常强大；在十几年的发展过程中，华为几乎每年都达到和超额完成目标。这么强大的执行力与团队活力，与华为的员工管理制度密不可分，与对绩效考核结果的强应用也密不可分。整个企业文化都以此为导向，经过长久坚持后，形成了企业的绩效文化。当绩效文化建立后，整个企业的团队活力、执行力也会增强，这就产生了一种巨大的力量。

（资料来源：笔者根据多方资料整理而成）

第三节 公司治理与企业管理

很多企业非常希望通过资本的力量促使自己的企业更快速、更加高质量地发展。如果接触资本市场，就有可能接触到这个经济名词："公司治理"。

管理企业可以提高经营效率、产生收益，但一般不解决股东之间权力和利益的分配问题，而是主要解决公司在管理方面的缺陷。

一、工作的目标

企业管理的实质是为了界定企业中主要权益主体之间利害关系的制

度安排，是为了处理大公司产权和管理经营权分割后所形成的代理问题，是为了更公平地保障大公司的权益，需要处理大公司的战略决策问题与制度管理问题。如果企业要得到投资者的投资，就必须让投资者信任，而获得信任的条件之一就是公司有一套健全的治理结构且可以有效运行。

1. 市场目标

一个公司在制订战略目标时关键的决策因素是其在国际市场上的相对地位，这也往往体现了公司的整体竞争地位。而公司所期望取得的国际市场地位必须是最优的市场份额，这就需要公司在消费者心理、目标市场、商品及服务质量、营销渠道等方面做出更细致地分析。

2. 新目标

在经济环境变革加速、市场竞争激烈的现代社会里，新概念受到重视是必要的，创新将成为公司的战略目标之一，使公司重新得到存在与发展中的生命与活力。每一家公司基本存在着三项创新：技术创新、体制创新和管理创新。为了树立新目标，公司的战略决策者一方面需要预测为达到市场目标需要的种种创新，另一方面需要对科技进步及其在公司的各个领域中所引起的经济发展变化做出评价。

3. 盈利目标

盈利目标是企业的一项基本目标。盈利目标既是对企业运营成效的最高检验，更是对企业的最大风险回报。而盈利目标的实现，依赖于企业的资源配置和利用效率，主要是对人力资本、产品信息资源、服务资本资源等的最大投入与产出目标。

4. 社会发展目标

一方面，现代企业更多地意识到了自身对客户和社会发展环境的责任，另一方面，现代企业也应当对本组织所产生的社会发展影响负责。另外，企业还应当负有处理问题的部分责任。企业注重美好的社会形象，既为自身的商品或业务争取声誉，又使企业的文化面貌得到认可。而企业的社会服务目标体现了企业对社区发展的贡献程度，如环保、节省能耗、积极参加社会公益活动、支援地方工程建设活动等。

二、管理的对象

企业管理的对象主要包含人、财、物、时间、信息五要素。

1. 人

人指企业的生产人员、技术人员及其下属人员。对人的管理，从企业长期的发展考虑，应包含对储备劳动者的培训教学，还有对整体劳务、各种资源的挖掘与使用。人是一个社会体系中最基础的核心子系统，是社会关系的细胞，高效能的人员管理必须使人尽其才、才尽其用。

2. 财

财分为经营与财政，是指一个组织在特定时间内所掌握与支配的物质资源的价值体现。对于企业财力的管理就必须按照市场经济法则，使资本得到有效运用，保证管理计划的实现。

3. 物

物指对机器设备、物料、器具、燃料及物品的管理，使物尽其用，从而提高生产效率。

4. 时间

时间指物体所存在的一个客观形态，体现为速度、效率等，由过去、现在、将来所组成连绵不断的时间系统。高效能的管理人员需要认真考虑怎样充分利用时间，在尽可能短的时间里做好更多的事。

5. 信息

信息指产生了新内容、新知识的消息。在整个信息管理流程中，信息都是不可或缺的要素，对信息的有效管理也是提升企业管理效率的关键。

在另一个层次上，企业管理的对象还可以划分为计划管理、流程管理、组织管理、战略管理及文化管理，这在下一小节企业管理的层级中将会详细介绍。

价值共创专栏 6-3

海尔集团：企业管理成为制胜法宝

一、公司简介

海尔集团创建于 1984 年，是全球第四大白色家用电器生产商，同时也是中国国内消费电子百强公司之首。

二、管理模式

OEC 管理模式是海尔集团在 1989 年创建的企业管理方式，其中"O"代表 Overall（整体），"E"代表 Everyone（所有人）、Everything（每件事）、Everyday（一天），"C"代表 Control（监控）、Clear（清洗）。

OEC 管理模式的实质是将公司的核心目标负责量化到个人，将每一项细小的目标落实到每一个海尔工人的头上。海尔人习惯用这句话总结它："日事日毕、日清日高"。即"今天的工作需要今天做好，今天做好的事情需要比昨天更有质的提升，明天的目标需要比今天的目标更高"。

1. 背景

海尔集团在创业初期也存在如何提高效率、增加效益的问题。在领会了现代管理思维的精华之后，针对当时海尔发展迅速的现实，张瑞敏从创业伊始就在车间流水线上分解作业环节，尽量减少无谓的、赘余的工作环节，让每一条流水线、每道工序上工人的动作都实现了最精简、最佳，从而有效节省了制造时间，大大提高了效率。

张瑞敏认为，公司在市场上所处的地位，就像是斜坡上的一个球体，它可以接受来自市场竞争的外界压力及由于员工懒惰所产生的内部阻力，但一旦没有止退力，地位就会下降。为了使海尔在斜坡上（市场）处于应有的领导地位，并不断前进、永不下滑，加强内部的基础管理、增强市场止退能力就成了一个必要条件。这便是所谓的"斜坡球体定律"，也成为 OEC 管理模式的思想源泉。

张瑞敏从科学思维中吸取了养分，坚信优化生产过程、提高人才素质、形成有效机制以提升效率和效益的信念。在"吾日三省吾身"的传统自我约束方式中，张瑞敏悟到了"斜坡球体定律"，明白了强化内部控制的重要性，夯实了 OEC 管理模式的理论基础。基于此，海尔明确提出了"日事日毕、日清日高"的企业管理工作号召，并发展出了一种崭新的企业管理理论，即 OEC 管理模式。

2. 组成

OEC 管理模式主要由以下三个体系组成：目标体系、日清体系、激励机制。要明确总体目标，"日清"是实现目标的基石，而"日清"的成果需要和正负激励相关才合理。这其实是一种目标管理，总体目标是"日高"，即企业管理水平和公司整体综合素养水准乃至职工的素养不断提升，而其基石是"日清"。实现"日高"的目的和夯实"日清"的基石又是通过在每天的企业管理工作中，全面管理公司的人和事的具体活动流程实现的，以使公司取得良好的效益。

三、发展与启示

OEC 管理模式给海尔集团带来了重大的经济效益和社会效益，并荣获了我国民营企业管理模式创新的"金马奖"。海尔集团的 OEC 管理模式有极强的可移植性，而且也是在企业建立初期所构建的模式，值得每一家初创公司学习和参考。

（资料来源：笔者根据多方资料整理而成）

三、企业管理的层级

企业要做大、做强需要一个持续精进的过程。其中，各个阶段所遇到的问题都赋予了企业在发展过程中关键的意义。要想在发展的道路上走得四平八稳，就需要提高企业的整体素质，从而形成企业管理的主要核心力量，也是企业管理的五大层级，如图 6-11 所示。

图 6-11　企业管理的五大层级

1. 计划管理

"无计不成序。"在实际的企业管理工作中计划不仅是一个数据，也可以说是一些可以作为管理绩效指标用的图表。从现代项目管理方式的视角出发，计划管理首先需要解决的是目标与资源之间如何配合的问题，如图 6-12 所示。

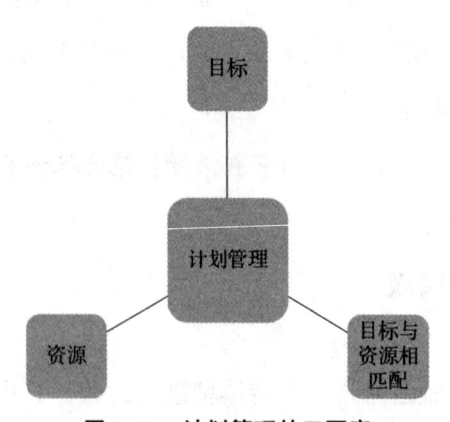

图 6-12　计划管理的三要素

（1）目标。

实现目标管理需要两个条件：一是需要企业高层强有力的支持。如果企业想要进行目标管理，第一步就是需要有企业高层的认可和推动。

只有企业的高层亮绿灯，目标管理才能自上而下地顺利进行。二是目标要能够检验，有明确的衡量标准才能真正意义上开展目标管理。衡量标准越清晰，目标管理的效果就越好。

（2）资源。

计划管理的对象往往会被人误认为是目标，其实不然。目标完成是计划管理的最后结果。计划管理的对象其实就是资源，所以要想实施计划管理、实现目标，首先就要获得资源。

（3）目标与资源相匹配。

目标与资源能否相互匹配，决定了企业计划管理最终呈现成果的好坏。这要求目标和资源两者处在一个平衡的状态下，如果企业所拥有的资源远远超过了企业所设立的目标，那么企业的发展显然遭遇阻碍，并且造成了极大程度上的资源浪费。如果所设立的目标远远超出了企业所获得的资源的能力范围，企业的发展也变成了不切实际的"白日做梦"。

2. 文化管理

（1）目的。

关于企业文化管理的目的，管理界提出了很多说法，如指引行为、改善氛围、凝聚人心、实现目标等，但若回归本质，企业文化管理的核心目的只有一个：为企业发展提供长期动力。不断发展是企业永恒不变的要求。企业要实现不断发展，就需要不断创造价值，所以很多企业都在讲"迭代、创新、高效"。

（2）底层逻辑。

目的为企业指明了方向，但要实现目的，还要弄清楚文化管理的底层逻辑。经过对企业文化管理实践的长期观察，结合行为动力学的理论，笔者发现企业文化的产生大致遵循以下逻辑：领导者把自己的假设系统确立为企业的文化理念，然后实施各项管理举措，使员工知晓这些理念。员工经过反复验证相信这些假设，形成个人信念和心智模式。当大多数人都相信同一理念时，就形成了特定的文化，当遇到特定情境时员工就会按照一定的心智模式采取行动，进而产生不同的业绩。

（3）影响因素。

在文化产生的过程中，来源于两个方面的四大因素非常重要，一方面来源企业的假设系统和管理行为，另一方面来源人的需求和特点。其中，假设系统即企业的文化理念体系，通常包括使命、愿景、价值观、经营管理原则等；管理行为则是企业为落实理念而采取的一系列管理举措，包括理念宣导、领导者率先垂范、文化活动及价值观考核、奖惩激励、利益分配等。对于一个企业的文化管理工作而言，信念和动力是目标，正确的理念是基础和前提，管理动作是实现目标的路径，而最能影响信念和动力形成的是人及人的需求。

3. 战略管理

战略管理主要包含以下内容：促进学习与革新的团队机制、以团队管理为中枢的分权化扁平状网络机构、创新与充满活力的技术创新机制、以客户价值要求为中心的企业文化氛围等。

企业的核心竞争力是指以企业内部资源为基石的竞争优势，甚至是指异质性企业的战略资源，如科技、品牌优势、公司文化、市场营销网络、人力资源管理、信息系统、经营管理模式等。唯有在这些方面加以强化突出，并构建互补性知识和技术管理体系，方可使企业取得持久的差异竞争优势地位。

对企业经营管理而言，对企业战略的思考十分重要。企业战略的制定要基于对未来客户需求、技术创新及政策演进等各种因素的假设。战略管理的价值就是通过运用这些假设步步为营，实现企业的长期发展目标，系统的、科学的战略管理包括以下内容，如图 6-13 所示。

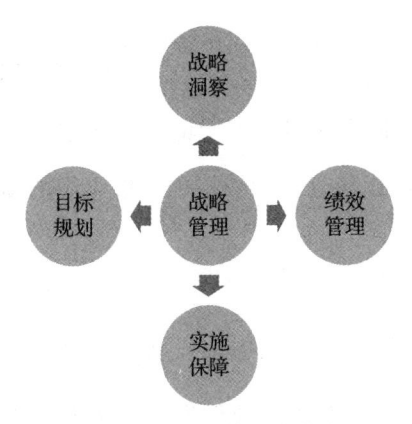

图 6-13　战略管理的内容

（1）战略洞察。

战略洞察能力一是表现为对战略的方向感。华为董事长任正非在和索尼 CEO 交谈时表示，第一就应该有方向感，包括过去客户需要的方向感及未来创新的方向感。不断调整方向，但方向一定要大致无误。方向并不一定要绝对准确，因为绝对无误的方向是不存在的。

二是机会的识别、业务组合与商业模式设计。识别机会既要面向未来，也要面向现实，既要敢于投入，又要敢于舍弃。此外，还要结合企业的竞争优势进行业务组合和商业模式设计。

（2）目标规划。

目标规划包括产品的里程碑管理、市场目标规划及财务目标规划。许多企业的战略无法落地，主要原因在于产品开发没有进行里程碑管理，也没有市场目标，就好比作战队伍没有枪炮和攻击目标，其结果自然无法令人满意。

（3）实施保障。

战略的实现需要一系列步步为营的行动和必要的资源保障，要有行动计划，也要有行动策略或关键措施，同时也需要人、财、物的匹配。

（4）绩效管理。

基于企业战略制定各部门的业绩目标，并一层层划分到集团或个人，从而实现绩效考核与业绩管理。正所谓"千斤重担人人挑，个个头上有指标"，这个指标源于战略分解和战略中心型组织的绩效管理要求。

4. 组织管理

一家企业能否按照预期计划发展，就取决于企业中组织的能力，以及组织的发展能否适应、匹配企业的发展。因此，组织管理也是公司管理的重要一环。许多人认为组织管理的对象是人，这不够准确。实际上，组织管理管理的是人所享有的权利和承担的责任。而组织管理的目标就是正确调整企业中每一个人所享有的权利和所承担的责任，从而使权利和责任相互匹配，处于一个动态平衡的状态。

除此之外，企业在进行组织管理时，必须掌握三个关键字：赋能、共生、协同。

（1）赋能。

在现代的组织管理中，组织价值重构的一个关键是"由管控转向赋能"。

在高绩效的组织中，管控的确对提高绩效发挥了积极的作用。组织控制需要每位组织成员都安于自身的角色，充分发挥自身的作用，将整个组织过程、组织系统构建出来并进行固化，而这种安排也有助于组织提高绩效，管控也由此成了组织管理中的要素之一。但是，需要注意的是，这一切都有一个明确的前提条件，即在一个相对稳定的环境下。也就是说，管控只有在相对稳定的工作环境下才是团队取得最高绩效的要素之一。

在数字化时期，企业管理的效果大多依赖强个体或优秀者与团队之间的关系状况。如果这些强个体愿意和企业结合，并能获得发展的机遇，同时也不断有优胜者加入，这便是良好的企业组织管理。一旦强个体或优胜者不断脱离这个组织，甚至即使留在企业组织中也没有发展的机遇，没有新的强个体或优胜者加入，就表明这并非良好的组织管理。

赋能场景高低可以被用来描述上述组织管理的状态。赋能场景高的组织呈现好的组织管理特征，强个体涌入组织，优秀者与组织共同成长。赋能场景低的组织呈现拙劣的组织管理的特征，优秀者离开，强个体不选择加盟。

（2）共生。

数字科技所产生的无限链接使今天的企业很难再单独创造新价值，而必须与更多部门和系统，以及更广阔的外部环境建立共生关系、共同创造新价值，并以此发现自己全新的发展空间，从而获取创新发展的可能性。创新发展空间和创新发展的可能性要求企业有实力和其他机构成员协同发展，而不是互相竞争。

乔布斯说："苹果生活在一个生态系统中，在这个生态系统中需要相互帮助。"他也是这样构建苹果的发展战略的。他最爱不释手的一本书是《我包罗万象》，以"微生物之眼"重新认识了生物体间的共生关系。

（3）协同。

在数字化生存背景下，为了取得较高的团队效能，管理团队需要实现最基本的变化便是从分工到合作。企业无法单独应对动态环境所造成的复杂化、多变性和不可预测性，必须依靠更多的内外部人员，才能找出解决办法。

综上所述，企业要做好组织管理，至少需要理解这三个关键词：赋能、共生、协同。对应这三个关键词，企业需要重构自己的价值，以实现组织的价值共生。

5. 流程管理

流程管理是企业内部最基本的管理活动，在企业管理解决方案的研发与设计过程中，都应当以流程管理为基础，即做到规范业务流程、优化生产过程和再造过程，使企业内部的管理体系更为合理和易于执行。

企业要实现流程化管理，需要完成以下步骤，如图6-14所示。

做好信息收集工作 ➡ 识别与描述企业流程 ➡ 选择关键流程 ➡ 选择需要改进的关键流程 ➡ 确定需要改进的关键点

图6-14 实现流程化管理的五大步骤

（1）做好信息收集工作。

企业在确定原来的业务流程时，首先要获取大量的有关原来业务流程的信息。只有获取到正确和翔实的资讯，业务流程优化与设计的实践者才可以充分认识企业的流程，掌握企业业务流程的现状，找到自身业务流程中存在的问题，以便为今后工作的发展打下良好的基础。

（2）识别与描述企业流程。

大多数实现了过程改善和设计管理的企业，在实施业务流程改造和设计之前，首先要认识企业中存在的业务流程问题，并以相应的方法使之显性化，以便找到业务流程中存在的问题，从而设计出新的业务流程或完善业务流程，以提高工作效率。

（3）选择关键流程。

一般情形下，一家公司内部的子业务流程有成百上千个，这种子业务流程一般分成两类：一类是围绕各部门线形组织运作的子业务流程，在一个部分内完成投资，进而在这个部分内形成生产；另一类是跨职责业务流程，这类业务流程跨过了许多职能部门，而不是某个人对全部业务流程负全责。我们所要选择的关键业务流程应该是第二类跨职责业务流程。

（4）选择需要改进的关键流程。

每个企业都有许多重要的业务流程，但并不是每个重要业务流程都出现问题，而且企业的资源有限，企业必须优先选择出现严重问题的重要业务流程加以完善。

（5）确定需要改进的关键点。

当明确了必须进行的关键过程后，就必须对这些过程做出判断。每个业务流程都是由许多活动环构成的，但并不是每一环都必须完善。所以，必须找到这些过程中造成业绩不足的关键点，进而剖析产生问题的原因，以便进行业务流程的再设计。

流程管理系统并非一条单纯的流程图，甚至只是一个规范的操作程序，所能够解决及处理的问题是需要企业决策机构、职能管理者和执行层不断探索、提升来确定的，是具有企业人性化的管理思想。

此外，为了实施过程管理还必须改变中国传统企业管理模式的一些习惯。如培养系统思维习惯。把企业的活动看作一个过程集合体，对这种集合体实施管理与监控，强调全过程的协调和目标化。每一项管理工作都是整体流程的组成部分，是整体流程的重要节点，它的进行过程需要符合整体流程的时序特点，管理工作时间也是整体流程中最关键的重要标准。通过学习并运用思维调整工作顺序，并设置合适的时间进程，限定管理工作目标数量和完成日期，以便更高效率地进行管理工作。

> 价值共创专栏 6-4

字节跳动的企业文化

一、企业简介

字节跳动由创始人张一鸣创办于 2012 年 3 月，是一家位于中国北京的跨国互联网技术公司。2020 年 8 月 11 日，在字节跳动成立八周年之际，企业内部更新了企业文化，称"字节范"，旨在用"多元兼容"的理念打造多元化的全球团队。2018—2019 年，字节跳动全球员工增长超过 55%，总数超过 5 万人。截至 2019 年年底，字节跳动在全球共有 240 个办公室和 15 个研发中心。

二、企业文化

1. 透明的信息

张一鸣觉得企业就像产品一般，生产实质上就是做信息，所以信息流通的效率才是构成企业一切效率的基石。假如中台制的企业组织结构就是按字节跳跃速度赛跑的硬件，而公司文化则是让它停不下来的软件系统，高速流转的信息环境则是这个企业的底层结构。在组织机构中，普通员工和上级所掌握的信息通常是不同的。字节跳动也存在着信息分层现象，但现在已经减少、扁平到了极致。

例如，在字节跳动，要了解张一鸣在忙什么很简单：一个公司员工就能够从飞书上直观看见他的 OKR（目标与关键成果法）是什么。更精确一点讲，在飞书上，一个公司员工能够看见每个同事的 OKR，包含信息、汇报关系等。又如，每年双月张一鸣就会开展 "CEO 见面" 活动，不限定参与，所有人都能够问任何问题，张一鸣也会公开讲自己的

OKR 进度。

信息如此透明化，在许多企业里并不普遍，毕竟这蕴含着将消息泄露给竞争对手的巨大风险。为何张一鸣对透明的内部消息传递环境那么执着呢？在一次会议上，张一鸣就曾作过说明："因为决策命令并非简单的上传下达，而要在同事间进行提交上下文，利用企业内部消息透明的环境来解决、进行决定、提高效率。"

2. 平等的人际关系

在字节跳动人们都是直呼其名。在研究室作为主管的李航，经常会纠正他的实习生"不要叫我老师"；甚至身为公司副总裁的张羽可以让基层人员随时毫无预兆地拉他进群，请求他参与某个项目。平等的工作风气降低了交流成本，讨论时也不分部门、层级和资历，大家坦诚相待，就事论事，工作效率很高。

字节跳动的工号也是随机生成的数字，根据工号无法分清谁是老员工，谁是新员工，谁是实习生。任何人都没有自己的独立办公室，大家共享一个开放的大办公室，每人一个工位。

3. 开放与坦诚

在字节跳动，很多源代码和数据都是公开的，许多权限也是默认公开的。例如，员工出差或用车从来不需要事先申请。即使在某些外部的合作项目上，也不需要经过特别烦琐的内部审核过程。因为字节跳动反复强调要相信同事，同事的一切言行都是可信赖的。

坦诚协作是字节跳动有话直说的底气，更是减少双方合作成本，使字节流跳动高效运行的重要基石。

4. OKR 导向

每逢双月，字节跳动就会提出服务目标的"OKR"，并层层下分，大家小步快跑，争取早日实现目标。在字节跳动，似乎每一个人都在强调 OKR 对齐：跟张一鸣和自己的上司对齐，也跟同事对齐。一旦有人调整了某一 OKR，和此次项目有关的同事可以从飞书上得到信息，并适时对自身的 OKR 做出调整。

三、发展总结

字节跳动的企业文化管理可以说是十分有效的，其成立多年来的飞速发展就是最好的证明。字节跳动的文化管理让每一个员工都能够做到价值最大化。

（资料来源：笔者根据多方资料整理而成）

作为创业者或是被投资方需要记住，我们的目标是为投资者创造价值，才能让投资者选择我们。与此同时，我们更想看到的局面则是能与投资者合作共赢，因此，企业团队需要重视企业的管理，让投资者看到企业的优秀内核，为其提供价值。

章末案例

小米：新崛起的手机制造商

一、公司简介

小米成立于 2010 年 4 月，至今已有 10 多年的历史。2011 年，小米首次推出智能手机。小米专注于自主研发中高端智能手机软件，业务范围很广，主要包括智能手机软件、网络游戏、电商平台、金融技术咨询服务、有线电视网络业务及其相关网络业务。2019 年，小米成为全球

500强企业中最年轻的一家；2020年，小米跃身世界500强排行榜第46位，成为中国科技创新领域中最有活力的企业。

二、发展历程

2011年12月18日，小米第一款手机小米1开始在互联网上销售，2012年6月，小米完成了价值2.16亿元美元的C轮融资，当时市值已经超过了40亿美元，但那时候小米只推出了一款手机，按照当时的速度，用不了多久就能达到40亿美金，这让所有人都目瞪口呆。同年8月16日，小米2正式发布。2013年7月，小米发布了第一款红米手机，价格便宜，性价比高。红米手机推出两年后，运营商定制手机已成了历史。2014年12月，小米获得了包括All-stars、DST、GIC、厚朴资本、云锋基金等多家公司进行的11亿美元的E轮融资。小米线下店的数量也越来越多，到2018年3月，小米之家已经在全国开设了300多家专卖店。

三、创始人及创业团队

雷军是一位非常优秀和成熟的创始人，做小米的想法凝聚了他20多年来在中国IT行业打拼的经验。雷军一直强调合作、交朋友，很多事情都是用方法论来做的，首先要选择商业方向，然后用最好的人才，用创新的方式去做用户需要的东西，这样才能形成联盟，形成合力，企业才能快速发展。

小米之所以能成功，除了雷军的个人魅力之外，还有他背后的团队。这个团队真正强大的不是个人经验，而是一种系统化的方法论。这种方法论和团队是分不开的，一是团队要有强大的领导能力，集中所有优秀的人才；二是要有很强的学习能力，从错误中找出问题所在。

四、商业模式

小米到底有什么商业模式？如果只有5%的利润，那还怎么赚钱？

小米的最大利润不是手机，因为手机利润太低了。但当所有的消费者都拥有了手机之后，就可以购买其他的东西了。对于小米来说，这就是小费生意。所以小米的模式就是通过消费周边产品来赚钱。这个过程分为两个阶段。

第一个阶段叫作互联网阶段，主要靠卖手机，然后通过应用软件来赚钱。第一阶段的核心战略包括利用互联网营销改善渠道，以及使用口碑营销来降低营销成本。在这个阶段，口碑营销非常重要。以前媒体一直在轰炸你，强迫你去听这些信息，但是互联网让我们的信息传播效率大大提高，而且分散，每个人都能成为自媒体。正是这些因素让小米的产品迅速走红，吸引了大量粉丝的加入。小米刚开始做MIUI的时候，团队里只有100多个工程师，很多时候都不够用，于是就想到了能不能发动群众的想法。之后又从各大论坛拉来不少成员，帮他们出主意。小米的发展模式与传统的IT企业有着很大的不同。传统的开发方式是瀑布式的：首先要有一个非常完善的计划，然后投入开发中去，经过长时间的测试，再进行调试，最后推出产品，这个过程一般要花费数月甚至数年。小米采用精益开发模式，缩短开发节点，快速获取客户反馈，然后对产品进行改造。他们的产品开发周期为一周，每个星期五都会发布新版本，下周二收集客户反馈信息，再反馈给工程师，工程师重新设计产品，周五发布新版本，这样客户参与度特别高，既能提高客户的忠诚度，又能减少雇员人数，降低成本。

小米在欧洲开业的时候排起了长队，为什么？因为很多小米手机的海外版都是由米粉帮着提供的。海外粉丝的加入也为小米进军海外市场奠定了基础。

后来小米发现了一些问题，销售额在2015—2016年停滞不前，于是小米开始重新布局，进入第二阶段，也就是生态链。这一阶段主要靠的是新零售和国际化。

五、融资历程

在小米刚成立的头三年里，小米一直保持着每年一次的投资节奏。2010年年底，小米完成了4100万美元的A轮融资，主要投资人是Morningside、启明投资和IDG；2011年12月，小米完成了新的9000万美元融资，估值为约10亿美金，主要融资方有启明投资、IDG、顺为基金、淡马锡、高通、Morningside；2012年6月底，小米宣称完成了投资2.16亿美金，估值约40亿美元。

1. 广阔的产业空间

移动电话行业拥有巨大的市场。诺基亚、苹果、HTC等公司的市值都在百亿元以上，为什么中国就不行？这个想法激励着投资人去冒险。

2. 关注"做出令人惊叹的产品"

雷军曾多次表示，他最关心的就是如何做出一款令人惊叹的产品。这主要体现在两个方面，一是对产品设计本身的高度关注，二是他对手机的不同玩法。以互联网的思维玩好产品是小米取得成功的主要因素。

雷军在营销推广等方面都渗透了互联网思维，他用的是互联网思维，而不仅是在网络上销售商品。

3. 是否天时、地利、人和

小米成功之后，所有人的注意力都集中在雷军身上，但实际上，单纯的关注领导者并不合适，因为所有的创新都是天时、地利、人和。投资者在做决定的时候，会充分考虑一个原因，就是一个巨大的行业空间，这就是所谓"天时"。

六、发展总结

一路走来，小米的成长离不开投资人的支持，正是投资人对小米的强大信心，才让小米在激烈的市场竞争中屹立不倒。小米是怎么让投资人认为公司的项目有风险但非常可行，获得投资人信任的，值得每一家初创公司学习。

（资料来源：笔者根据多方资料整理而成）

本章小结

　　本章将企业与投资者的价值共创分为投资者的价值视角、深层次价值挖掘、公司治理与企业管理三个方面展开论述，希望初创团队能够站在投资者的角度思考问题，从而使商业计划书能够获得更多投资者的青睐；对于商业计划书的作用进行进一步思考、发掘，更好地让公司从中受益；对内进行企业管理和公司治理的优化，与投资者携手提升公司的价值。

参考文献

[1] 爱德华·布莱克韦尔. 商业计划书要这样写[M]. 张楚一, 译. 北京: 中信出版集团, 2019.

[2] 安梦钰. "跨界"思维下的实体书店运营模式研究[D]. 北京: 北京印刷学院, 2021.

[3] 曹勇. 声网视频SDK支持花椒, 用户数破2亿[J]. 计算机与网络, 2017, 43(21): 38-39.

[4] 巢邦略. 信息技术服务业全产业链并购的动因与绩效研究[D]. 苏州: 苏州大学, 2019.

[5] 仇德超. 科创板引入双重股权结构对公司治理影响的探析——以优刻得科技股份有限公司为例[J]. 企业科技与发展, 2021(10): 154-156.

[6] 崔佳怡. 新媒体环境下酒品牌传播策略研究——以江小白和剑南春为例[J]. 传媒论坛, 2021, 4(23): 161-163.

[7] 党鹏. 酒企酣战细分市场, 低度酒赛道投资升温[N]. 中国经营报, 2021-11-29.

[8] 邓蕃. 并购绩效评价研究[J]. 价值工程, 2020(8): 181-183.

[9] 邓涛. 宠物食品行业上市公司的投资价值分析[D]. 南昌: 江西师范大学, 2019.

[10] 董杨慧. 诚迈科技CEO王继平: 低调的移动互联网大赢家[J]. 华人时刊, 2013(3): 28-29.

[11] 佚名. 泛微: 以"人"为中心的协同办公系统[J]. 纺织服装周刊, 2011(17): 17.

[12] 范海涛. 守护创业信仰, 雷军再造"金山"[J]. 企业家, 2021(3): 76-80.

［13］方富贵．设计一份好的商业计划书［J］．大众理财顾问，2019（3）：50-54．

［14］方莎莉．企业财务风险管理的研究［J］．商讯，2021（27）：10-12．

［15］方文宇．李宁扩圈［J］．21世纪商业评论，2021（12）：56-59．

［16］冯兴元．从互联网平台巨头的市场行为看垄断与竞争［J］．中国经济报告，2021（5）：133-139．

［17］佛仪．互联网生态链下的公司盈利模式分析——以小米公司为例［J］．全国流通经济．2021（21）：47-49．

［18］淦冬金，胡传银．创新的事业，优秀的团队［N］．建筑时报，2021-07-22．

［19］高菲菲．李宁打造国际体育品牌的营销策略分析［J］．中国商贸，2011（24）：32-33．

［20］葛宪秋．企业融资过程财务管理风险及把控措施［J］．中国市场，2021（30）：92-93．

［21］龚文．如何撰写标准的商业计划书［J］．国际融资，2018（10）：49-51．

［22］苟天任．风险投资退出机制研究［J］．科技经济市场，2020（8）：32-33．

［23］郭嘉，张于惠子，杜燊，等．李宁探索实践、勇于创新［J］．时尚北京，2021（11）：22-23．

［24］郭涛．智慧安全3.0的融合之道［J］．网络安全和信息化，2021（9）：12-14．

［25］韩伟华．融资的力量［M］．北京：人民邮电出版社，2016．

［26］何永思．浅析我国风险投资退出机制［J］．中国商论，2020（16）：70-71．

［27］贺灿飞，王文宇，朱晟君．'双循环'新发展格局下中国产业空间布局优化［J］．区域经济评论，2021（4）：54-63．

［28］黄婉银．碧桂园实践精益管理：建筑机器人助力"碳中和"聚焦产品力赋能高质量发展［N］．每日经济新闻，2021-12-27．

［29］黄湘媛．结合形象构建理论浅析中国李宁品牌文化及其策略［J］．今古文创，2021（35）：79-80．

［30］黄鑫璨，刘君宜. 小米公司价值链分析与应用［J］. 合作经济与科技. 2022（4）：138-140.

［31］黄颖川，李鹏程. 科大讯飞高级副总裁杜兰：人工智能是驱动产业数字化的核心动力［N］. 南方日报，2021-12-02.

［32］蒋琳，张倩. 新租赁准则对我国航空业财务状况与业绩的影响研究——以南方航空为例［J］. 财富生活，2021（24）：29-31.

［33］靳诺，刘伟. 中国大学生创业报告［M］. 北京：中国人民大学出版社，2017.

［34］柯基. 让"自由奔放"的思想蓬勃跳动——记字节跳动创始人张一鸣［J］. 商业文化，2021（1）：5-7.

［35］李珺. 市场营销中产品优势的传达［D］. 北京：北方工业大学，2015.

［36］李孟柯. 海外家族信托与家族企业治理与传承——基于海底捞的案例分析［D］. 北京：北京外国语大学，2021.

［37］李佩，魏航. 互联网环境下零售商商业模式选择研究［J］. 上海商业，2020（10）：148.

［38］李晓妍. 万物互联［M］. 北京：人民邮电出版社：2017.

［39］李亚男. 浅析资本市场风险投资退出机制的路径研究［J］. 商展经济，2020（10）：48-50.

［40］李振兴. 鲜橙多携手王源，统一能否在果汁市场告别失意［J］. 中国食品，2019（9）：116-117.

［41］厉凤华. 华为公司商业模式分析［J］. 合作经济与科技，2022（3）：138-139.

［42］连风彦. "鲜橙多"引发的品牌管理思考［J］. 企业科技与发展，2010（7）：34-35.

［43］梁力东. 浅析海尔OEC管理模式［J］. 科教文汇. 2008（6）：159.

［44］廖远兵. 产品竞争之优势整合研究［J］. 市场论坛，2014（3）：70-72.

［45］林沁. 企业融资：从商业计划书到上市［M］. 北京：化学工业出版社，2021.

[46] 刘会会. 年轻人的皮肤焦虑, 创造了一个千亿蓝海市场 [J]. 销售与市场（营销版）, 2021（6）: 57-59.

[47] 刘婧玉. 海底捞内部控制环境研究 [D]. 石家庄: 河北经贸大学, 2019（7）.

[48] 刘秋华. 华为的绩效管理发展历程与核心思想 [J]. 商讯, 2018（4）: 65-66.

[49] 刘向东. 投资人喜欢这样的商业计划书 [M]. 北京: 中国铁道出版社, 2019.

[50] 刘玉龙. 航天信息应用展示系统设计 [J]. 软件, 2021, 42（8）: 165-167.

[51] 刘照龙. 安踏集团执行董事吴永华: 打造奥运会标签, 见证中国品牌硬实力 [J]. 国际品牌观察, 2021（26）: 15-17.

[52] 刘志佳. 小鹏汽车科技有限公司发展战略研究 [D]. 长春: 吉林大学, 2020.

[53] 楼送飞. 企业风险管控存在的问题及其解决对策 [J]. 中国市场, 2017（36）: 140-146.

[54] 卢纯佶, 李斌. 数字赋能助推高校毕业生就业创业——东阳市创新工作方法、拓宽就业途径 [J]. 中国就业, 2021（10）: 30-31.

[55] 陆晓君. 华宇软件股权激励实施效果研究 [D]. 北京: 中央民族大学, 2021.

[56] 罗亮. 大学生创新创业常见的五大误区 [J]. 中国大学生就业, 2021（21）: 24-25.

[57] 庞长伟, 王琼, 刘丽雯. 创业企业高管团队认知与新颖型商业模式创新——被调节的中介效应 [J]. 研究与发展管理, 2021, 33（4）: 97-110.

[58] 施雯, 赵永莉. 优刻得双重股权结构对公司治理的影响 [J]. 合作经济与科技, 2021（12）: 144-146.

[59] 舒文琼. 声网Agora: 实时音视频通信成大势所趋 [J]. 通信世界, 2015（31）: 41.

[60] 宋梦园. 光迅科技股权激励动因及实施效果研究 [D]. 石家庄: 河北经贸大学, 2021.

[61] 孙裕. 华勇: 顺网科技引领行业变革 [J]. 信息化建设, 2019（8）: 38-41.

[62] 谭可心. 新时期地方经营性国有资产投资策略研究[J]. 财会通讯, 2021 (24): 99-103.

[63] 王辰. 战略转型下光迅科技公司股权激励研究[D]. 北京: 北京交通大学, 2021.

[64] 王福荣. 新时代经济形势下的市场营销策略探讨[J]. 今日财富, 2021 (20): 88-90.

[65] 王广东. 论企业成功的内在力量——团队精神[J]. 今日中国论坛, 2013 (8): 45-46.

[66] 王晖. 疯狂的网红书店[J]. 销售与市场（营销版）, 2021 (6): 50-53.

[67] 王力金. M型社会的市场营销策略[J]. 销售与市场（评论版）, 2011 (4): 44-45.

[68] 王秋月. 推动航天信息产业"一飞冲天"[N]. 吉林日报, 2021-11-12.

[69] 王锐. 独角兽企业商业模式与价值共创研究——以字节跳动为例[J]. 商展经济, 2021 (15): 93-95.

[70] 王叶. 运用平衡记分卡评价企业并购绩效——以百度并购业务为例[J]. 全国流通经济, 2018 (17): 26-28.

[71] 王瑛月. 创业团队股权配置、股权结构变动与企业绩效关系研究[D]. 天津: 天津财经大学, 2020.

[72] 王治, 李馨岚. 互联网企业价值评估模型比较研究[J]. 财经理论与实践, 2021, 42 (5): 75-82.

[73] 文春艳. 企业市场势力、进入退出和制造业全要素生产率[D]. 上海: 上海社会科学院, 2020.

[74] 肖娟. 雷军: 我的梦想, 我的选择[J]. 中关村, 2021 (8): 32-33.

[75] 徐栋哲. 研发国际化影响公司绩效的路径机理研究[D]. 郑州: 郑州航空工业管理学院, 2021.

[76] 许伟涛. 风险防范咋守牢[N]. 焦作日报, 2021-10-14.

[77] 杨光瑶. 快速打动投资人, 优质商业计划书精彩集锦[M]. 北京: 中国铁道出版社, 2019.

[78] 姚佳伟, 邱强. 基于《企业绩效评价标准值》的南方航空财务绩效评价分析[J]. 物流科技, 2021, 44(11): 47-50.

[79] 姚利磊. 华勇: 顺网科技布局新赛道[J]. 英才, 2020(Z2): 37.

[80] 游道弘. 企业横向并购协同效应分析[D]. 南昌: 江西财经大学, 2017.

[81] 于晓慧. 互联网+背景下大连海产品营销创新研究[J]. 对外经贸, 2021(12): 65-68.

[82] 于志宏, 邓茗文. 什么是塑造责任品牌的秘诀——对话安踏集团副总裁李玲[J]. 可持续发展经济导刊, 2021(9): 43-46.

[83] 袁璐, 胡晨曦. 数字阅读市场未来仍可期[N]. 北京日报, 2022-01-17.

[84] 袁媛. 风险投资在企业经营决策中的作用研究[J]. 技术经济与管理研究, 2021(04): 41-45.

[85] 张丹凤, 谢峰, 曹恒平. 以安全高效为方向抓好团队建设[J]. 军工文化, 2021(Z1): 101-103.

[86] 张浩然, 朱耘. 小鹏汽车双重上市背后的"资金饥渴"[J]. 商学院, 2021(8): 87-89.

[87] 张进财. 打动投资人、直击人心的商业计划书[M]. 北京: 清华大学出版社, 2019.

[88] 张梦妮. 浅析管理移植过程——以海尔集团"OEC"管理模式为例[J]. 现代营销, 2019(11): 67-68.

[89] 张鹏, 梅雅鑫, 刘婷宜, 等. 专家热议: 多方协同, 构筑安全产业新格局[J]. 通信世界, 2021(8): 23-25.

[90] 张瑞雨. 美团融资策略研究[D]. 石家庄: 河北经贸大学, 2021.

［91］张秀静，苏凌峰. 坚定引导大学生就业与新时代同向同行［J］. 中国大学生就业，2021（20）：7-9.

［92］赵东山，史小兵. 张一鸣退居幕后：保持平常心［J］. 中国企业家，2021（12）：44-45.

［93］赵恒，李采，舒杨. 创新创业案例研究［M］. 成都：西南交通大学出版社，2017.

［94］赵卫卫. 张一鸣：手里有刀，心里有佛［J］. 数字经济，2021（4）：74-77.

［95］赵雯璐，赵秋梅. 美团的盈利能力分析［J］. 老字号品牌营销，2022（2）：169-171.

［96］周丽. 探路新发展模式，碧桂园实现良性循环［N］. 中国建设报，2022-01-20.

［97］周少鹏. 中宠股份：加速布局国内市场［J］. 股市动态分析，2021（10）：35-36.